本书系广东省教育科学规划2022年度中小学教师教育科研能力提升计划项目重点项目《新课改下初中生物校本课程开发与实施的研究》（课题编号2022ZQJK035）成果。

初中生物学跨学科实践校本课例精选

张玉容　曾锡俊　王才彬◎主编

图书在版编目（CIP）数据

初中生物学跨学科实践校本课例精选 / 张玉容，曾锡俊，王才彬主编. -- 北京：光明日报出版社，2024.7. -- ISBN 978-7-5194-8160-5

Ⅰ. G633.912

中国国家版本馆 CIP 数据核字第 20247SB657 号

初中生物学跨学科实践校本课例精选

CHUZHONG SHENGWUXUE KUAXUEKE SHIJIAN XIAOBEN KELI JINGXUAN

主　　编：张玉容　曾锡俊　王才彬

责任编辑：郭玫君　　　　　　　　责任校对：房　蓉　乔宇佳

封面设计：中联华文　　　　　　　责任印制：曹　净

出版发行：光明日报出版社

地　　址：北京市西城区永安路 106 号，100050

电　　话：010-63169890（咨询），010-63131930（邮购）

传　　真：010-63131930

网　　址：http://book.gmw.cn

E - mail：gmrbcbs@gmw.cn

法律顾问：北京市兰台律师事务所龚柳方律师

印　　刷：三河市华东印刷有限公司

装　　订：三河市华东印刷有限公司

本书如有破损、缺页、装订错误，请与本社联系调换，电话：010-63131930

开　　本：170mm×240mm

字　　数：336 千字　　　　　　　印　　张：21

版　　次：2025 年 1 月第 1 版　　　印　　次：2025 年 1 月第 1 次印刷

书　　号：ISBN 978-7-5194-8160-5

定　　价：95.00 元

版权所有　　翻印必究

编委会

主　编：张玉容　曾锡俊　王才彬
副主编：吴莹莹　林洁芸　陈礼椿
编　委：江　超　陈　燕　黄晓蓉　薛林娜
　　　　吴　帆　杨碟珊　郭焕佳　陈映薪
　　　　陈舜霞　张佳丽　林锦光　陈永利
　　　　傅嘉盈　赖小可　胡　涛　许丹丽
策　划：庄思明　张奕辉
顾　问：夏献平　刘建峰　张青岩

序

书者，述也，以载道，以寄情，以解惑，以明智。汕头市初中生物张玉容教师工作室成果《初中生物学跨学科实践校本课例精选》即将出版，记录的是"跨学科"实践过程，"精选"的是校本课例。文字感知人心，讲述行进中的故事，折射团队相互砥砺的背影；图片超越人眼，呈现工作室守得云开见月明的轨迹。全书展现了初中生物教师工作室建设新气象：所有的日新月异，都是只争朝夕的潜行。昨天写下的伏笔，既实现今天的愿望，又是对未来的期许。

一、从思维到行动

《义务教育课程方案（2022年版）》提出："设立'跨学科主题'学习活动，加强学科间相互关联，带动课程综合化实施，强化实践性要求。""原则上，各门课程用不少于10%的课时设计跨学科主题学习。"生物工作室遇到了理论渴求和理论转化问题，关注主题拼盘、目标迷失、浅表学习等显性问题，也关注学科不平衡不平等隐形问题。思维决定行动。一是将工作室建设为"共作室"，共作善成。主持人在有喜怒哀乐中保有情怀，成就团队最终成就每一个人。二是从鹤立鸡群到"鹤雁齐飞"，彼此相互支撑，共推团队成员由教学新手成长为育人熟手。三是改变"我很重要"的固有思维，在好心境中自燃，推进从争鸣到共鸣、从结合到融合的交流与交融。生物工作室解决问题的思路对其他工作室有借鉴意义。

工作室强化"跨学科主题学习"实践性要求，对学科建设也有辐射意义。"读中学"，通过阅读先辈经典和时贤精粹，在走入理论高原中把握好理论高度。"听中学"，通过倾听，在风向中看清方向，在变声中懂得辨声。"看中学"，通过观察域内外，将心比心，设身处地发现差异，推动自我进取。"研中学"，聚焦主题，围绕专题，开展常态的研究性实践，重视反复和修复。"做中学"，通过持续的实践和有效改进，打磨范例精品，提炼经验。

二、从生根到生长

每个优秀的人，都有一段至暗的时光，越是昏暗，火焰燃烧的光芒才越耀眼。人力不平衡问题使多数初中学科工作室组建团队很难，生物学科更是难上加难。市第三批教师工作室生物学科遇到的内部挑战与外部困难是艰巨的，有人慨叹生不逢时、生不逢人。初中生物教师工作室成立时由张玉容领衔，组建团队时要找"鹤雁齐飞"的同路人却不容易。工作室的不容易就是区域的不容易，也是我们曾经和未经的不容易。

从结集成果看，工作室始终坚持向下扎根，坚守有学科才能跨学科的立场；向上生长，避免庸俗化建设和浅表化研究；向好突破，提炼跨学科解决问题的能力。特别在践行"公开课常态化，常态课公开化"教研理念的实践中，不等待"救世主"，不等待"牧师"，努力推进同课异构、同课同构、异课异构、异课同构的同步发展。有成员反思并感言，每次上课之后的记录，是与自己对话、跟自己诉说、和自己谈心，不仅找到了适合自己的备课方式，祛除内心的浮躁之气，心无旁骛，而且保持自由、从容、宁静、专注。这是教后反思的价值所在。

三、从生物到生命

"生命观念"是生物学科核心素养的核心概念。笔者认为"生命观念"在教师工作室建设呈现的最高境界应是：以自燃的最好生命状态感染更多人。内心有光的主持人，不仅能照亮自己，同时也能照亮别人；内心有光的团队，每个人身上散发着强烈的正能量，所到之处皆能形成一种有力磁场。

观察工作室运行，走马观花式地阅读结集主要内容，主持人和支持人物我两忘，是善良、正义、有担当的人。用一盏灯，照亮前方，让生命闪光，让更多的人前行在充满学科、学人生命发展光芒的大道上。既明媚自己，又照亮学科！成员胸中有光芒，前方有明灯，争做一粒率先发芽的种子，等待下一场精彩绽放。

四、从课例到范例

有的学者呼吁教研部门，不要再上以表演为目的的公开课、示范课，让老师们安安静静地在课堂上教书。客观地说，从实践中不难看出，"以课例促成长"不会过时。教师参与教学观摩，不断加深自己对跨学科的认识与理解，推动自己从被动参与到主动参加；教师通过参与富有创造力的、有智慧的跨学科创新实践以及聚焦创意的课堂，打造一个个教学范例和教学精品。这是好课多磨、推进参与者从他信向自信跨越的必经之路。

与同伴一起研讨，依靠群体智慧和力量，不断缩小理论盲区、扩大已知和减少未知，学科的实践更富理性和带有智慧，这是推进教师校本教研从自觉向自能转变的时空和机会。

对于公开课和研讨，不能因为存在水课、水会和水数据而因噎废食。从结集看，张玉容团队用改革开放心态，创新魅力课堂，建设活力课堂，建构动力课堂。成员基于课标、基于教材、基于核心素养的教学设计，离不开独立备课的"真"历练。比赛课、公开课、家常课是自己设计，这与他们独立思考的意识与习惯养成息息相关。打磨后的精品课，教学内容选择精当，教学手段运用恰当，教学活动组织适当，学习方法归纳妥当，必定是"好课燎原"。

时代变迁，今天很多传统的美好的东西渐渐消失。"谁能告诉我是对是错"，"问询南来北往的客"也没有答案。

社会变迁，当下你看不清楚的样子，若干年后，还是没有看清也没关系，但你要看清自己。

人生海海，教研海海，也有定海神针。坚信哪里有压力，哪里就有努力。相信春夏秋冬从不虚度，百尺竿头更进一步！

原广东省汕头市教育局教研室主任，正高级教师、特级教师、广东省名教师，教育部国培计划专家林荣秋
2024年1月8日

前　言

《义务教育生物学课程标准（2022年版）》（下简称《课程标准》）明确指出，"课程教材要充分发挥培根铸魂、启智增慧的作用"，"强化课程综合性和实践性，推动育人方式变革，着力发展学生核心素养"，"关注学生个性化、多样化的学习和发展需求，增强课程的适宜性"。国家《基础教育课程改革指导纲要（试行）》也明确指出，"实行国家、地方和学校课程三级管理"模式，使我国基础教育课程更加趋于合理化。

校本课程开发是课程改革中较为热门的领域。如何做好校本课程的开发，是目前中学生物学教师遇到的新挑战。近年来，我们课题组通过对新课改背景下初中生物学校本课程开发与实施课题研究和对《课程标准》中第七个学习主题"生物学与社会·跨学科实践"的研究，结合教学实际做了有益的探索。开展"生物学与社会·跨学科实践"教学研究，对促进《课程标准》的实施、提升学生核心素养、落实立德树人根本任务，有积极促进作用和实践意义。

《课程标准》中"生物学与社会·跨学科实践"主题，课本中没有列出具体的教学内容，而是建议学校依据《课程标准》的要求和指引，以发展学生核心素养为导向，自主开发适合初中生认知水平及实践能力的校本课程学习活动案例。本课题组研究发现，不少一线教师不清楚具体实践活动该如何开展。基于此，我们依托张玉容老师主持的省级重点科研课题"新课改下初中生物校本课程开发与实施的研究"及曾锡俊校长的市级重点课题等进行针对性的实践研究，探索并总结出众多与初中生物学课本有关的实践活动课例，经精心挑选，编辑成本书。书中的每个课例都经课题组老师多次实施改进，真实有效，可操作性强。此外，课题组还开发了目前国内外比较热门的项目式学习案例，选取的案例都能体现初中生物跨学科实践活动实施过程中的材料用具、方法步骤、策略途径、课例成果、评价反思。目的是便于广大一线教师可直接借鉴和实践。期望能为有需要的同行提供参考。

在当前"双减"背景下，本书也能够帮助广大一线教师充分利用课后托管时间，开展有益的实践活动，培养学生的动手能力、实践能力、探索能力、创新精神等科学素养。让中小学生在"做中学"，在"学中思"，充分发挥以核心素养为导向的素质教育；让我们的教育教学能与时俱进，切合时代教育高质量发展需要。

借着新课程改革的东风，愿我们广大一线教师能以跨学科实践活动主题学习为抓手，把培养学生的核心素养真正落到教育教学中。

本书在编写过程中还得到华南师范大学生命科学学院李德红教授，深圳市育才中学正高级、特级教师夏献平，汕头市苏北中学正高级教师、特级教师刘建峰，汕头市和濠江区教育主管部门有关领导，学校党委书记庄思明、常务副校长张奕辉等学校领导和科组同事们的关心支持，在此一并致谢！

因编著者才疏学浅，水平有限，加之编著时间较为仓促，书中难免有不妥之处，恳请同行和广大读者不吝赐教。

张玉容　曾锡俊　王才彬

2023 年 12 月

目 录
CONTENTS

生物模型及标本制作

植物细胞永久三维模型制作 ………………………………………… 3
潮汕钩花编织细胞结构模型 ………………………………………… 7
潮汕钩花编织叶片结构模型 ………………………………………… 11
植物体结构层次模型制作 …………………………………………… 14
玉米种子结构模型制作 ……………………………………………… 17
呼吸运动模型制作 …………………………………………………… 20
心脏等器官模型制作 ………………………………………………… 24
人体系统模型制作 …………………………………………………… 29
超轻黏土制作各种小动物 …………………………………………… 32
DNA 模型制作 ……………………………………………………… 35
野生动物保护及宣传 ………………………………………………… 38
拓叶画制作 …………………………………………………………… 41
叶片画制作 …………………………………………………………… 44
孢子印图画制作 ……………………………………………………… 47
植物腊叶标本制作 …………………………………………………… 50
解剖花的结构并制作压花 …………………………………………… 54
植物叶脉书签制作 …………………………………………………… 57
永生花制作 …………………………………………………………… 60
环氧树脂制作昆虫永久标本 ………………………………………… 63
蝴蝶的标本制作 ……………………………………………………… 66
虾蛄的标本制作 ……………………………………………………… 70

| 鱼头骨仙鹤制作 | 73 |

植物栽培和动物饲养

豆芽的简易培育	79
校园蚕豆和小麦的栽培	82
观察蚕豆和小麦的一生	85
认识不同植物花和果的结构	89
薄荷的扦插与利用	92
多肉植物的栽培	97
打造班级植物角	102
草履虫的实验室培养与观察	105
七彩蚕茧	109

食品及用品制作

馒头的制作	115
烤面包制作	119
果酒的酿制	122
甜米酒的酿制	125
玩转酵母菌	129
蛋挞的制作	132
酸奶的制作	135
酸奶蛋糕的制作	138
果冻的制作	141
潮汕酸咸菜的制作	144
紫草润唇膏的制作	148

健康教育和探究实践

为家人制作食谱	155
塑造健康意识及饮食习惯	158
双壳类软体动物的观察与烹饪实践	163
ABO 血型检测	167
测量心率和呼吸频率与运动的关系	171
爱眼护眼系列教育	175

为家人设计旅行药箱 …………………………………… 180
模拟探究酸雨对植物生长的影响 …………………… 183
再生纸的制作 …………………………………………… 190

项目式学习实践

菊花的校园栽培与应用 ………………………………… 195
我们是班级的一颗玉米种子 …………………………… 211
校园里的冬小麦种植 …………………………………… 221
探究不同色光对植物生长影响实验的方法 …………… 231
探究植物呼吸作用简易实验的方法 …………………… 245
一份野外营养午餐 ……………………………………… 258
南澳岛候鸟资源的调查和保护 ………………………… 267
与糖同行——糖科普展板设计 ………………………… 281
校园国兰文化项目式学习方案 ………………………… 294

生物模型及标本制作

植物细胞永久三维模型制作

一、所跨学科
生物学（植物细胞的结构）、美术（设计构图）、工艺（制作过程）

二、课例背景
生物兴趣组的同学在按照课本的方法（用琼脂粉制作植物细胞质）制作细胞模型后发现材料容易变质很难永久保存。琼脂粉由于长时间放置会失水甚至发臭并且腐烂，制作的模型如果想要永久保存，则需要寻找合适的新材料代替并进行制作，学生通过探究发现利用环氧树脂（俗称 AB 胶）代替琼脂粉制作细胞质填充物，结合美术中颜色的搭配、造型的设计等可制作出具有一定艺术性的能够永久保存的细胞模型。

三、课例任务
设计并制作可以永久保存的植物细胞三维模型。

四、材料用具
相应颜色的黏土、硬纸板、颜料、黏土工具、压板、适量 AB 胶。

五、方法步骤
1. 查阅资料了解植物细胞三维模型的制作过程

在搜集、整理和阅读与本活动任务相关的资料后，将需要用到的资料打印出来，了解模型制作过程及注意事项。

2. 进行可行性分析

确定植物细胞三维模型制作的设计方案及所需要的材料（所需材料部分可

在网上购买），并展示关于植物细胞三维模型制作的已有作品，进行分析，扬长避短。

3. 画出植物细胞三维模型制作的设计图（涉及主要学科——美术）

绘制设计图，并在上面用文字阐明制作过程，为方便理解该作品的制作方案，需标明序号和各部分结构名称。

4. 制作流程（涉及主要学科——工艺）

（1）构思并讨论确定活动合作分工情况。

（2）准备制作的材料用具，可在网上购买。

（3）制作一个细胞壁的完整框架模型和各种细胞器。

（4）将各细胞器按照课本中的图摆放后注入按比例配好的 AB 胶。

（5）模型的自然干燥过程（不可暴晒也不可用电吹风吹干）。

（6）植物细胞永久模型就完成了。

5. 植物细胞三维模型具体制作步骤

第一步，准备相应颜色的黏土、硬纸板、颜料、黏土工具、压板、AB 胶。用硬纸板裁剪出模型底座、细胞壁、细胞膜的形状，用黏土包裹硬纸板，风干后组装成外层细胞壁、内层细胞膜紧贴的一个完整的框架模型。

第二步，制作出内部细胞结构：主要有细胞核、线粒体、叶绿体、液泡，按照课本图片内相应的结构制作。细胞核用紫色的黏土制作，液泡用白色的黏土制作，风干备用。

第三步，AB 胶的配制：分别按体积比 A 胶比 B 胶等于 3∶1 量取并均匀混合在烧杯内（注意搅拌时不能用力过猛，避免气泡进入滴胶内影响细胞质的透明度）。

第四步，组装过程，先在准备好的模具底座上按照课本的细胞图片铺上一层蓝色的黏土（由于直接用颜料或色素染色的话，注入 AB 胶后会导致成品与细胞膜的颜色混合），放入事先准备好的细胞结构模型，AB 滴胶提前消除掉气泡后注入模型，然后等待自然风干（AB 胶需要自然风干，若使用吹风机加速吹干则会导致成品的细胞膜发黄而且容易氧化，自然风干时应平放于水平桌面上），风干后的细胞模型可以永久保存。

制作过程中需引起注意的各要点需及时做好记录，处理相关的结果和数据。

6. 检查制作的效果

（1）依据设定的标准检测和评估作品的性能。判断其结构是否正确，是否符合标准，是否解决了问题。分析存在的问题并提出改进意见。

（2）在自我检查的基础上，邀请教师、其他同学或专业人员参与评价，请他们对作品提出评价和意见。

7. 明确改进植物细胞三维模型的修改方案

审视创作过程中,哪些步骤有用?是否可以进一步优化?如何优化?为什么要进一步修改优化?改进后的作品能取得更好的效果吗?

8. 重新评价改进后的设计

修改后的效果如何?问题解决了没有?用文字描述一下你的作品是如何改进的。这个作品的优点是什么?

9. 分享成果

利用 AB 胶制作细胞质填充物,能够永久保存细胞模型。用 AB 胶代替课本中的琼脂粉(或琼脂粉+魔芋粉),可避免琼脂粉长时间放置后模型出现失水甚至发臭腐烂霉变等问题,用 AB 胶按配比来制作细胞质可以完美地避开这些问题,并且成品的细胞质透明无色无味,整个细胞三维结构模型美观牢固方便展示,并且作为教具可永久保存。解决了动植物细胞模型的细胞质制作后不易保存的难点问题。

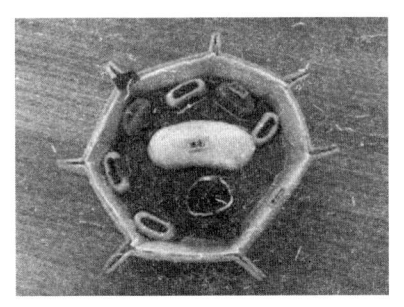

图 1　植物细胞永久三维模型作品

六、反思评价

反思你在团队中的行为表现,完成"小组合作评价量规(1~5星)"。

表 1　小组合作评价量规(1~5星)

评价内容	等级评价		
	自评	组评	师评
参与程度	☆☆☆☆☆	☆☆☆☆☆	☆☆☆☆☆
合作情况	☆☆☆☆☆	☆☆☆☆☆	☆☆☆☆☆

续表

评价内容	等级评价		
	自评	组评	师评
学习态度	☆☆☆☆☆	☆☆☆☆☆	☆☆☆☆☆
探究成果	☆☆☆☆☆	☆☆☆☆☆	☆☆☆☆☆

回顾设计可永久保存的植物细胞三维模型的制作过程，完成反思报告。

课例作者　张玉容　华南师范大学附属濠江实验学校

潮汕钩花编织细胞结构模型

一、所跨学科

生物学（动植物细胞的结构）、美术（设计结构图）、工艺（编织模型）、信息技术（查阅资料及展示交流）

二、课例背景

潮汕钩花又称"通花"，是一种使用独特的钩针和纱线进行编织的传统潮汕工艺，有着悠久的民族文化历史。潮汕钩花通过各式各样的纱线、灵活多变的针法编织出许多极具潮汕地方特色和实用价值的服装配饰、家居产品、工艺品，具有很高的艺术鉴赏价值，20世纪70—80年代曾畅销海内外，是潮汕传统文化中非常重要的组成部分。每个潮汕小孩的记忆里，总有这样熟悉的一幕：依偎在长辈身边，看着她们用钩针一针一线地钩出一件件有温度的手工品，钩出一家人的柴米油盐。现在，一群年轻人围在一起钩花闲聊的画面不复存在，潮汕钩花正面临着失传。本课例最大的特色就是传承。学生在生物学课堂学习了动植物细胞的基本结构之后，通过本课例学习简单的潮汕钩花基础针法，结合美术中颜色的搭配、造型的设计等可以编织出具有一定艺术性的细胞结构模型。

三、课例任务

设计并编织动植物细胞结构模型。

四、材料用具

钩针、多种颜色纱线、铁丝、棉花团、线剪（或剪刀）、牙签、标签纸等（材料可以在网上购买）。

五、方法步骤

教师向学生介绍本课例的目的、任务和要求，分发钩针、纱线等材料用具。将学生分为若干小组，每组 4~5 人。每组选出一名组长负责协调和汇报。

1. 基础针法学习

教师通过演示指导或播放视频，指导学生练习左右手线和钩针的配合，并学习三种基础针法。

表 1　钩针的三种基础针法

基础针法			
针法	钩编样式	示意图	说明
辫子针			首先在纱线的一端打上活结并将其套在针上，随后用针尖钩住纱线从箭头方向钩出，反复钩织即可成辫子形状
短针			将钩针插入上图所织的辫子孔内，将纱线钩出
长针			首先将纱线绕钩针一圈，将钩针插入辫子针孔内，抽出纱线，两针并一针，如此反复

2. 查阅资料

了解细胞模型的基本结构，收集相关钩花作品图片，初步构思自己的细胞结构模型。

3. 画出细胞结构模型设计图

完成设计图需要思考以下问题：

（1）用什么针法？

（2）用什么颜色的线？

（3）确定大小比例。

（4）确定先后步骤。

4. 制作细胞模型

（1）选择合适的纱线和钩针，根据不同的细胞类型和结构，选择不同的颜色和粗细。一般来说，动物细胞模型需要用红色、蓝色、黄色、白色等颜色的纱线，而植物细胞模型需要用绿色、棕色、紫色等颜色的纱线。钩针的大小也要根据纱线的粗细和编织的密度而定。

（2）根据细胞结构模型的图示，用钩针和纱线编织出各个细胞器的形状，如细胞壁、细胞膜、细胞核、液泡、线粒体、叶绿体等。可以用不同的针法来表现不同的质感和立体感，如短针、长针、半长针等。也可以用不同的编织方式来表现不同的结构和功能，如圆形、方形、管状、球状等。

（3）将钩好的各个细胞器按照正确的位置和比例拼接在一起，形成完整的动植物细胞结构模型。可以用铁丝将整体框架支撑起来，用棉花团填充，使整个模型更有立体感。用缝线或者黏合剂来固定各部分，也可以用钩针和纱线直接将它们连接起来，注意保持细胞模型的整体美观性和稳定性。

（4）根据需要给细胞结构模型添加一些装饰或者标注，如用小卡片或者标签来注明各个细胞器的名称，或者用示例来标注细胞基本结构，以增加细胞模型的趣味性和教育性。

5. 分享成果

每组同学向全班汇报自己的细胞结构模型，并回答其他同学或老师提出的问题，老师要求同学认真观看和倾听，并提出自己的意见或建议。

图1　学生钩花过程

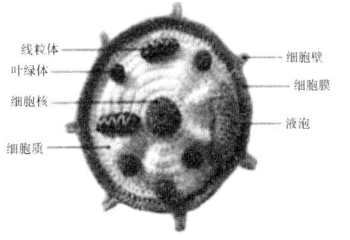

图2　植物细胞模型

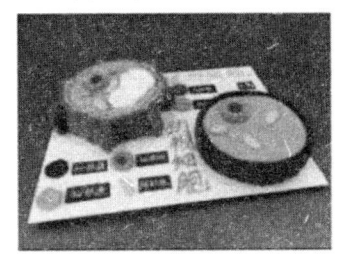

图3　潮汕钩花编织植物和动物细胞结构模型作品

六、反思评价

1. 学生的反思

（1）你在本课例中学到了什么？

（2）你在本课例中遇到了什么困难，你是如何解决的？

（3）你在本课例中感受到了什么？你最喜欢哪个环节？

（4）你对本课例有什么建议或意见？

2. 教师的反思

（1）本课例是一种有效的跨学科实践活动，能够让学生通过动手制作，增强对动植物细胞结构的直观认知，培养学生动手能力和创造力。

（2）本课例的优点是：任务明确、材料丰富、方法灵活、评价多元，能够调动学生的主动性和积极性，促进学生的合作与交流，培养学生动手实践能力，提高学生的学习效果和满意度。

（3）本课例的不足是：时间比较紧张、学生基础针法掌握程度参差不齐、教师指导范围有限，可能导致部分学生制作不完善、展示不充分。

3. 评价

（1）教师根据学生的设计过程、编织过程、模型质量和创意、展示交流等，对每组进行评价和奖励，同时指出不足和改进之处。

（2）学生可以根据以下的表格来评价你在编织细胞结构模型活动中的表现和收获。（每个项目有五个等级，从1颗星到5颗星，分别代表非常差、差、一般、好、非常好。每名学生可以从自评、组评、师评获得评价，并在最后写下自查小结。）

表2 评价量规（1~5星）

阶段过程	设计阶段	制作阶段	展示交流	组内配合度	自查小结
自评	☆☆☆☆☆	☆☆☆☆☆	☆☆☆☆☆	☆☆☆☆☆	
组评	☆☆☆☆☆	☆☆☆☆☆	☆☆☆☆☆	☆☆☆☆☆	
师评	☆☆☆☆☆	☆☆☆☆☆	☆☆☆☆☆	☆☆☆☆☆	

课例作者 林洁芸 汕头市澄海中学

潮汕钩花编织叶片结构模型

一、所跨学科

生物学（叶片的结构）、美术（设计构图）、工艺（制作过程）

二、课例背景

叶片是由表皮、叶肉和叶脉三部分组成。叶片是植物制造养料的重要器官，是进行光合作用和呼吸作用的重要场所，光合作用的实质是绿色植物通过叶绿体利用光能，把二氧化碳和水合成有机物，并释放氧气的过程。呼吸作用则是植物吸收氧气，将有机物分解成为二氧化碳和水，并将储存在有机物中的能量释放出来的过程。叶片的结构对初中阶段的学生在理解植物光合作用和呼吸作用中起着关键作用，本节课运用潮汕传统的钩花技术，结合生物学和美术学知识，构建叶片的结构模型，加深学生对叶片结构的掌握，培养学生的动手实践能力。

三、课例任务

设计并制作叶片的结构模型。

四、材料用具

各种颜色的毛线、钩花针、纸板、胶水、泡沫等。

五、方法步骤

1. 组建2~4人的团队并查阅资料了解叶片的结构特点

搜集、整理和阅读与本活动任务相关的资料后，将需要用到的资料打印出来，并展示关于叶片结构模型的已有作品，进行小结，引用查阅的资料。

2. 讨论叶片结构模型的设计方案及所需要的材料并画出叶片结构模型的设计图

制作过程分哪几个步骤？小组成员各自负责哪些方面？绘制设计图，并在上面用文字阐明制作过程。为方便理解该作品的制作方案，需标明序号。

3. 制作叶片结构模型

为了保证团队合作的效率，团队的每个成员都要参与其中。团队需要进行任务的分工，形成分工表，并按照团队合作建议和准则进行制作，时刻审视和修正自己在团队中的表现。

（1）根据生物学学习内容，明确叶片各部分结构，包括上表皮和下表皮、叶肉（栅栏组织和海绵组织）、叶脉等，根据设计图，小组成员合作选择不同颜色的毛线，钩针的大小也要根据纱线的粗细和编织的密度而定。

（2）根据叶片结构模型图，用钩针和毛线编织出各部分结构，如海绵组织、栅栏组织、叶脉、表皮等结构。

（3）为了让叶片有更好的立体直观功能，编织完成叶片的显微结构后，找到合适的物体将叶片内部支撑起来，可以是纸盒或者泡沫箱、棉花等。

（4）为展现从宏观到微观，可编织植物的整个叶片。

（5）贴在纸板上方便移动，并用标签标注出各部分的结构。

4. 检查叶片结构模型并记录结果

检查叶片结构模型是否符合所学知识中的各个要点，并记录、处理相关的结果数据。

5. 评估叶片结构模型的外观

（1）团队依据设定的标准检测和评估作品的工作性能。判断制作的模型是否符合标准，是否解决了问题。分析存在的问题并提出改进意见。

（2）在小组内部检测的基础上，邀请教师、其他小组同学或专业人员参与测评，请他们提出意见，小组做好笔记。

6. 分享成果

交流可以发生在制作过程的任意环节，可以跟团队内部的成员，也可以跟其他团队和教师，甚至专家、父母等交流，分享设计的方案、结果或讨论遇到的问题等。

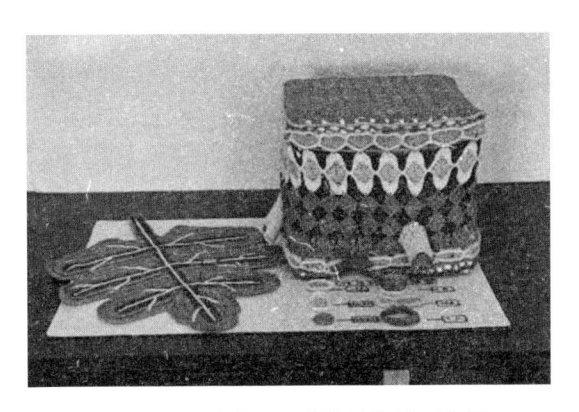

图 1　潮汕钩花编织叶片结构模型作品

六、反思评价

反思你在团队中的行为表现，参照第 5 页表格"小组合作评价量规（1~5星）"。

明确如何改进叶片结构模型的设计方案。哪些步骤有用？哪些步骤没用？按照方案创作后，哪些部分需要修改？为什么要进行修改？并做出必要的改变。

七、拓展探究

根据设计方案中的不足进行改进，重新测试和评价改进后的设计。

修改后的效果如何？问题解决了没有？用文字描述一下你的作品是如何起到作用的。这个作品的优点是什么？尝试撰写心得体会，完成反思报告。

课例作者　林洁芸　汕头市澄海中学
　　　　　　郭焕佳　汕头市澄海实验高级中学附属初级中学

植物体结构层次模型制作

一、所跨学科

生物学（植物体结构层次）、美术（设计构图）、工艺（制作过程）

二、课例背景

植物是生物界中最基本的生命形式之一，它们的结构层次对于它们的生长和生存至关重要。用从微观到宏观的顺序来描述，植物体的结构层次又是怎样的？通过制作植株结构层次模型，学生可以直观地观察和理解植物的不同部分，如根、茎和叶，以及它们之间结构和功能的关系。通过这个课例，学生可以更好地理解植物的结构层次的组成，从根到茎再到叶的组成和功能。这样的课例可以帮助学生培养观察和分析的能力，同时也可以激发他们对植物科学的兴趣和好奇心。通过亲自动手制作模型，还可以锻炼学生的动手能力和创造力。

三、课例任务

自选一种植物设计并制作一个植物体结构层次组成的模型。

四、材料用具

彩笔、彩色胶泥、白纸。

五、方法步骤

组建4人的团队。

1. 查阅植物体结构层次组成模型的资料

搜集、整理和阅读与本活动任务相关的资料，用1~2页纸做一个小结，展示有关植物体结构层次组成模型的已有研究成果。小结中要引用查阅的资料，包括至少 2 张图片。

2. 讨论植物体结构层次组成模型的设计方案及制作所需要的材料并画出模型设计图

制作过程分哪几个步骤？绘制设计图，并在上面用文字阐明制作过程。为方便理解该模型的制作方案，需标明序号。

3. 制作植物体结构层次模型

为了保证团队合作的效率，团队的每个成员都要参与其中。团队需要进行任务的分工，形成分工表，并按照团队合作建议和准则进行制作，时刻审视和修正自己在团队中的表现。

（1）活动的构思，确定活动主题。

（2）设计植物体结构层次模型的展示图。

（3）准备制作的材料用具，可在网络上购买。

（4）分工制作植物体结构层次各部分（根、茎、叶、花、果实、种子）。

（5）分工制作组成植物体器官的各种不同组织的结构。

（6）将体现植物体结构层次的各部分模型按设计粘贴。

4. 检查并评估植物体结构层次模型及性能

（1）检查植物体结构层次模型是否正确，设计表格，并记录、处理相关的结果数据。

（2）团队依据设定的标准检查和评估模型的性能。

提示：判断其是否符合标准，是否解决了问题。分析存在的问题并提出改进意见。

（3）在小组内部检查基础上，邀请教师、其他小组同学或专业人员参与测评，请他们提出意见，小组做好笔记。

5. 明确植物体结构层次模型修改的设计方案并做出必要的改进

在制作模型过程中，哪些步骤有用？哪些步骤没用？按照方案制作完模型后，哪些部分需要修改？为什么要进行修改？改进后的模型还能在实验中取得更好的效果吗？

6. 分享成果

交流可以发生在制作过程的任意环节，可以跟团队内部的成员，也可以跟其他团队和教师，甚至专家、父母等交流，分享设计的方案、结果或讨论遇到的问题等。

图1 植物的五种组织　图2 油菜植株结构层次组成模型　图3 番茄植株结构层次组成模型

六、反思评价

反思你在团队中的行为表现，参照第5页表格"小组合作评价量规（1~5星）"。

回顾小组设计植物体结构层次组成模型的过程中存在的不足，进行交流和讨论，改进实验方案。

七、拓展探究

在制作植物体结构层次模型的材料上，能否有新的突破。

小组自主完成植物体结构层次模型后，尝试撰写心得体会或反思。

课例作者　陈映薪　汕头市蓬鸥中学
　　　　　　吴莹莹　汕头市潮阳区谷饶中学

玉米种子结构模型制作

一、所跨学科

生物学（玉米种子结构）、美术（设计构图）、工艺（制作过程）

二、课例背景

"单子叶植物种子的基本结构与功能"是人民教育出版社版本的初中生物学的重要知识点，经常用于观察的是玉米种子，玉米种子结构包括种皮、胚和胚乳三部分，其中胚包括胚轴、胚芽、胚根、子叶四部分，胚乳储存营养物质，单子叶植物具有一片叶。其在初中生物实验操作考试中也是一个重要的实验知识，本课例学生通过手工制作，将玉米种子的结构做成抱枕，除了能熟悉玉米种子的结构，作品在生活中也具有一定的使用功能。

三、课例任务

设计并制作玉米种子结构模型。

四、材料用具

布料、颜料、棉花、针线等。

五、方法步骤

组建 2~4 人的团队。

1. 查阅资料了解玉米种子结构的特点

搜集、整理和阅读与本活动任务相关的资料，将需要用到的资料打印出来，并展示关于玉米种子结构模型的已有作品，进行小结，引用查阅的资料。

2. 讨论玉米种子结构模型的设计方案及所需要的材料并画出玉米种子结构

模型的设计图

提示：制作过程分哪几个步骤？小组成员各自负责哪些方面？绘制设计图，并在上面用文字阐明制作过程。为方便理解该作品的制作方案，需标明序号。

3. 制作玉米种子结构的模型

为了保证团队合作的效率，团队的每个成员都要参与其中。团队需要进行任务的分工，形成分工表，并按照团队合作建议和准则进行制作，时刻审视和修正自己在团队中的表现。

（1）设计玉米种子结构模型成果展示图。

（2）准备制作的材料用具，可在网络上购买或在日常生活中寻找。

（3）根据构思对布料进行剪裁和缝制，留一个小口塞入适量棉花后缝合。

（4）根据玉米种子结构用颜料绘制玉米种子纵切各部分结构（果皮和种皮、胚、胚乳等）。

（5）晾干。

4. 检查并评估玉米种子结构模型的制作效果

（1）检查并判断玉米种子结构模型的外观及结构是否符合标准，是否达到预期。分析存在的问题并提出改进意见。

（2）在小组内部检查评估基础上，邀请教师、其他小组同学或专业人员参与评价，请他们提出使用感受和意见，小组做好笔记。

5. 明确如何改进玉米种子结构模型的设计并做出必要改进

提示：按照方案中所制定的步骤创作，在创作过程中，哪些步骤有用？哪些步骤可以再进行改进？按照方案创作后，哪些部分需要修改？为什么要进行修改？改进后的作品还能在实验中取得更好的效果吗？

6. 分享成果

交流可以发生在制作过程的任意环节，可以跟团队内部的成员，也可以跟其他团队和教师，甚至专家、父母等交流，分享设计的方案、结果或讨论遇到的问题等。

图1 玉米种子结构模型作品

六、反思评价

反思你在团队中的行为表现，参照第 5 页表格"小组合作评价量规表格（1~5 星）"。

回顾你们团队设计玉米种子结构模型的过程中存在的不足，进行交流和讨论，改进实验方案。

七、拓展探究

根据生活实际或自身特长，能使用更直观方便的材料进行模型制作吗？

小组成员回顾各自在实践活动中所付出的努力，与其他小组成员共同探究作品中可以更完善的地方，用文字描述你的作品优点是什么，在初中生物学习中起到什么作用？

课例作者　林洁芸　汕头市澄海中学
　　　　　　郭焕佳　汕头市澄海实验高级中学附属初级中学

呼吸运动模型制作

一、所跨学科

生物学（肺部结构与呼吸过程）、美术（模拟装置设计图）、工程（制作过程）、物理（气体压强原理）、信息技术（拍摄与剪辑）

二、课例背景

在当前的教育环境中，跨学科的教学方式日益受到重视，因为它能够帮助学生从多个角度理解和掌握复杂的概念。本课例聚焦于制作呼吸运动模型，这是一个结合了生物学、物理学和工程学的综合性项目。

生物学方面，呼吸运动是人体生命活动的基础过程，涉及膈肌、肋间肌的动作以及肺部气体交换的原理。通过模拟这一过程，学生能够深入理解人体生理系统的复杂性和精妙性。

物理学方面，呼吸运动涉及气压变化、气体体积与压力的关系等知识。制作模型的过程中，学生需要运用这些物理原理来解释和再现呼吸过程中的气体动态。

工程学方面，制作呼吸运动模型是一个设计和实践的过程，需要学生运用创新思维和问题解决技巧，包括材料选择、结构设计、试验调试等环节。这不仅可以锻炼学生的动手能力和团队协作精神，也能提升他们的科技素养和创新能力。

此外，鉴于近年来全球范围内的公共卫生事件，如COVID-19疫情，使得公众对呼吸系统健康和呼吸机工作原理的关注度显著提高。因此，本课例以社会热点问题为背景，旨在引导学生关注科学在社会生活中的应用，提升他们对STEM（科学、技术、工程、数学）教育的认识和兴趣。

通过这个跨学科的呼吸运动模型制作，我们期待学生能够在理论学习与实践操作中实现深度学习，培养他们的批判性思维、问题解决能力和创新意识，同时增强他们对生物科学、物理学和工程学之间相互联系的理解，为他们的全面发展和未来职业生涯奠定坚实的基础。

三、课例任务

制作呼吸运动模型。

四、材料用具

刻刀、剪刀、不同颜色的气球（建议两个小的，一个大的）、塑料管、Y形管、橡皮泥、橡皮筋、废弃塑料瓶、砂纸等。

五、方法步骤

1. 查阅资料了解呼吸运动模型的制作特点

搜集、整理和阅读与本活动任务相关的资料，将需要用到的资料打印出来，并展示图片及文字资料，进行分析、归纳。

2. 进行可行性分析（涉及主要学科——美术）

准备呼吸运动模型制作的设计方案及所需要的材料并画出设计图，所需材料可在网上购买。

制作过程分哪几个步骤？绘制设计图，并在上面用文字阐明制作过程。为方便理解该作品的制作方案，需标明序号和各部分结构名称。

3. 制作流程（涉及主要学科——工艺）

（1）阅读课本，了解人体呼吸系统的构成。

（2）准备制作的材料用具、可在网上或者实体店购买。

（3）剪开塑料瓶，模拟人的体壁。

（4）用Y形管与小气球模拟气管、支气管与肺，用橡皮泥封住连接处。

（5）把塑料瓶与其余结构进行组装。

（6）剪开一个大气球，套在装置底部，模拟膈肌。

4. 呼吸运动模型的制作并记录结果

第一步，取一个500mL左右的塑料瓶，沿着2/3的位置横向剪开成两部分，保留带瓶盖的部分，并按照准备的吸管大小，用剪刀或者刻刀在瓶盖处打出一个孔。

第二步，制作出呼吸系统内部结构：主要有气管、支气管、左肺、右肺。

先用小气球套进 Y 形管的分叉端，再用橡皮筋捆扎进行固定，防止漏气，再用塑料管插入另一端，用力套紧。最后取少量的橡皮泥密封住接口处。

第三步，呼吸运动模型的组装：把呼吸系统内部结构与塑料瓶组装起来。塑料管顶端在瓶盖的洞口处刚好伸出（橡皮泥封口处刚好封住瓶口的位置）。

第四步，底部制作：取一个大气球用剪刀剪开，分出橡皮膜，先用手多次撑开气球，方便套入塑料瓶中，然后用砂纸把塑料瓶的剪开处磨平，防止划破橡皮膜，再把橡皮膜撑开套入塑料瓶开口处，用橡皮筋捆紧，防止漏气。最后取少量橡皮泥把瓶口与塑料管连接处密封。

制作过程中需引起注意的各要点需及时做好记录，处理相关的结果和数据。

5. 测试并检查制作的效果

（1）依据设定的标准检测和评估作品的性能。判断其结构是否正确，是否能模拟呼吸原理并呈现现象，是否解决了问题。分析存在的问题并提出改进意见。

（2）在自我检查的基础上，邀请教师、其他同学或专业人员参与评价，请他们对作品提出评价和意见，并做好记录。

6. 明确如何改进呼吸运动模型的制作设计并做出必要的改进

提示：按照方案中所制定的步骤创作。在创作过程中，哪些步骤有用？是否可以进一步优化？如何优化？为什么要进一步修改优化？改进后的模型能取得更好的效果吗？

7. 分享成果

拍摄制作过程进行分享，交流可以发生在制作过程的任意环节，可以跟团队内部的成员，也可以跟其他团队和教师，甚至专业人员、父母等交流，分享设计的方案、结果或讨论遇到的问题等。

图 1　呼吸运动模型作品

六、反思评价

反思你在团队中的行为表现，参照第 5 页表格"小组合作评价量规（1~5星）"。

回顾设计呼吸运动模型的制作过程，完成反思报告。

七、拓展探究

除了以上材料，还能用什么材料制作呼吸运动模型呢？

课例作者　江　超　华南师范大学附属濠江实验学校

心脏等器官模型制作

一、所跨学科

生物学（心脏等脏器结构）、美术（绘制器官草图）、信息技术（搜集网站资料）

二、课例背景

初中生物学教材中出现了人体的一些基本器官，如心脏、肺、肝、胃、肾等，但由于教学时间和资源的限制，学生往往只能通过图片或视频来了解这些器官的形态和位置，难以形成直观和深刻的认识。为了让学生更好地掌握人体器官的知识，提高学生对自己身体的关注和保护意识，我们开发了校本课例"心脏等器官模型制作"，让学生利用石塑黏土按照真实比例和形状，制作出心脏等人体器官的模型，并在班级展示和交流。石塑黏土是一种可塑性很强的黏土，柔软、易塑形、不易断裂，做出的作品精美，质感好，防水，不易破损，可以长久保存。本课例旨在通过石塑黏土制作心脏等器官模型的实践活动，加深学生对人体器官的形象认知，培养学生的实践操作能力和创造力、创新思维和团队合作精神，拓宽生物学习的视野。

三、课例任务

制作出心脏、肺、肾（肾单位）、胃、小肠等人体器官的模型，并在班级展示和交流。

方案一

1. 材料用具

石塑黏土（各种颜色）、刀具、模具（可选）、丙烯颜料、UV 胶、铅笔、勾线笔、白纸、擀泥棒、压泥板、砂纸、塑形工具等。

2. 方法步骤

（1）引入

老师通过播放一段关于人体内部结构的视频或图片，引起学生对人体器官的兴趣和好奇，并提出一些问题：你知道人体内部有哪些器官吗？这些器官都有什么功能？这些器官都长什么样子？这些器官都在什么位置？这些器官之间是如何相互联系的？让学生思考并回答，引导学生意识到人体器官的重要性和复杂性，同时也激发学生的探究欲望。

（2）分组

老师将学生分成五个小组，每个小组负责制作一个器官模型。老师根据学生的兴趣和能力，分别指派给每个小组一个器官，如心脏、肺、肾（肾单位）、胃、小肠等。老师要求每个小组内部分工合作，选出一名组长，负责组织和协调小组的工作。

（3）查找

老师要求学生利用网络或图书馆等资源，查找相关资料，了解所负责制作的器官的结构、功能、位置等信息，并绘制出草图。老师提醒学生注意资料的真实性和可靠性，避免使用错误或过时的信息。老师也可以提供一些参考资料或网站给学生，方便学生查找。

（4）制作

老师要求学生利用石塑黏土等材料，按照草图和真实比例，制作出器官模型。老师提醒学生注意模型的形状、颜色、大小、细节等方面，尽量做到逼真和美观。老师也可以提供一些制作技巧或示范给学生，方便学生制作。学生在制作过程中互相讨论和协作，解决遇到的问题和困难。教师在旁边巡视指导，给予必要的帮助和提示。

以心脏为例。

①揉捏黏土：将石塑黏土揉捏成一个光滑的球状，然后放在切割板上，用擀泥棒或压泥板将其压扁成一个均匀的饼状。

②塑形模型：根据想要制作的模型的形状和大小，用刀片将黏土饼切割成相应的部分，然后用手指或塑形工具将其捏成所需的形状，如按1∶1的比例捏出心脏的大致形状。如果需要连接多部分，可以用牙签或铁丝穿过黏土固定住，或者用胶水将其黏合在一起。

③刻画细节：在模型表面用刀片或塑形工具刻画出所需的细节，如捏出心房、心室、主动脉、肺静脉等结构。注意不要刻得太深或太浅，以免影响模型的美观和强度。

④风干固化：将完成的模型放在通风干燥的地方，等待其自然风干固化。风干的时间根据模型的大小和厚度而定，一般需要几个小时到几天不等。风干过程中要避免阳光直射或温度变化过大，以免造成模型变形或开裂。为了缩短时间，可将模型放入空气炸锅进行低温烤制，这可大幅缩短风干固化的时间。

⑤打磨上色：风干固化后的模型表面可能会有些粗糙或不平整，可以用磨砂纸对其进行打磨，使其更加光滑细腻。打磨时要从粗到细，由大到小，注意不要磨掉细节。打磨后可以用丙烯颜料对模型进行上色，上色时要注意颜料的稀释度和覆盖力，避免出现色差或掉色。再用勾线笔勾画出心脏内血管，待到颜料干透，最后再刷上一层UV胶就大功告成了。

做好的心脏模型表面光滑，质感好，因为刷上了UV胶，所以具有防水性，能更好地长久保存。

石塑黏土制作模型的注意事项有以下几点：

①石塑黏土不用时要用密封盒装起来，在阴凉处存放，避免风干变硬。长时间不用时可以喷些水让黏土保持水分。

②石塑黏土制作过程中要保持手部清洁干爽，避免沾染杂质或水分影响黏土的质量和效果。

③石塑黏土制作过程中要注意力度和角度的控制，避免捏得太紧或太松，造成模型变形或开裂。

④石塑黏土制作过程中要注意安全，避免用刀片或塑形工具划伤自己或他人。

⑤石塑黏土制作过程中要注意卫生，避免吸入黏土或颜料的粉尘，打磨或上色时可以戴上口罩和手套，完成后要及时清洗手部和工具。

（5）展示：每个小组轮流上台介绍自己小组制作的器官模型，并回答其他同学或老师提出的问题。老师要求其他同学认真观看和倾听，并提出自己的意见或建议。

（6）分享成果：

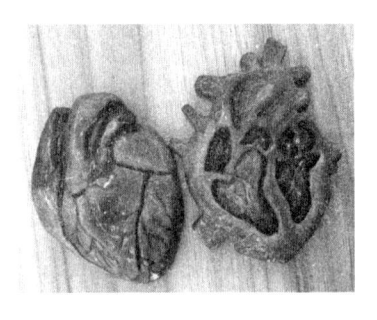

图1 心脏石塑黏土作品

方案二

1. 材料用具

红色软陶、两把小刀、一把美工刀等。

2. 方法步骤

（1）回顾心脏结构

利用教材图片，详细回顾心脏各部分结构，包括心房、心室、瓣膜、血管等。

（2）准备材料，制作心脏结构模型

①取出一小块软陶，按照心脏的大致轮廓进行捏制。

②使用球状刀具在软陶模型上压出纹路，以区分心房和心室。

③取一块软陶搓成小长条，将其均匀放置在心脏模型内部，以区分左心房和右心房。

④在心脏模型的右侧补充一些软陶，捏出左心房的形状。

⑤用软陶搓出两个小细条，充当左心房心脏瓣膜，采用相同方法制作右心房的瓣膜。

⑥用软陶捏出类似斧头状的长条，将其包裹起来，作为心脏血管。

⑦将小长条组装到心脏上，充当肺静脉。

⑧取一小块软陶于长形工具上，捏出主动脉的大致形状。

⑨把主动脉组装在肺静脉的旁边，注意要包裹住肺静脉的分支。

⑩用长条软陶充当心脏血管，组装在心脏模型右侧。采用相同方法，给心脏模型的左侧也装上血管，以及下腔静脉。

⑪标上对应的结构名称。

（3）分享成果

将制作完成的心脏结构模型进行展示，并邀请同学们共同观察和讨论。通过分享成果，促进同学们对心脏结构的深入理解和认识。

图2　软陶心脏模型作品

四、反思评价

1. 学生的反思

（1）你在本课例中学到了什么？

（2）你在本课例中遇到了什么困难？你是如何解决的？

（3）你在本课例中感受到了什么？你最喜欢哪个环节？

（4）你对本课例有什么建议或意见？

2. 教师的反思

本课例是一次成功的校本课程活动，达到了预期的目标和效果。通过这次活动，学生不仅加深了对人体器官的形象认知，还培养了自己的动手能力和创造力，同时也增进了同学之间的合作和交流，拓宽了生物学习的视野和兴趣。从学生的反思表中可以看出，大多数学生都表示这次活动很有趣很有意义，让他们对人体器官有了更深刻的理解和更高的关注度，并且也锻炼了他们搜索资料、制作模型、展示交流等方面的能力。

3. 评价

（1）教师：根据学生的模型制作过程、模型质量和创意、展示汇报等，对每组进行评价和奖励，同时指出不足和改进之处。

（2）学生：反思你在团队中的行为表现，参照第5页表格"小组合作评价量规（1~5星）"表格来评价你在模型制作活动中的表现和收获。

课例作者　林洁芸　汕头市澄海中学
　　　　　　　吴　帆　汕头市东厦中学

人体系统模型制作

一、所跨学科

生物学（认识人体系统）、工艺（制作人体系统模型）、美术（绘制系统模型设计图）

二、课例背景

了解自身身体结构以及生理功能是健康生活的基石。人体科学的发展为医学进步提供了有力支持，这一进程中充满了科学家们的辛勤付出和智慧。人体由八大系统构成，包括生殖系统、消化系统、呼吸系统、血液循环系统、泌尿系统、神经系统、内分泌系统和运动系统。这些系统相互协调，确保人体内各种生命活动能够正常进行。人民教育出版社版本的初中生物学教材中详细介绍了人体的八大系统。通过制作八大系统模型，学生可以更深入地了解各系统及其器官组成，从而更好地认识自身身体结构。

三、课例任务

复习八大系统内容。

每名同学制作两个系统或系统中的重要器官。

四、材料用具

不同颜色的黏土、硬纸板、豆类种子（红豆、黄豆、绿豆、黑豆、红腰豆）等。

五、方法步骤

1. 查阅资料，认识人体的八大系统并画出系统制作的设计图（涉及主要学

科——美术)

(1) 把所要制作的人体系统或重要器官图片打印出来,确保各个结构和器官的标注准确无误。

(2) 在设计图中,标注制作过程中将使用的材料,并详细说明制作过程分为哪些步骤;用文字清晰地阐明制作过程,并按照序号标明各部分结构的名称。

2. 制作流程(涉及主要学科——工艺)

(1) 准备制作的材料用具。

(2) 制作各种器官。

(3) 将各器官按照设计图摆放后标注结构名称。

3. 模型制作并记录结果

第一步,准备相应颜色的黏土、硬纸板,使用硬纸板裁剪出模型底座。

第二步,使用不同颜色黏土制作出各个器官,例如,消化系统需要制作的器官:口腔、食道、胃、肝脏、胰腺、小肠、大肠等,风干备用。

第三步,按照设计图将各个器官摆放好,确保位置准确。然后,在每个器官上标注结构名称。

4. 检查制作的效果并做出必要的改进

在自我检查的基础上,邀请教师、其他同学或专业人员参与评价,请他们对作品提出评价和意见,记录测评人员的评价、改进意见等。

5. 分享成果

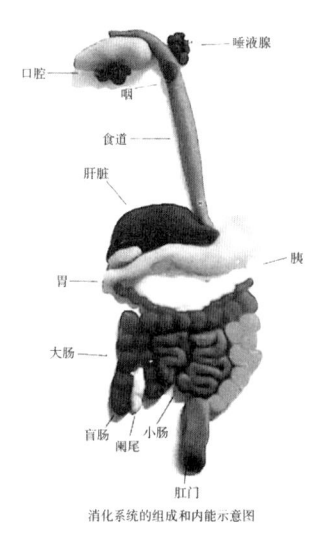

图1 人体消化系统模型作品　　图2 人体泌尿系统模型作品

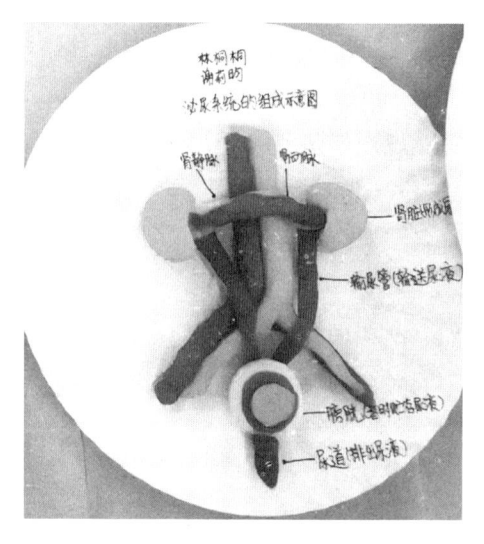

六、反思评价

反思你在团队中的行为表现,参照第 5 页表格"小组合作评价量规(1~5星)"。

回顾设计和制作模型的过程,完成反思报告。

课例作者　陈　燕　汕头市金平区金园实验中学

超轻黏土制作各种小动物

一、所跨学科

生物学（各种小动物）、美术（制作动物外形）、工艺（黏土制作）

二、课例背景

初中生物学教材中涉及的各种动物，在形态、大小、颜色等方面各不相同，各类动物的主要特征及生活习性相差很大。现在的学生很多都没有机会真正接触这些动物。所以在课前或者课后利用课余的时间，让学生自己先通过不同途径去了解各种动物的形态特征和生活环境，并用超轻黏土制作各种动物的模型。可以促进学生对各种动物特征及生活环境、生活习性的了解和相关知识的学习掌握，促进学生动手能力的培养，养成自觉爱护动物、保护动物的意识。

三、课例任务

设计并利用超轻黏土制作各种小动物。

四、材料用具

杯子、颜料、超轻黏土、各种小动物的图片等。

五、方法步骤

组建2~4人的小组。

1. 查阅资料了解各种小动物的制作特点

在搜集、整理和阅读与本活动任务相关的资料后，将需要用到的资料打印出来，并展示制作的已有作品，进行小结，把要引用的资料、相关图片打印出来。

2. 讨论设计方案及所需要的材料并画出设计图

制作过程分哪几个步骤？小组成员各自负责哪些方面？绘制设计图，并在上面用文字阐明制作过程。

3. 超轻黏土制作小动物流程

为了保证团队合作的效率，团队的每个成员都要参与其中。团队需要进行任务的分工，形成分工表，并按照团队合作建议和准则进行合作，时刻审视和修正自己在团队中的表现。

4. 检查并评估各种超轻黏土制作出的小动物的外观形态及结构

（1）检查并评估超轻黏土制作的各种小动物是否符合所学知识中的各个要点，并记录、处理相关的结果数据。

（2）团队依据设定的标准检查并评估作品的外观形态及结构是否符合标准，是否达到预期效果。分析存在的问题并提出改进意见。

（3）在小组内部检查并评估的基础上，邀请教师、其他小组同学或专业人员参与测评，请他们提出使用感受和意见，小组做好笔记。

5. 明确如何改进超轻黏土制作的设计并做出必要的改进

审视在创作过程中，哪些步骤有用？哪些步骤没用？按照方案创作后，哪些部分需要修改？为什么要进行修改？改进后的作品还能取得更好的效果吗？

6. 分享成果

交流可以发生在制作过程的任意环节，可以跟团队内部的成员，也可以跟其他团队和教师，甚至专家、父母等交流，分享设计的方案、结果或讨论遇到的问题等。

图 1 超轻黏土制作的各种小动物模型作品

六、反思评价

反思你在团队中的行为表现,参照第 5 页表格"小组合作评价量规(1~5 星)"。

明确如何改进动物模型的设计,在制作过程中,哪些步骤有用?哪些步骤没用?按照方案创作后,哪些部分需要修改?为什么要进行修改?并做出必要的改变。

七、拓展探究

你的作品有什么优点?请用文字描述。

除了超轻黏土,还可以用什么材料来进行创作?

课例作者 张玉容 江 超 华南师范大学附属濠江实验学校

DNA 模型制作

一、所跨学科

生物学（植物细胞的结构）、美术（设计构图）、工艺（制作过程）

二、课例背景

"DNA 双螺旋结构模型"被誉为 20 世纪科学的三大发现之一，它由沃森和克里克在威尔金斯、富兰克林、查哥夫等人的帮助下成功构建。它标志着生物学的研究进入了分子水平，在生物学的发展中具有里程碑式的意义。DNA 作为绝大多数生物的遗传物质，在亲代和子代的遗传中起着重要的作用。DNA 的双螺旋结构包括两条反向平行的单链，外侧的脱氧核糖和磷酸交替链接构成基本骨架，碱基排列在内侧。制作 DNA 双螺旋结构模型，可以在锻炼学生动手能力的同时，深化学生关于 DNA 结构特点的认识和理解。

三、课例任务

设计并制作可以永久保存的 DNA 模型。

四、材料用具

相应颜色的超轻黏土、硬纸板、黏土工具、吸管、小刀等。

五、方法步骤

组建 2~4 人的小组。

1. 查阅资料了解 DNA 模型的制作特点

搜集、整理和阅读与本活动任务相关的资料，将需要用到的资料打印出来，并展示关于 DNA 模型制作的已有作品，进行分析，扬长避短。

2. 讨论 DNA 模型制作的设计方案及所需要的材料

制作模型是将抽象的 DNA 双螺旋结构具体化的过程，要注重模型的科学性，强调模型与原型的对应关系。模型要根据 DNA 的结构层次设计，即脱氧核苷酸→脱氧核苷酸链→DNA 平面结构→DNA 空间结构，从而明确制作的步骤。

所需材料可在网上购买。

3. 画出 DNA 模型制作的设计图（涉及主要学科——美术）

以小组为单位分工合作，根据教材中"模型设计"的要求，利用所学知识，大胆想象，寻找生活中能制作模型的材料，设计和制作 DNA 双螺旋结构模型。

4. 制作 DNA 模型流程（涉及主要学科——工艺）

（1）确定模型各组成部分的比例大小。

（2）用不同颜色的超轻黏土制备不同的 DNA 脱氧核糖核苷酸。

（3）用牙签（铁丝也可）连接相邻的脱氧核苷酸，制作一条脱氧核苷酸长链。

（4）同理制作另一条脱氧核苷酸长链。（教师可指导不同碱基的配对原则，初中阶段也可不做具体要求。）

（5）用吸管代表氢键，将两条单链合并组装成 DNA 的双螺旋结构。

为了保证小组合作的效率，小组的每个成员都要参与其中。小组需要进行任务的分工，形成分工表，并按照小组合作建议和准则进行制作，时刻审视和修正自己在小组中的表现。

5. 检查制作 DNA 模型的效果

（1）依据设定的标准检测和评估作品的性能。判断其结构是否正确，是否符合标准，是否解决了问题。分析存在的问题并提出改进意见。

（2）在小组自我检查的基础上，邀请教师、其他同学或专业人员参与评价，请他们对作品提出评价和意见。

6. 明确如何改进 DNA 模型的制作设计并做出必要的改进

提示：按照方案中所制定的步骤创作。在创作过程中，遇到什么困难？如底座是否牢固？能不能固定并稳稳托住 DNA 模型？改进后的作品能取得更好的效果吗？

7. 分享成果

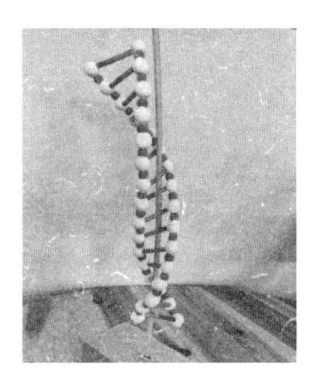

图 1　组装后的 DNA 模型　　图 2　改进后的 DNA 模型

六、反思评价

反思你在团队中的行为表现，参照第 5 页表格"小组合作评价量规（1~5 星）"。

回顾设计 DNA 模型的制作过程，完成反思报告。

七、拓展探究

根据生活实际或自身特长，你能否用其他材料进行 DNA 模型的制作？也可参考网上资料，如用折纸的方式制作 DNA 模型，有兴趣的同学可以尝试。

课例作者　杨碟珊　汕头市龙湖实验中学

野生动物保护及宣传

一、所跨学科

生物学（野生动物特点）、美术（图画与设计）、语文（设计宣传标语）

二、课例背景

据科学研究显示新型冠状病毒来源于蝙蝠、穿山甲等野生动物。新冠疫情提示我们要尊重野生动物，尊重大自然的每一个生命，热爱和保护大自然，教育学生保护野生动物，保护生态是刻不容缓的。

利用野生动物的特点及生存现状等内容，通过绘画设计，对相关知识、保护措施和宣传标语等内容进行编辑与排版，利用缤纷多彩、醒目的保护标语，吸引学生去关注，进而加深学生保护野生动物的责任意识。

三、课例任务

通过对野生动物内容的搜集，锻炼学生筛选、整理与概括知识要点的能力。

通过对野生动物形态结构特点及生活习性的了解，帮助学生建立"尊重生命，爱护动物"的观念。

设计并制作一幅宣传海报或者手抄报，呼吁大家保护野生动物。

四、材料用具

材料要求：背景纸张8K或者16K，颜色不限（建议白地）。

工具准备：水粉、颜料、彩笔、勾线笔等。

五、方法步骤

1. 查阅资料

（1）分小组搜集宣传海报或者手抄报需要用到的野生动物相关知识要点。在搜集、整理相关的知识要点过程中，每人用笔记本进行记录。

（2）每个小组对搜集到的内容做一个小结，筛选出需要使用到的内容加以提炼。（要求：小结中要引用查阅的资料，还要包括至少 2 张图片。）

2. 宣传作品制作

（1）小组分宣传标语、图画、内容设计、整体版面等几方面讨论海报或手抄报宣传的核心内容与具体的版面构图。

（2）初稿设计：小组成员分工合作，每人负责一个板块设计（包括宣传标语、图画、文字编写、整体版面等），初步绘制设计初稿，并在上面用文字资料阐明制作过程。为方便理解该作品的制作方案，需标明序号。

（3）精细制作：小组成员按照合作任务清单，分工合作，确定团队的每个成员都要参与其中，并按照教师给予的团队合作要求进行工作，精心完成自己设计的部分，并关注与修正自己在团队中的表现。

（4）指引提升：老师根据学生设计的版面，检查内容，指引学生适当增删内容、关注整体版面舒适并突出重点，适当进行修改。

（5）讨论修改：小组讨论如何改进宣传海报和手抄报的设计，并做出必要的修改。

提示：团队讨论与关注的宣传作品为大家普及了什么知识或者引起什么关注？团队的手抄报设计中，应该有什么野生动物？稀有的野生动物有哪些？如何进行针对性的保护？如果是海报，就应该突显濒危生物种类或突出呼吁保护的设计理念。

3. 作品展示

（1）交流展示：小组撰写作品介绍，派代表上台解说设计理念与突出重点等内容。

（2）评选推荐：老师邀请美术、生物相关老师，根据学生解说评选优秀作品，鼓励所有完成作品的学生开动脑筋。并对优秀作品进行校内展示（如粘贴公告栏等），扩大宣传力度，让更多的学生与老师关注保护野生动物，增加野生动物的相关知识。

（3）分析成果：与团队成员、老师共同交流制作过程，可以包括灵感来源、遇到的难题等，分享在制作过程中的心得体会。

图1 保护野生动物宣传作品1

图2 保护野生动物宣传作品2

六、反思评价

活动开展需要至少2~3课时，小组成员搭配注意男女组合，学生团队中必须具备绘画技能或者书法技能其中之一，建议与美术类校本合作完成。

反思你在团队中的行为表现，参照第5页表格"小组合作评价量规（1~5星）"。

七、拓展探究

在宣传作品制作前，学生可以先进行几节课的野生动物知识学习。

在学生合作完成作品的基础上，尝试每人根据制作过程撰写一篇有关保护野生动物的感想。

课例作者 江 超 华南师范大学附属濠江实验学校

拓叶画制作

一、所跨学科
生物学（叶脉）、美术（设计构图）

二、课例背景
植物与我们的生活息息相关，每个人的衣食住行都离不开它。地球上的植物有 40 万种以上。植物的叶子更是千姿百态、五颜六色，真是叶叶不相同、片片有变化。拓叶画是在叶子上涂抹自己喜欢的颜料，覆盖在白纸上，用叶子的形状纹路组成的图画。

三、课例任务
设计并制作一幅拓叶画。

四、材料用具
各种形态的叶子、剪刀、白纸、铅笔、颜料、报纸等。

五、方法步骤
组建 4 人的团队。

1. 查阅资料了解拓叶画的制作方法

在搜集、整理和阅读与本活动任务相关的资料后，要进行小结，展示有关拓叶画的已有研究成果。小结中要引用查阅的资料，还要包括至少 2 张图片。

2. 讨论拓叶画的设计方案及制作所需要的材料并进行拓叶画的设计

制作过程分哪几个步骤？分别绘制设计图，并在上面用文字阐明制作过程。为方便理解该作品的制作过程，需标明序号。

3. 制作拓叶画

为了保证小组合作的效率，小组的每个成员都要参与其中。小组成员要进行任务的分工，形成分工表，并按照小组合作建议和准则进行工作，时刻审视和修正自己在团队中的表现。

（1）收集所需花木的叶子，在拓印之前要保证叶子的新鲜，这样拓印出来的叶脉才会比较清晰。

（2）洗净树叶，自然晾晒干。

（3）将事先准备好的颜料、颜料盘备用，准备好白纸。

（4）将报纸平铺在桌面上，在叶子的背面刷上你想要的颜料，注意颜料不要太稀，颜料可以多涂一点。

（5）用白纸压在涂抹颜料的那一面，用手或者书本压在纸上，注意这个时候垫在底下的报纸应该换成干净的，否则容易将叶子外的颜料也印出来。

根据你设计的图画就可以开始拓印在白纸上啦！

4. 检查并评估拓叶画的制作效果

（1）检查并判断拓叶画的外观及结构是否符合标准，是否达到预期。分析存在的问题并提出改进意见。

（2）在小组内部检查评估基础上，邀请教师、其他小组同学或专业人员参与评价，请他们提出使用感受和意见，小组做好笔记。

5. 分享成果

交流可以发生在制作过程的任意环节，你可以跟团队内部的成员，也可以跟其他团队和教师，甚至专家、父母等交流，分享设计的方案、结果或讨论遇到的问题等。

图 1　拓叶画作品

六、反思评价

参照第 5 页表格"小组合作评价量规（1~5 星）"。

明确如何改进拓叶画的设计，在制作过程中，哪些步骤有用？哪些步骤没用？按照方案创作后，哪些部分需要修改？为什么要进行修改？并做出必要的改变。

七、拓展探究

如果原拓叶画实验效果较好，那么改进后的拓叶画还能在实验中取得更好的效果吗？重新测试和评价改进后的设计。修改后的效果如何？问题解决了没有？

用文字描述一下你的作品是如何起到作用的，这个作品的优点是什么？尝试撰写心得体会，完成反思报告。

课例作者　曾锡俊　汕头市蓬鸥中学
　　　　　　张玉容　华南师范大学附属濠江实验学校

叶片画制作

一、所跨学科
生物学（植物叶片）、美术（设计构图）

二、课例背景
叶形就是叶子的形状，不同植物叶的大小不同，形态各异。但就一种植物来讲，又比较稳定，可以作为识别植物和分类的依据。叶片在不同季节的颜色也有所不同，本课例选择不同颜色不同形状的叶片，根据叶片的特点结合美术功底进行绘画，并烘干保存，加深学生对叶片的观察和了解，也能够提高学生的审美艺术。

三、课例任务
设计并制作叶片画。

四、材料用具
各种叶片、颜料、工具等。

五、方法步骤
组建2~4人的团队。

1. 查阅资料了解叶片作画设计的特点

在搜集、整理和阅读与本活动任务相关的资料后，将需要用到的资料打印出来，并展示关于叶片作画设计的已有作品，进行小结，要引用查阅的资料，还要包括至少2张图片。

2. 讨论叶片画的设计方案及制作所需要的材料并绘制设计图

制作过程分哪几个步骤？分别绘制设计图，并在上面用文字阐明制作过程。为方便他人理解该作品的制作过程，请标明序号。

3. 制作叶片画

为了保证小组合作的效率，小组的每个成员都要参与其中。小组需要进行任务的分工，形成分工表，并按照团队合作建议和准则进行工作，时刻审视和修正自己在团队中的表现。

（1）收集团队设计图中所需要的不同形状和颜色的叶子，洗净树叶，自然晾干。

（2）事先准备好颜料、颜料盘。

（3）根据树叶的颜色和形状，设计出自己喜欢的画作。

（4）自然晾干或烤箱低温烘干，保存。

4. 检查并评估拓叶画的制作效果

（1）检查并判断拓叶画的外观及结构是否符合标准，是否达到预期。分析存在的问题并提出改进意见。

（2）在小组内部检查评估基础上，邀请教师、其他小组同学或专业人员参与评价，请他们提出意见，小组做好笔记。

5. 分享成果

交流可以发生在制作过程的任意环节，可以跟团队内部的成员，也可以跟其他团队和教师，甚至专家、父母等交流，分享设计的方案、结果或讨论遇到的问题等。

图 1　叶片画作品 1　　　图 2　叶片画作品 2

六、反思评价

参照第 5 页表格"小组合作评价量规（1~5 星）"。

明确如何改进叶片画的设计，在制作过程中，哪些步骤有用？哪些步骤没用？按照方案创作后，哪些部分需要修改？为什么要进行修改？并做出必要的改变。

七、拓展探究

如果原叶片画实践效果较好，那么改进后的叶片画还能在实验中取得更好的效果吗？重新测试和评价改进后的设计。修改后的效果如何？问题解决了没有？

用文字描述一下你的作品优点是什么。尝试撰写心得体会，完成反思报告。

课例作者　　王才彬　汕头新溪第一中学
　　　　　　　郭焕佳　汕头市澄海实验高级中学附属初级中学

孢子印图画制作

一、所跨学科

生物学（蘑菇的结构及孢子印实验）、美术（绘制图画）

二、课例背景

各种真菌的孢子，在形态、大小、颜色等各方面都有很大差异，是真菌鉴定中的主要特征之一，所以一般均应制作孢子印。孢子印就是把菌褶或菌管上的子实层所产生的担孢子接收在白纸或黑纸上。当获得孢子印以后，应及时记录新鲜孢子印的颜色，注意不要用手或其他东西擦摸孢子印，以免破坏，同时可结合美术知识，将孢子印进行作画，绘制出美丽的图画。

三、课例任务

设计并制作孢子印图画。

四、材料用具

纸、新鲜蘑菇、杯子、颜料等。

五、方法步骤

组建2~4人的团队。

1. 查阅资料了解孢子印图画制作的特点

搜集、整理和阅读与本活动任务相关的资料，将需要用到的资料打印出来，并展示关于孢子印图画制作的已有作品，进行小结，要引用查阅的资料，还要包括至少2张图片。

2. 讨论孢子印图画制作的设计方案及所需要的材料并画出设计图

制作过程分哪几个步骤？小组成员各自负责哪些方面？绘制设计图，并在上面用文字阐明制作过程。为方便理解该作品的制作方案，需标明序号。

3. 制作孢子印图画

为了保证团队合作的效率，团队的每个成员都要参与其中。团队需要进行任务的分工，形成分工表，并按照团队合作建议和准则进行工作，时刻审视和修正自己在团队中的表现。

小组成员分工合作，完成孢子印画做设计图。

（1）选材：选择新鲜成熟的蘑菇。

（2）制作：将新鲜的子实体用刀片齐菌褶把菌柄切断，然后把菌盖扣在合适的纸上。用杯子罩扣上菌盖，12小时后移去菌盖，孢子印散落在纸上。

（3）根据设计图画出图案，制作出孢子印图画。

4. 检查并评估孢子印图画的制作效果

（1）检查并评估孢子印图画制作是否符合所学知识中的各个要点，并记录、处理相关的结果数据。

（2）判断团队依据设定的标准检测和评估作品是否符合标准，是否达到预期效果。分析存在的问题并提出改进意见。

（3）在小组内部检查并评估的基础上，邀请教师、其他小组同学或专业人员参与测评，请他们提出意见建议，小组做好笔记。

5. 明确如何改进孢子印图画制作的设计并做出必要的改变

在创作过程中，哪些步骤有用？哪些步骤没用？按照方案创作后，哪些部分需要修改？为什么要进行修改？改进后的作品能取得更好的效果吗？

6. 分享成果

交流可以发生在制作过程的任意环节，可以跟团队内部的成员，也可以跟其他团队和教师，甚至专家、父母等交流，分享设计的方案、结果或讨论遇到的问题等。

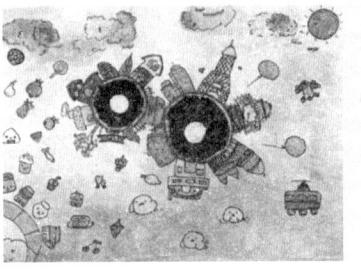

图 1　孢子印图画作品 1　　　图 2　孢子印图画作品 2

六、反思评价

参照第 5 页表格"小组合作评价量规（1~5 星）"。

明确如何改进孢子印画制作的设计，按照方案创作后，哪些部分需要修改？为什么要进行修改？完成更行之有效的实践方案。

七、拓展探究

回顾团队制作孢子印画的过程，用文字描述一下你的作品优点是什么，有何需要改进的？尝试撰写心得体会，完成反思报告。

课例作者　　郭焕佳　汕头市澄海实验高级中学附属初级中学
　　　　　　　王才彬　汕头市新溪第一中学

植物腊叶标本制作

一、所跨学科

生物学（植物结构）、美术（设计构图）、工艺（制作过程）

二、课例背景

根据新课标的要求，中学生物教育目标不仅是提高学生的科学素养，同时也要丰富学生的探究阅历，让学生能够以课堂为依托全面走进生活。本课例结合七年级所学绿色开花植物相关知识，教授学生通过采集、压制、干燥、装订、标注标本信息等具体步骤独立制作完整的标本，并在每一件植物标本上附有采集标签等信息。能够合理组织学生进行各个环节的学习和制作流程，既提高了学生的动手能力，又培养了学生的鉴赏能力，让学生能够在不断动手制作的过程中，加强心、手、脑的配合，在动手的过程中提高思维能力，加强对生物学知识的探索，提高其生物学科的核心素养，真正做到"授之以渔"，为学生提高对生物学理论知识与实践结合的认知奠定了良好基础。

三、课例任务

在校园里寻找一株植物，将植物全株清理后制作腊叶标本。

四、材料用具

1. 材料要求：采摘全株绿色植物，保留完整根、茎、叶等器官。
2. 工具准备：标签纸、绳子、剪刀、镊子、废旧报纸、压片夹（书等重物）、吸水纸、剪刀、签字笔、硬纸板、胶水等。

五、方法步骤

1. 采集（涉及主要学科——生物）

采集植物标本最重要的一点是标本的完整性，矮小的草本植物要尽量采集完整植株，有根、茎、叶、花、果最好；高大的植物可以分段采集，使其分别带有根、茎、叶、花、果。采集后要挂上标签并编号，记录下采集人和时间、地点。

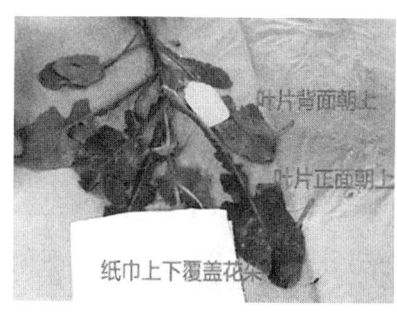

图 1　标签记录　　　图 2　整理标本形态

2. 标本压制（涉及主要学科——工艺）

压制标本前先对标本进行简单整理，去掉腐叶、残叶，去除根部的土块。压制标本时，先将标本放置在报纸上，整理标本形态，叶片尽可能展开，使同一标本能同时看到正面与反面叶的形态。为了避免花朵部分与草纸粘连，可以用卫生纸覆盖。标本压制的草纸也可以使用旧报纸，将植物压制好之后，用较重的书放置在上方，靠书的重量将标本压平。

图 3　整理标本　　图 4　用报纸覆盖植物　　图 5　用重物压制植物标本

3. 标本干燥（涉及主要学科——工艺）

植物标本的干燥可以采用每天更换报纸吸收植物水分使其慢慢干燥，这样的话需要的干燥时间相对较短，但也受天气温度、空气湿度的影响。在家制作可以根据气候情况，1~2天更换一次报纸，大概一周，植物就已经干燥得差不多了。

图6 保持干燥　　图7 标本固定

4. 标本装订（涉及主要学科——美术、工艺）

将干燥好的标本从报纸上取下，按照"/"的姿势放在台纸（硬卡纸）上，直接用胶水粘在台纸上。可以自制标签来记录下植物采集的相关信息。

图8 整姿固定　　图9 粘贴标签

5. 保存（涉及主要学科——工艺）

简单的腊叶标本可以作为生活中的趣味小物品，用于家庭装点，休闲玩乐。标本作品完成后必须注意保色和干燥，建议将标本作品拿去过塑后保存。

6. 分享成果

图 10　植物腊叶标本作品

六、反思评价

参照第 5 页表格"小组合作评价量规（1~5 星）"。

组之间针对成员提出的具体问题，进行交流和讨论，反思不足，改进方案。

标本制作期间不允许多采摘植物，要有保护植物的意识。

标本压制、携带的过程中要小心保护，以免损毁。

七、拓展探究

根据自己制作的植物腊叶标本，尝试把植物的各部分结构描画出来并标注。

制作好的腊叶标本可以按照自己喜欢的方式摆放，根据自己的材料添加东西，可添加昆虫，例如蜗牛，可放一些岩石宝石类标本等，也可跟手账的方式结合，然后用胶枪或者白乳胶将自己摆好的植物粘贴，调整细节，装到框子里面，制作成植物标本装饰画。

课例作者　陈礼椿　汕头市龙湖区香阳学校

解剖花的结构并制作压花

一、所跨学科

生物学（植物结构）、美术（设计构图）、工艺（制作过程）

二、课例背景

人民教育出版社版本的初中生物学（七年级教材中"开花和结果"）从被子植物的生命周期介绍了植物开花、传粉、受精、形成果实、产生新种子这样的生命活动。压花是利用物理和化学方法，将植物材料包括根、茎、叶、花、果、树皮等经脱水、保色、压制和干燥处理而制成平面花材的过程。压花艺术就是以压制好的花材为创作艺术的基本材料，经过巧妙构思，制作成一幅幅精美的装饰画、卡片和生活日用品等植物制品的一门艺术。这个活动内容有利于学生在生活和生产中运用本课例所学习的知识，最好能利用课余时间，组织课外兴趣小组开展活动。

三、课例任务

通过解剖花的结构概述花的基本结构。

通过解剖观察花的结构，概述花的传粉和受精过程，并能阐明花与果实和种子的关系。

动手实践制作压花一幅，提高审美情趣。

四、材料用具

材料要求：背景纸张 A4 纸大小，颜色不限；构图、花材不限。

工具准备：剪刀、镊子、放大镜、解剖刀、解剖针、吸水纸、报纸、压片夹、胶水等。

五、方法步骤

1. 解剖花的结构（涉及主要学科——生物）

（1）取一朵桃花（或类似的花），对照七年级教材中的图，观察它的花托、萼片、花瓣、雄蕊和雌蕊。

（2）用镊子从外向内依次摘下萼片、花瓣、雄蕊和雌蕊，仔细观察雄蕊和雌蕊的结构特点。

（3）用镊子夹开一个花药，在放大镜下观察花药里面的花粉。

（4）用刀片纵向剖开子房，在放大镜下观察子房里面的胚珠。

2. 压花制作（涉及主要学科——美术、工艺）

（1）选材：收集花材的时间最好是晴天早上的9~10点，选择红、黄、蓝三种颜色的花作为基色，其他各种颜色的小花收集一些。采集适合用的花和叶子，水分少、花瓣单薄的植物尤其合适。

（2）压制：将花或叶子放于吸水纸上（卫生纸、棉纸、报纸都可以），几层吸水纸放一层花材，再铺几层吸水纸再放一层花材，最后用砖头等施以均衡重压即可，放于通风干燥的地方，勤换吸水纸，最好一天一次，视植物含水量不同，压制5~7天即可。

（3）构图：构图是非常主观的东西，越天马行空、越有创意越好，但是其中也有一定的规则，一定要先清楚材料的材质、形态、色彩三个要素，再随自己的喜好组合成各种图案和形状。

（4）拼贴：将压好的花粘在纸上，可以用粘贴剂（如胶水），也可以用透明胶。前者适用于各种压花制作，而后者只能用在较小的作品上。粘贴是个细致活，要在花材背面涂满胶液，使花材牢固粘贴于衬底上。要保持花朵的完整性，不能损坏花瓣。

（5）保存：简单的压花可以作为生活中的趣味小品，休闲玩乐。压花作品完成后必须注意保色和干燥，建议将压花作品拿去过塑。

3. 分享成果

图 1　压花作品图 1　　　图 2　压花作品图 2

六、反思评价

活动开展最好在天气晴好的时间段，压制花材要勤换吸水纸，注意防霉。花材的选择上要尽量完整。

参照第 5 页表格"小组合作评价量规（1~5 星）"。

七、拓展探究

在压制花材保持花材完整性的同时，可以尝试探究花的保色。

在学生自主完成一幅压花作品的基础上，尝试撰写一篇有关压花的科普论文。

课例作者　陈礼椿　汕头市龙湖区香阳学校

植物叶脉书签制作

一、所跨学科

生物学（叶脉）、美术（设计构图）、化学（制作过程）

二、课例背景

叶脉书签就是除去叶片的表皮和叶肉组织，而只由叶脉做成。书签上可以看到中间一条较粗壮的叶脉称主脉，在主脉上分出许多较小的分支称侧脉，侧脉上又分出更细小的分支称细脉。这样一分再分，最后主、侧脉及细脉形成网状结构。把这种网状叶脉染成各种颜色，系上丝带，即成漂亮的叶脉书签了。

三、课例任务

设计制作植物叶脉书签。

四、材料用具

网状脉明显的坚挺常绿树木叶片、铁架台、石棉网、酒精灯、烧杯、火柴、镊子、旧牙刷（人手一把）、搪瓷盘子、吸水纸、染色缸、腐蚀液、染色液、漂白剂。

五、方法步骤

组建4人的团队。

1. **查阅资料了解植物叶脉书签的制作方法**

搜集、整理和阅读与本活动任务相关的资料后要进行小结，展示关于植物叶脉书签的已有研究成果。小结中要引用查阅的资料，还要包括至少2张图片。

2. **讨论植物叶脉书签的设计方案及制作作品所需各种材料**

（1）课前配制药液：整个制作过程在一节课内完成，制作中使用到的腐蚀液、染色液、漂白剂等的配制必须在课前由教师与部分学生共同完成。配制前老师要对学生进行安全教育。

（2）腐蚀处理：将叶片放入烧杯中，倒入腐蚀液，置于酒精灯加热煮沸，时间5~10分钟为宜。时间过短，叶肉不容易清除干净；时间过长，叶脉可能会酥烂变软，从而导致叶脉损坏。

（3）腐蚀液配方：氢氧化钠4g，碳酸钠3g，水100mL。

（4）染色液配方：橘黄为水溶性染料，配制时将适量的橘黄溶解在蒸馏水中即可。亮绿、曙红、苦味酸等为醇溶性染料，配制时，先在99mL70%的酒精里加入1mL冰醋酸，然后慢慢地加入适量染料，不断搅拌即可。

3. 画出植物叶脉书签的设计图

提示：制作过程分哪几个步骤？分别绘制设计图，并在上面用文字阐明制作过程。为方便理解该制作方案，需标明序号。

4. 制作植物叶脉书签

为了保证团队合作的效率，团队的每个成员都要参与其中。队员要进行任务分工，形成分工表，并按照团队合作建议和准则进行工作，时刻审视和修正自己在团队中的表现。

（1）采集叶片：叶片要厚一点，一般采用木本植物。

（2）腐蚀叶片：将叶片放入盛有腐蚀液的烧杯中，并置于酒精灯上烧煮10分钟左右，当叶片颜色发黄而叶肉酥烂时，用镊子取出，置清水中漂洗干净。

（3）刷去叶肉：将漂洗干净的叶片，置于瓷盘内，用牙刷清除叶肉。清除叶肉的方法是先刷去叶片正面的叶肉，而后刷去叶片背面的叶肉，从叶的前端开始，逐渐刷至叶柄处。

（4）漂白处理：将叶脉置于10%漂白粉溶液或30%过氧化氢溶液中漂白10分钟。

（5）染色处理：将漂白后的叶脉置于1%曙红酒精溶液或1%橘黄水溶液或1%亮绿酒精溶液或2%苦味酸酒精溶液中染色数分钟，取出后用吸水纸吸干。

（6）成品出炉：系上绢带，便成为美丽的叶脉书签。

5. 检查并评估植物叶脉书签制作的效果并记录结果

（1）检查植物叶脉书签的外观及结构是否完整，设计表格，并记录、处理相关的结果数据。

（2）检查制作好的叶脉书签是否符合标准，是否解决了问题。分析存在的问题并提出改进意见。

（3）在小组内部检查的基础上，邀请教师、其他小组同学或专业人员参与评价，请他们提出意见，小组做好笔记。

6. 分享成果

交流可以发生在制作过程的任意环节，可以跟团队内部的成员，也可以跟其他团队和教师，甚至专家、父母等交流，分享设计的方案、结果或讨论遇到的问题等。

图 1　植物叶脉书签作品

六、反思评价

参照第 5 页表格"小组合作评价量规（1~5 星）"

明确如何改进叶脉书签的设计，在制作过程中，哪些步骤有用？哪些步骤没用？按照方案创作后，哪些部分需要修改？为什么要进行修改？并做出必要的改变。

七、拓展探究

重新测试和评价改进后的设计。修改后的效果如何？问题解决了没有？

用文字描述一下你的作品是如何起到作用的。这个作品的优点是什么？尝试撰写心得体会，完成反思报告。

课例作者　　曾锡俊　汕头市蓬鸥中学
　　　　　　　　王才彬　汕头新溪第一中学

永生花制作

一、所跨学科

生物学（鲜花）、美术（设计构图）、化学（干燥过程）

二、课例背景

鲜花结构完整度属于生物学，设计构图属于美术，干燥过程涉及化学。永生花也叫保鲜花、生态花，国外又叫"永不凋谢的鲜花"。永生花是使用玫瑰、康乃馨、蝴蝶兰、绣球等品类的鲜切花，经过脱水、脱色、烘干、染色等一系列复杂工序加工而成，永生花保持了鲜花的特质，且颜色更为丰富、用途更广、保存时间至少3年，是花艺设计、居家装饰、庆典活动最为理想的花卉深加工产品。本课例利用新鲜花材制作成永生花，结合美术中颜色的搭配、造型的设计等制作出具有一定艺术性的摆件，可在多种场合使用。

三、课例任务

设计并制作永生花。

四、材料用具

新鲜花材、染色剂（钢笔墨水、植物染色剂、丙烯颜料等）、固定材料（花泥、木材等）、干燥剂（硅胶粉、石膏）等。

五、方法步骤

组建2~4人的团队。

1. 查阅资料了解永生花制作的特点

搜集、整理和阅读与本活动任务相关的资料，将需要用到的资料打印出来，并展示关于永生花制作的已有作品,要引用查阅的资料,包括图片等。

2. 讨论永生花制作的设计方案及所需要的材料

根据讨论方案列出所需的合适的材料用具,如用什么鲜花、什么颜料、固定材料和干燥剂等,还有材料获得途径包括如何购买等。

3. 永生花制作小组分工

小组成员明确各自负责哪方面,并用文字阐明制作过程。为方便理解该作品的制作方案,需标明序号。

4. 动手制作永生花的过程

(1) 根据设计选择合适的花材和合适的鲜花脱水方法。

自然风干法:避开梅雨天气,尽量将鲜花倒挂在干燥的空间,也要避免阳光直射,倒挂是为了保持花草的形状完好,所以每一束里的细枝末节,尽量依次高低错开,避免互相挤压变形。(此方法的优点是节约成本、保留较长的花柄,插花时方便造型;缺点是天气情况较难把握,干燥失败风险较大。)

干燥剂风干法:使用干燥剂制作干花时,要选择半开的花苞作为原料,将其从花梗处剪下,然后放入塑料包装盒中,再向盒中倒入硼砂、细沙、硅胶等干燥剂,将花苞完全掩埋,最后将塑料盒放在温暖干燥的环境中,等待花苞中的水分被干燥剂吸干。(此方法优点是用时较短,成功率高;缺点是需要一定的成本,花柄保留短,在造型设计上需要花费心思。)

对流烤箱风干法:选择盛开的鲜花,将其带花枝剪下,然后将花枝上多余的叶片剪除,并将枝条截成10cm的长度,再将修剪好的花枝插入铁丝中,放在烤架上,温度调在38℃左右,低温烘烤几小时。

(2) 取出风干好的花,按照设计图设计出永生花束。

(3) 保存永生花时不能频繁触碰花朵,它是采用天然的鲜花脱水、烘干制成的,用力触碰时会导致花朵变形受损,并且永生花不能存放在潮湿的地方,可能会导致花朵出现霉变,应该放置在干燥通风处,同时需要为其做好遮阳措施,避免毁坏花色。

5. 检查并评估永生花制作效果及外观结构

(1) 检查永生花制作是否符合所学知识中的各个要点,并记录、处理相关的结果数据。

(2) 团队依据设定的标准检查和评估作品的外观结构是否达到预期。判断是否符合标准,是否解决了问题。分析存在的问题并提出改进意见。

(3) 在小组内部检查的基础上,邀请教师、其他小组同学或专业人员参与测评,请他们提出意见,小组做好笔记。

6. 重新检查和评价改进后的设计

讨论哪些步骤需要改进或需要修改。修改后的效果如何，分析一下你的作品的优点。

7. 分享成果

可以跟团队内部的成员，也可以跟其他团队和教师，甚至专家、父母等交流，分享设计的方案、讨论遇到的问题和成果优缺点等。

图1 永生花作品1　　　图2 永生花作品2　　　图3 永生花作品3

六、反思评价

参照第5页表格"小组合作评价量规（1~5星）"。

明确如何改进永生花制作的设计，按照方案创作后，哪些部分需要修改？为什么要进行修改？完成更行之有效的实践方案。

七、拓展探究

利用美术与生物知识相结合，在鲜花干燥后的制作中采用更好的方式，使得永生花在生活中能有更好的用途。

用文字描述一下你的作品优点是什么？尝试撰写心得体会，完成反思报告。

课例作者　郭焕佳　汕头市澄海实验高级中学附属初级中学
　　　　　　王才彬　汕头市新溪第一中学

环氧树脂制作昆虫永久标本

一、所跨学科

生物学（昆虫）、美术（昆虫外形摆放）、工艺（制作蝴蝶扑）

二、课例背景

生物兴趣组的同学发现学校实验室的昆虫标本不易保存，容易受潮霉变，也有发现虫蛀和腐烂的情况。因为按照以往的做法，这些昆虫标本多数就是直接用酒精或者福尔马林浸泡后让其干燥，一般要15天才能充分干燥定型，定型后的昆虫标本久放也容易霉变腐烂。

本课例要求兴趣组的成员利用假期时间进行生物综合实践活动，希望有所创新，能解决教学、学习、生活、生产中的难点问题，各小组可以自己选择并设计实践活动的主题，在这样的背景下兴趣小组3个人确定尝试用环氧树脂（俗称AB胶）来制作具有一定观赏性和教学展示性并能永久保存的昆虫标本。

三、课例任务

用AB胶制作昆虫永久标本。

四、材料用具

昆虫、大头针、固定板、镊子、AB胶、酒精、装昆虫的瓶、玻璃棒。

五、方法步骤

组建2~4人的团队。

1. 查阅资料了解用环氧树脂制作昆虫标本的过程特点

搜集、整理和阅读与本活动任务相关的资料，将需要用到的资料打印出来，并展示昆虫制作的已有作品，进行分析，查阅相关资料，如 AB 胶的使用量及方法。

2. 讨论分析 AB 胶制作昆虫标本的设计方案及所需要的材料

3. 列出 AB 胶制作昆虫标本的步骤

制作过程分哪几个步骤？小组成员各自负责哪些方面？绘制设计图，并在上面用文字阐明制作过程。为方便理解该作品的制作方案，需标明序号。

4. 制作标本的流程

（1）活动的构思，确定活动主题。

（2）准备制作捕捉昆虫的工具蝴蝶扑。

（3）走出野外寻找并捕捉昆虫（分析讨论确定好时间、地点）。

（4）处理捕捉到的昆虫（蝉和蝴蝶）、网上购买 AB 胶。

（5）小组分工合作，负责制作、拍照。

（6）将昆虫处理后放入模具并注入 AB 胶。

（7）将凝固干燥后的昆虫标本从模具取出，AB 胶制作的昆虫标本完成。

5. AB 胶制作昆虫标本的具体过程和结果

第一步，捕捉一只野生的昆虫（蝉、蝴蝶），将其直接浸泡在酒精溶液中，等待一天后将其取出并清理内脏，将棉花塞进体内。在塑料板上用大头针给昆虫定型，用镊子轻轻展开翅膀支开腿部。然后将其放置在干燥通风的地方定型，等待昆虫身体硬化后拆除大头针。

第二步，AB 胶的配制：分别按体积比 A 胶比 B 胶 3∶1 量取并在烧杯内均匀混合（注意搅拌时不能用力过猛导致气泡进入树脂内影响标本质量）。

第三步，制作过程，先在准备好的模具底座上用玻璃棒引流缓慢铺满一层 AB 胶混合液，用镊子夹取标本并轻轻放置在 AB 胶上面，再缓缓注入 AB 胶混合液至整个昆虫的身体被包裹住。

第四步，晾干，将整个模具放置在通风干燥的地方待其自然干燥（或放在太阳底下晾晒两三个小时加速干燥）。至此这个动物标本便制作完毕了。

检查昆虫制作是否符合所学知识中的各个要点，并记录、处理相关的结果数据。

6. 明确如何改进昆虫标本制作

审视方案中所制定的创作步骤。在创作过程中，哪些步骤有用？哪些步骤没用？按照方案创作后，哪些部分还需要修改？为什么要进行修改？改进后的作品能在实验中取得更好的效果吗？

7. 重新评估和评价改进后的设计

修改后的效果如何？问题解决了没有？用文字描述一下你的作品是如何起到作用的。这个作品的优点是什么？

8. 分享成果

利用 AB 胶制作动物标本，能够真实地保存动物标本的原貌，而且能够长久保存，具有不发臭、不腐烂、不发霉变质等优点。

图 1　环氧树脂蝴蝶永久标本　　图 2　环氧树脂蝉永久标本

交流可以发生在制作过程的任意环节，可以跟团队内部的成员，也可以跟其他团队和教师，甚至专家、父母等交流，分享设计的方案、结果或讨论遇到的问题等。

六、反思评价

参照第 5 页表格"小组合作评价量规（1~5 星）"。

回顾设计昆虫永久标本制作的过程，完成反思报告。

课例作者　张玉容　华南师范大学附属濠江实验学校

蝴蝶的标本制作

一、所跨学科

生物学（昆虫的形态结构）、工艺（制作过程）、信息技术（用小程序识别蝴蝶，用网络查找资料）

二、课例背景

蝴蝶是一类非常美丽的昆虫，被誉为"会飞的花朵"。从分类学上看，蝴蝶（Butterfly）是昆虫纲（Insecta）、类脉总目（Amphiesmenoptera）、鳞翅目（Lepidoptera）、凤蝶总科（Papilionoidea）的昆虫的总称。全世界已记载的蝴蝶近2万种。中国的蝴蝶资源较为丰富，已记录的有2000多种。从形态结构上看，蝴蝶有着节肢动物与昆虫的典型特征；从发育方式上看，蝴蝶进行完全变态发育。制作蝴蝶标本，可以用于观察昆虫的形态特征，用于研究昆虫的分类，了解昆虫的生殖发育特点。

三、课例任务

制作昆虫标本。

四、材料用具

蝴蝶、昆虫针、展翅板（可用泡沫板替代）、硫酸纸、镊子。

五、方法步骤

1. 蝴蝶的处理

（1）对于刚抓获的活的蝴蝶，需要第一时间处理。蝴蝶一般可用捏其胸部肌肉的方法处理。最合适的力度是手指感受到"嘎吱"一下，一松手，蝴蝶无法飞行，胸部又形状完好（操作如图1）。个体太小的蝴蝶容易把胸部捏坏，可放进毒瓶（50mL离心管中放入乙酸乙酯浸湿的棉团）处理。若蝴蝶个体太大不好捏胸部处理，则可以用注射器在其胸部注入适量酒精，保持标本的完整（如图2）。

图1 捏胸处死　　图2 注射酒精至死

（2）如果蝴蝶存放时间长，各关节僵硬，没法做成展翅标本，这时就要"还软"，即让蝴蝶的关节重新变得柔软，方法如下。

如果标本数量较多，可以使用密封饭盒，里面放上一块热水浸透的毛巾，然后把标本放在盒里，用温热的水蒸气将蝴蝶还软。注意，标本不要直接放在毛巾上以免沾湿，可以用塑料盘隔开（如图3）。对于大型蝴蝶，可以用注射器在胸部缓慢注入热水，软化胸部肌肉。身体较小的种类，则可以用一次性筷子卡着标本，让标本的胸部浸入热水来还软（如图4）。无论哪种还软方式，都要避免翅膀直接浸水。

图3 利用水蒸气还软　　图4 利用热水浸泡还软

2. 器具准备

（1）以泡沫板替代展翅板：可以选用泡沫塑料，要表面光滑平整，且厚度要能容下一根昆虫针（5cm以上）。然后，用小刀在泡沫板上挖出一个槽，槽的宽度能容下要整理的标本的躯干宽度。

（2）昆虫针通常包含0~5六个型号，2、3号针是整姿的常用型号。

3. 整姿

（1）挑选一根粗细合适的标本针，垂直地插入标本的胸部正中，并让针缓缓深入，直至针帽与标本间仅留下半个指节的高度（如图5）。

注意：这一根标本针将伴随着标本的始终，或将是数百年之久。选择的标本针如果太细会导致支撑不稳，而太粗则会过多地损伤标本。

（2）把标本插入之前准备好的泡沫板的槽中。让标本的躯干完全嵌入槽内，让翅基和泡沫板齐平（如图6）。

（3）先用硫酸纸压住一侧翅膀，调整翅膀的位置。前翅的后缘和身体垂直（这一点做不好，会让品相大大减分），后翅的前缘被前翅后缘稍微盖住一点即可（如图7）。

注意：前翅不要遮住太多后翅，以免挡住鉴定特征。展翅时，用镊子轻轻夹住前翅前缘那几根较粗的翅脉操作，不要用手直接接触标本，以免蹭落鳞粉。

（4）沿着翅膀边沿插下昆虫针来固定位置（如图8），不要插在翅膀上。

（5）蛾类的触角常常很柔弱，在干燥过程中容易变形。可用硫酸纸压一下（如图9）。

新鲜标本的腹部可能在干燥过程中因重力而下垂，也可以用标本针支撑一下（如图10）。

（6）标本要在阴凉的地方晾干一周左右，等虫体干燥变硬后，就要撤去定型的昆虫针（除了插入胸部的那根），掀开硫酸纸，把标本从泡沫板上拔起。这个过程动作要轻，避免虫体破损。

图5 标本针垂直插入胸　　图6 躯干嵌入槽内，翅基和泡沫板齐平　　图7 用硫酸纸压住一侧翅膀

图8 调整翅膀位置，前翅后缘与身体垂直　　图9 触角定型　　图10 用标本针支撑腹部

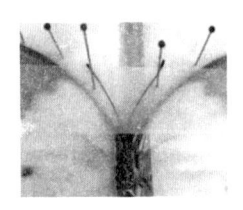

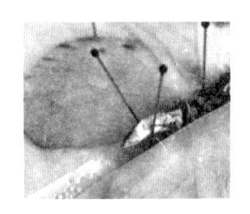

4. 修补破损部位

断裂的翅膀或脱落的触角和足，可先用小镊子夹起，或用小毛笔托住，将虫胶（或白乳胶）涂在断裂的一端，按原来部位和形状对接。

5. 撰写标签

采集标签信息应包括采集地点、采集时间、采集者姓名。另外，可以用"文浩识蝶""昆虫百科"等小程序以及相关资料，识别该蝴蝶标本的种属，添加上鉴定标签。

6. 入盒保存

把标本放进标本盒中保存，避免霉变和虫蛀。标本下板入盒前，最好在冰箱的冷冻室中冷冻一天，以免有蛀食标本的皮蠹、窃蠹或啮虫被带入标本盒。标本盒的一面是玻璃，方便观察，但只适合平放着看。如果想挂在墙上观赏，可以买专门的"昆虫标本相框"。标本入盒后，可加入樟脑驱虫。

7. 分享成果

图 11　蝴蝶标本作品 1　图 12　蝴蝶标本作品 2

六、反思评价

参照第 5 页表格"小组合作评价量规（1~5 星）"。

回顾制作蝴蝶标本的过程，完成反思报告。

课例作者　薛林娜　汕头市潮阳实验学校

虾蛄的标本制作

一、所跨学科
生物学（虾蛄的形态结构）、化学（制作标本）、美术（标本造型）

二、课例背景
将虾蛄制成标本，可作为教具使用。如何使其形象逼真、标本外表面可长时间保持光泽，不会产生发霉、变质甚至腐烂等现象？如何最大限度地保证虾蛄体标本不被破坏？如何在节省了大量的劳动和时间的同时使虾蛄体标本具备较高的真实性和完整性？

三、课例任务
制作虾蛄标本。

四、材料用具
完整的虾蛄、镊子、标本玻璃片、白细线、标本瓶、1%福尔马林。

五、方法步骤
组建4人的团队。

1. 查阅资料了解制作虾蛄的标本的方法

在搜集、整理和阅读与本活动任务相关的资料后进行小结，展示关于制作虾蛄标本的已有研究成果。小结中要引用查阅的资料，还要包括至少2张图片。

2. 讨论制作虾蛄标本的设计方案及所需材料并画出设计图

制作过程分哪几个步骤？分别绘制设计图，并在上面用文字阐明制作过程。为方便理解该作品的制作方案，需标明序号。

3. 制作虾蛄的标本

为了保证团队合作的效率，团队的每个成员都要参与其中。队员要进行任务的分工，形成分工表，并按照团队合作建议和准则进行工作，时刻审视和修正自己在团队中的表现。

（1）选择材料：应选择大小适中的个体。

（2）整理姿态：用清水冲洗虾蛄体表的黏液，将其各部分结构标签系好。

（3）固定标本：将标本用白细线固定在大小适宜的玻璃片上。

（4）浸泡密封：放入适当的标本瓶中，加入1%福尔马林浸泡，密封保存。

（5）贴上标签。

4. 检查并评估虾蛄的标本外观及完整性

（1）检查并评估虾蛄标本作品的外观及完整性，设计表格，并记录、处理相关的结果数据。

（2）判断虾蛄标本作品是否符合标准，是否达到预期效果。分析存在的问题并提出改进意见。

（3）在小组内部检查并评估基础上，邀请教师、其他小组同学或专业人员参与测评，请他们提出意见，小组做好笔记。

5. 明确如何改进虾蛄的标本的设计并做出必要的改进

提示：审视在制作作品过程中，哪些步骤有用？哪些步骤没用？按照方案制作完作品后，哪些部分需要修改？为什么要进行修改？改进后的作品能在实验中取得更好的效果吗？

6. 分享成果

交流可以发生在制作过程的任意环节，可以跟团队内部的成员，也可以跟其他团队和教师，甚至专家、父母等交流，分享设计的方案、结果或讨论遇到的问题等。

图1 虾蛄标本作品

六、反思评价

参照第5页表格"小组合作评价量规（1~5星）"。

明确如何改进虾蛄标本制作的设计，按照方案创作后，哪些部分需要修改？为什么要进行修改？完成更行之有效的实践方案。

七、拓展探究

回顾你们团队制作虾蛄的标本的过程，用文字描述一下你的作品优点是什么。尝试撰写心得体会，完成反思报告。

课例作者　　曾锡俊　　汕头市蓬鸥中学
　　　　　　　张玉容　　华南师范大学附属濠江实验学校

鱼头骨仙鹤制作

一、所跨学科

生物学（鱼头骨形态结构）、化学（制作标本）、美术（标本造型）

二、课例背景

鱼骨立体造型工艺品，是一种利用鱼类的头骨、脖骨、上颌骨、眼眶骨、鱼刺等本身自然几何特征，进行巧妙的艺术构思，组合拼接做成一种立体造型工艺品，具有材料来源丰富、成本低、制作简单、形象逼真等特点，是一种韵味无穷、独具特色的工艺美术产品。

三、课例任务

设计并制作一个鱼头骨仙鹤。

四、材料用具

一只完整带鱼头，3%过氧化氢溶液、汽油（或有机溶剂）、"502"胶水、镊子、培养皿、红漆、黑墨水。

五、方法步骤

1. 组建4人的团队并查阅资料了解鱼头骨仙鹤的制作

搜集、整理和阅读与本活动任务相关的资料，展示有关鱼头骨仙鹤的已有研究成果。小结中要引用查阅的资料，还要包括至少2张图片。

2. 讨论鱼头骨仙鹤的设计方案及制作所需材料并画出鱼头骨仙鹤的设计图

制作过程分哪几个步骤？分别绘制设计图，并在上面用文字阐明制作过程。为方便理解该作品的制作方案，需标明序号。

3. 制作鱼头骨仙鹤

为了保证团队合作的效率，团队的每个成员都要参与其中。团队需要进行任务的分工，形成分工表，并按照团队合作建议和准则进行工作，时刻审视和修正自己在团队中的表现。

（1）选材：尽量选取年龄大的新鲜带鱼，其骨骼硬化较好。

（2）热处理：把完整带鱼头先略煮一下，再剔取制作标本所需骨骼。

（3）剔除肌肉：将骨骼上的肌肉剔除干净。

（4）脱水：冲洗干净并置干燥处自然晾干。

（5）脱脂：将骨骼浸入汽油或有机溶剂中脱脂1~2天。

（6）漂白：用3%过氧化氢（双氧水）溶液浸泡标本12~24小时，在骨骼开始发白时取出，用清水洗净。

（7）整形：根据自己的理解和想法，把干燥鱼头骨骼搭成仙鹤造型。在装配过程中应在头、颈、翅等关节处，分别涂少许"502"胶水，增加牢度。鹤头上点上红漆，两侧点上黑眼睛。

4. 检测并评估鱼头骨仙鹤的外观及结构

（1）判断鱼头骨仙鹤的外观及结构是否合理，并记录、处理相关的结果数据。

（2）团队依据设定的标准检查和评估作品效果。判断其是否符合标准，是否解决了问题。分析存在的问题并提出改进意见。

（3）在小组内部检查基础上，邀请教师、其他小组同学或专业人员参与评价，请他们提出意见建议，小组做好笔记。

5. 明确如何改进鱼头骨仙鹤的设计并做出必要的改进

审视在制作作品过程中，哪些步骤有用？哪些步骤没用？按照方案制作完作品后，哪些部分需要修改？为什么要进行修改？改进后的作品还能在实验中取得更好的效果吗？

6. 分享成果

提示：交流可以发生在制作过程的任意环节，可以跟团队内部的成员，也可以跟其他团队和教师，甚至专家、父母等交流，分享设计的方案、结果或讨论遇到的问题等。

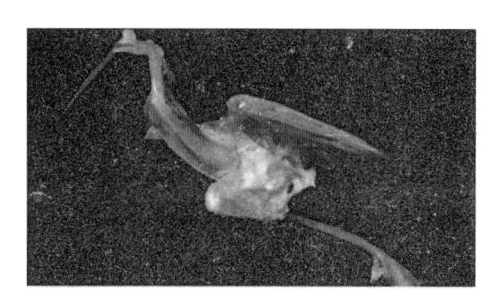

图 1　鱼头骨仙鹤作品

六、反思评价

参照第 5 页表格"小组合作评价量规（1~5 星）"。

明确如何改进鱼头骨仙鹤标本制作的设计，按照方案创作后，哪些部分需要修改？为什么要进行修改？完成更行之有效的实践方案。

七、拓展探究

回顾你们团队制作鱼头骨仙鹤的标本的过程，用文字描述一下你的作品优点是什么。尝试撰写心得体会，完成反思报告。

思考还可以做出其他造型吗，或者使用其他动物骨骼进行制作？

课例作者　曾锡俊　汕头市蓬鸥中学
　　　　　　王才彬　汕头新溪第一中学

植物栽培和动物饲养

豆芽的简易培育

一、所跨学科

生物学（培育豆芽）、劳动教育（烹饪豆芽）、信息技术（查阅资料、线上参与厨艺大比拼）

二、课例背景

豆芽，也称芽苗菜。我们日常生活中常吃的黄豆芽和绿豆芽，就是用黄豆和绿豆萌发来的，食用的主要部分是胚轴发育而来的。然而，有些不法商贩为了私利，在培育豆芽的过程中违法添加了"保险粉"（一种工业酸，主要含二亚硫酸钠，添加后颜色鲜亮，去杂质）、亚硝酸钠、尿素（化肥）、恩若沙星（抗生素）等物质，食用之后会危害人体健康。学生运用"种子萌发的条件"的相关知识，制作培养盒来培育安全优质的豆芽，运用所学知识指导生活实践，从而培养学生的科学思维与劳动技能。

三、课例任务

制作豆芽培育盒。

四、材料用具

绿豆（或黄豆）、清水、牛奶盒。

五、方法步骤

1. 查阅资料了解培育豆芽的方法步骤与注意事项

对比多种培育的方法，整理出操作最简便、效果显著的方法步骤，用流程图展示出来，并将注意事项或关键用量标注在每个步骤旁边。

2. 自制培育盒培育豆芽

（1）设计豆芽培育盒：培育盒需要有淋水口、漏水孔，且不能透光（见光培育的豆芽会发红发苦）。请根据你准备的牛奶盒，设计并制作豆芽培育盒。

①淋水口大小要适宜，要能装入豆子，能方便淋入水，并且能盖上，以便遮光。

②漏水孔选取的位置尽量避免让培养盒漏光，开孔不宜太小，要让水能均匀流出。

（2）选种浸种：选用当年的绿豆，去除其中的嫩豆、虫蛀豆和裂豆，用清水浸泡6~8小时，使豆粒充分饱胀，表皮没有皱纹为止。

（3）入盒培育：将绿豆装入培育盒中，绿豆的量占培育盒的1/5（黄豆等颗粒较大的豆类可适当多放些）。夏天早、中、晚各淋一次水，冬天早、晚各一次。淋水不能乱冲，防止冲断冲翻豆芽，影响生长。淋水要充足均匀，边淋边让容器里的水从漏水孔流出，使淋下去的水与流出来的水温度一样。

（4）收成豆芽：秋夏季3天可收成，春冬季则需4~5天。

3. 对豆芽的品相、口感进行评价

提示：与市面上售卖的豆芽相比，你培育的豆芽是否过长或过短、过粗或过细、过嫩或过老？形状是否美观？口感清甜或是苦涩？是否有豆子没萌发而腐烂发臭？邀请你的朋友或家人一起评价。

4. 做出必要的改进

豆子的选择、装入豆子的量、淋水的频率、培育盒的设计都有可能影响豆芽的生长情况，如果你培育豆芽不成功，请从以上几方面进行反思，并做出必要的改进。

5. 重新试验和评价改进的方法

改进后的培育方法效果如何？升级后的培育盒使用是否简单有效？请将你成功的经验记录下来，整理一份简单有效的培育豆芽教程及培育盒的制作与使用说明。

6. 厨艺比拼

用培育的豆芽做一道菜，上传到微信小程序参加"中华小当家厨艺大比拼"。

图 1	图 2	图 3	图 4
豆芽培育盒展示	豆芽培育盒作品	成功培育豆芽	豆芽炒咸菜

六、反思评价

参照第 5 页表格"小组合作评价量规（1~5 星）"。

七、拓展探究

除了牛奶盒，生活中还可以使用哪些材料来制作豆芽培育盒呢？

课例作者　薛林娜　汕头市潮阳实验学校

校园蚕豆和小麦的栽培

一、所跨学科
生物学（植物种子结构）、数学（田地压制框架）、农艺（点播法）

二、课例背景
一颗种子在萌发之前，你知道它要做足哪些准备吗？种子落地开始，到生根发芽，我们要给它提供哪些条件呢？很多学生曾经种植过植物，但是对植物萌发的自身和环境条件的认识很有限，生物兴趣组的同学通过种植小麦和蚕豆，在实践过程中认识种子萌发所需条件和清楚种子的生长情况。

三、课例任务
认识蚕豆种子和小麦种子的结构，了解适合种子生长的环境。
通过动手实验，掌握播种方法。

四、材料用具
蚕豆种子、小麦种子、长木棍、点穴棒。

五、方法步骤
1. 查阅资料认识蚕豆和小麦种子的结构和栽种条件

（1）蚕豆为一年生或越年生（秋播）豆科植物，是一种粮、菜、肥、饲料兼用的作物。蚕豆具有较强的耐寒性，种子在5℃~6℃时即能开始发芽，但最适发芽温度为16℃，生长的适温为20℃~25℃。蚕豆对光照要求不严格，对土壤水分要求较高，适宜于冷凉而较湿润的气候，对土壤的适应性较广（附蚕豆种子结构图，见图1）。

（2）小麦是一种温带长日照植物，适应范围较广，耕作地松软、湿润。籽实椭圆形，腹面有沟。华南一带栽种冬小麦，秋季 10~11 月播种，翌年 5~6 月成熟，生育期长 180 天左右（附小麦种子结构图，见图 2）。

图 1　蚕豆种子结构图

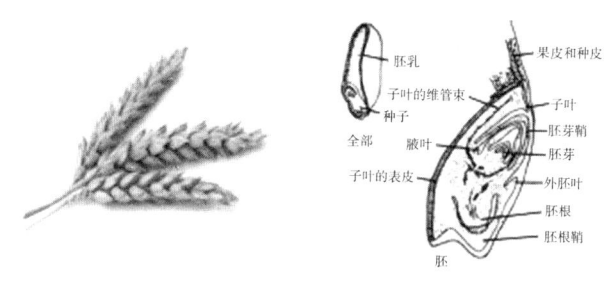

图 2　小麦种子纵切图

（3）各部分结构作用：种皮保护种子；子叶贮藏着营养物质；胚芽将来发育成茎和叶；胚轴将来发育成连接根和茎的部位；胚根将来发育成根。

2. 材料处理浸泡蚕豆种子和小麦种子

蚕豆种子浸泡 24 小时以上，小麦种子浸泡 2 小时左右，沥干备用。

3. 播种

（1）田地播种：采用点播法，利用长木棍在田地上横向和纵向压制出直线，直线围成方框规格约为 102cm，直线交叉处用点穴棒点穴，穴深为 5~9cm，蚕豆田每穴播 2 粒蚕豆种子，小麦田每穴播 4 粒小麦种子。

（2）花盆播种：每个花盆点 4 个穴位，蚕豆盆每穴点播 2 粒蚕豆种子，小麦盆每穴点播 4 粒小麦种子。

4. 植株养护技术

（1）蚕豆：播种后 1~2 天要充分供水，可促进早发芽、早齐苗。幼苗生长 3~4 片真叶时，应适量追施速效氮肥，生长期间要分期追施磷、钾肥。

（2）小麦：播种以后要适度镇压，土壤中大孔隙多，不利于根系的生长和下扎，且极易受气温变化的影响，一旦遇到寒潮，麦苗很容易受冻。因此，播

83

种时或播种以后，一定要注意适度镇压土壤，通过镇压可以破解地表的板结层。

5. 分享成果

图 3　学生播种：点播法

六、反思评价

参照第 5 页表格"小组合作评价量规（1~5 星）"。

总结影响种子萌发的自身条件和环境条件，谈谈如何提高种子发芽率。

课例作者　陈　燕　汕头市金平区金园实验中学

观察蚕豆和小麦的一生

一、所跨学科

生物学（认识植物生长过程）、数学（测量植物生长情况）、语文（写观察日记）

二、课例背景

我们的周围，有各种各样的植物，但是植物的生长情况怎样，植物生长过程中需要哪些条件？同学们都是一知半解。生物兴趣组的同学在种植蚕豆、小麦的过程中，通过测量、观察、参与浇灌等方式，认识植株生长过程的相关特征，对植株生长情况有直观的认识，也有相应的数据支撑，对学生种植植物有很好的参考作用。

三、课例任务

认识蚕豆种子和小麦种子从发芽到成熟的生长过程。
比较田地植株和花盆植株的生长情况。

四、材料用具

蚕豆植株、小麦植株、小麦和蚕豆生长状况调查表、尺子。

五、方法步骤

1. 查阅资料了解蚕豆和小麦植株的生长大致情况
2. 观察植株生长过程

学生观察小麦和蚕豆种子生长情况，认识蚕豆种子和小麦种子从发芽到成熟的生长过程。

3. 记录植株生长情况

根据小麦、蚕豆生长状况调查表（见表1）进行测量和统计，记录数据。

4. 植株养护技术

（1）蚕豆：幼苗生长达 3~4 片真叶时，应适量追施速效氮肥，生长期间要分期追施磷、钾肥。

（2）小麦：灌溉时要根据天气的温度和小麦的长势，一般每天平均温度在3℃左右最佳。如果气温太低的时候灌溉，土壤容易凝结，麦苗表面会结一层薄冰，水分不能充分渗到土壤中，导致麦苗受冻死亡。温度过高时灌溉，地里水分大量蒸发，不能起到灌溉的作用，还会致使麦苗只长茎秆，后期容易发生冻害。

5. 写观察日记

定期进行观察，写观察日记记录种子生长情况。

表1 小麦、蚕豆生长状况调查表

种植地点	植物名称	植株高度（cm）	叶片长度（cm）	叶片宽度（cm）	植株叶片数
花盆	小麦（4株）				
	蚕豆（4株）				
田地	小麦（8株）				
	蚕豆（8株）				

6. 分享成果

图1 学生测量植株的生长情况

| 2022.10.12小麦 | 2022.10.19小麦 | 2022.11.04小麦 | 2022.12.03小麦 |

| 2022.10.20小麦（花盆） | 2022.11.09小麦（花盆） |

| 2022.10.12蚕豆 | 2022.10.20蚕豆 | 2022.11.04蚕豆 | 2022.12.03蚕豆 |

| 2022.10.20蚕豆（花盆） | 2022.11.09蚕豆（花盆） |

图2 小麦、蚕豆生长情况图

表2 实例：学生观察日记

2022年			
日期	天气情况	植物名称	生长情况
10.12	晴	小麦	大部分出芽，高约2cm
		蚕豆	出芽植株较少，高1~2cm
10.13	晴	小麦	种子几乎全部出芽，高3~4cm
		蚕豆	大部分出土，可观察到叶芽
10.16	晴	小麦	均已出芽，高4~5cm
		蚕豆	几乎全部出芽，2片叶芽已长出，叶芽未展开
10.18	阴	小麦	高8~9cm
		蚕豆	大小蚕豆都出芽，较密

续表

2022 年			
10.19	阴	小麦	高约 10cm
^	^	蚕豆	有 6 片叶子，顶部 2 片未展开
10.20		小麦	高 12~13cm
^	^	蚕豆	6 片叶子都展开
10.25		小麦	高约 15cm
^	^	蚕豆	有 10 片叶子，都已展开
10.28		小麦	有 5 片叶子，高 15~18cm
^	^	蚕豆	有 12 片叶子，高 12~15cm，有些枝条弯下
11.02	雨	小麦	高 23~24cm
^	^	蚕豆	茎粗壮，14 片叶，高 18~20cm
11.11	晴	小麦	高 35~40cm
^	^	蚕豆	16 片叶，高约 30cm
2023 年			
3.10	晴	小麦	长出麦穗
^	^	蚕豆	开花
3.28	雨	小麦	麦穗增大
^	^	蚕豆	结出果荚

六、反思评价

参照第 5 页表格"小组合作评价量规（1~5 星）"。

对比田地栽培植株和花盆栽培植株生长情况有何不同，总结可能影响的因素有哪些。

课例作者 陈 燕 汕头市金平区金园实验中学

认识不同植物花和果的结构

一、所跨学科

生物学（认识花和果的结构）、工艺（制作标本）、物理（果实称重）

二、课例背景

人民教育出版社版本的初中生物学教材中"开花和结果"，介绍花的基本结构、花和果实是如何形成的。

"开花和结果"是七年级生物教学的重要内容，学生见过很多美丽的花朵也吃过不少美味的果实，但花儿具体的结构是怎样的，怎样才能结出更多的果实，这些都是学生不清楚的，生物兴趣组同学通过对各种花的观察、解剖，从而认识花的结构；通过蚕豆和小麦果实的采摘，掌握果实的特点。

三、课例任务

认识各种花的结构特征。

采摘蚕豆和小麦果实，通过观察、解剖、称重等方式，认识果实的特征。

四、材料用具

调查表、剪刀、透明胶纸、纸板。

五、方法步骤

1. 植株养护技术

（1）蚕豆：开花结荚为其补充施磷酸二氢钾或硼、钼、镁等微量元素，可减少落花落荚，促进种子发育，提高产量；从现蕾开花开始，应保持土壤湿润；采收蚕豆嫩荚，可分次采收，自下而上采收，每7~8天一次，采收老熟的种子，可在蚕豆叶片凋落、中下部豆荚充分成熟时收获，晒干脱粒贮藏。

（2）小麦：到了四月要适时管好抽穗水、麦黄水。

2. 回顾开花结果的知识，复习花的结构

3. 到天台植物园观察各种花的结构和特征，填写调查表（表1），摘取部分花朵备用

4. 将花朵解剖，张贴在纸板上做成标本

5. 收割小麦和蚕豆果实，将收获的果实用天平称重

表1 植物园花调查表

名称	花瓣颜色	花瓣数量	雌蕊数量	雄蕊数量	萼片数量	果实数量	种子数量

6. 分享成果

图1 蚕豆花1　　图2 蚕豆花2　　图3 蚕豆荚1　　图4 蚕豆荚2

图5 小麦花　　图6 灌浆期小麦果实　　图7 成熟期小麦果实

图8 豌豆花　　图9 萝卜花　　图10 芥蓝花　　图11 油菜花

六、反思评价

参照第 5 页"小组合作评价量规（1~5 星）"。

评价团队果实收获情况，完成"团队评价量规（1~5 星）"。

表 1 团队评价量规（1~5 星）

评价内容	等级评价	
	自评	师评
小组分工明确、合理	☆☆☆☆☆	☆☆☆☆☆
现场任务完成情况	☆☆☆☆☆	☆☆☆☆☆
遇到有争议问题能很好分析、探讨	☆☆☆☆☆	☆☆☆☆☆
小组还需要进一步努力之处		

课例作者　陈　燕　汕头市金平区金园实验中学

薄荷的扦插与利用

一、所跨学科

生物学（薄荷的习性、特征）、语文（与薄荷有关的诗句）、历史（中国历史上薄荷的利用）、药学（薄荷的药用价值）

二、课例背景

薄荷是唇形科薄荷属植物，是中国古老的原生植物，也是世界三大香料之一。早在2000多年前，我国古人就已经开始采集薄荷食用和药用。如宋代的《本草图经》所记录："薄荷，旧不著所出州土，而今处处皆有之。茎、叶似荏而尖长，经冬根不死，夏秋采茎叶，暴干。古方稀用，或与薤作齑食。"薄荷具有生命力强、易繁殖的特点，且可作为香料也可入药。那么，我们应该如何栽培薄荷、利用薄荷呢？

三、课例任务

了解古今国人对薄荷的认识与利用。
尝试扦插薄荷并探究影响扦插薄荷成活的因素。
制作咸薄荷茶。
制作花露水。

四、材料用具

扦插薄荷的材料用具：薄荷植株、一次性杯、剪刀、清水。
制作咸薄荷茶的材料用具：薄荷、甘草粉、食用盐、密封罐。
制作花露水的材料用具：新鲜的薄荷叶、艾草叶、干金银花、75%医用酒精、密封罐。

五、方法步骤

1. 了解古今国人对薄荷的认识与利用（涉及主要学科历史、语文、药学）

（1）查阅资料了解中国历史上薄荷的利用

利用百度等搜索引擎，查询中国史上薄荷名称的演化，以及历朝历代人们对薄荷的利用。根据时间线索整理资料，并以鱼骨图或思维导图的方式展示中国古人对薄荷的利用史。

提示：多部中国古籍中有着薄荷的相关记载，如《唐本草》《新修本草》《本草纲目》，在一些古诗中也有提及薄荷，如北宋彭汝砺《薄荷》、南宋陆游《题画薄荷扇二首》，这些古籍或古诗都能帮助学生更全面地了解古人对薄荷的认识与利用。

（2）调查薄荷在现今人们生活中的应用

薄荷是具有一定经济价值的芳香植物，嫩茎叶可食用，又可用于日化产品、医药、食品等方面。请在商场、家中或药店调查哪些食品、药品、日化产品含有薄荷脑（也称薄荷醇）的成分，并将调查结果填写在以下表格中。

表1 调查薄荷在生活中的应用

序号	物品名称	性质（食品、生活用品或药品）
1	清凉油	药品
2		
3		

（3）以文字形式总结查阅与调查的结果，阐述薄荷的食用价值与药用价值。

2. 尝试扦插薄荷并探究影响扦插薄荷成活的因素（涉及主要学科——生物）

（1）尝试扦插薄荷

方法步骤：

①选择粗壮、无病害的薄荷枝条作为扦插条，插条粗2~3mm，长度在5cm以上。

②将茎剪成长15mm左右的茎段，去除全部叶子或保留茎段上端1~2片叶子。

③茎段上端切口是水平的，下端切口是斜向的。

④将处理好的茎段扦插到水中（水深能没过茎段下端1~2个节）

⑤扦插成活的表现是枝条生根长芽。待薄荷茎段长出新叶后，便可移栽到土壤中。

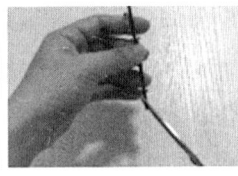

a 剪茎段　　b 下端为斜向　　c 上端为水平　d 将茎段插入水中

图 1　扦插薄荷的过程展示图

（2）探究影响扦插薄荷成活的因素

在扦插薄荷过程中，你是否产生过疑问？比如，为什么茎段上端切口的是水平的，下端切口是斜向的？再比如，不去除叶片会不会影响扦插的成活？等等。能从实践中发现问题并提出问题，是一种优秀的思维习惯。能对提出的问题采取行动进一步探究，更是成为科学家必备的品质与能力。下面，我们以探究"薄荷扦插枝条上保留的叶片数量是否会影响扦插薄荷的成活"为例，体验科学探究的过程吧。

提出问题：薄荷扦插枝条上保留的叶片数量是否会影响扦插的成活？

做出假设：_____

制定计划：_____

提示：

①本实验的变量是什么？如何控制单一变量？

②对照组的扦插枝条去掉全部叶片。实验组要设置几组？每组扦插枝条上分别保留几片叶子？

③每组实验组只用一根枝条行不行？

④实验组与对照组应放在什么的环境下培养？

⑤判断成活的依据是什么？如何设计观察记录的表格？

实施计划：

可仿照以下表格每天记录实验现象，统计实验数据。

表 2　记示每天的实验现象

观测指标	扦插枝条上保留的叶片数量（片）					
	0	1	2	3	4	5
图像（拍摄生根情况）						
有生根的枝条数						

续表

观测指标	扦插枝条上保留的叶片数量（片）						
	0	1	2	3	4	5
生根率						
生出根的条数						

得出结论：薄荷扦插枝条上保留的叶片数量_____影响扦插的成活。

3. 制作咸薄荷

将新鲜采摘的薄荷叶制成咸薄荷，用开水冲泡服用，对于缓解咽炎、嗓子疼痛、食滞气胀、风热感冒有显著效果。咸薄荷制作方法如下：

（1）薄荷叶洗净，晾干水分；

（2）盐与甘草粉按3∶1的比例混匀，将薄荷叶与适量的甘草盐再放在盆子里揉搓，使薄荷叶裹上甘草盐；

（3）装罐密封，一个月后就可以食用。

4. 制作花露水

薄荷富含薄荷脑，味道清凉芳香。用薄荷叶揉碎敷于患处，可治神经痛、皮肤瘙痒、皮疹和湿疹等，因此薄荷叶可用于制作花露水。制作方法如下：

（1）准备新鲜薄荷叶、新鲜艾草，洗净后晾干水分；

（2）薄荷叶、艾草、金银花按照2∶1∶1的比例，放入密封罐，加入75%酒精至没过叶子，密封保存15天，制成花露水原液；

（3）花露水原液与纯净水按1∶5的比例稀释便可使用。

5. 分享成果

图2 咸薄荷茶

图3 薄荷花露水

六、反思评价

参照第5页"小组合作评价量规（1~5星）"。

七、拓展探究

在探究影响扦插薄荷成活的因素的活动中，你还能提出哪些问题？如何设计探究实验？

生活中还有哪些植物可以通过扦插来繁殖，请仿照扦插薄荷的步骤，大胆动手尝试吧。

课例作者 薛林娜 汕头市潮阳实验学校

多肉植物的栽培

一、所跨学科

生物学（多肉植物的特征和习性）、美术（设计多肉植物拼盘和制作超轻黏土小盆栽）、农学类（植物种植）

二、课例背景

提起多肉植物，相信大家都不陌生而且喜爱者众多，多肉植物以叶片肥厚多汁，造型千姿百态，颜色丰富多彩和较强的适应能力，深受大家的喜爱，种植多肉植物甚至成了一种时尚。现在，这种时尚开始走进了校园。多肉植物看起来很好养，但是有时候却很容易被养死，大家是否也有过这样的经历呢？为了养好多肉，我们需要先了解它们的习性特征，了解日照、水分、温度、季节、病虫害等外部因素对多肉植物的影响，通过学习才能更好地养护多肉植物。

让学生在学习和种植的过程中知道树木与人类生存的关系，培养学生从小爱护植物，热爱大自然的情感。透过活动让学生认识到劳动的重要性，培养学生的劳动技能，增强劳动能力、环保意识和生态意识，教育学生形成尊重劳动人民、珍惜劳动成果的思想，感恩父母的辛苦和劳动。

三、课例任务

了解多肉植物的特征和习性。
熟悉多肉植物的种植准备以及种植材料的选择。
掌握多肉植物的种植操作步骤和种后养护要点。

四、材料用具

多肉苗、花盆、筒铲、小铲、营养土、铺面石、多菌灵、多肉缓释肥、气吹、镊子、剪刀、小型喷雾器、浇水壶。

五、方法步骤

1. 教师展示多肉植物图片和盆栽

学生观看多肉植物的图片和实物过程中认识美丽的多肉植物。多肉植物的原产地遍布世界各地，但以非洲和美洲居多，生长环境多为干旱或半干旱，这就要求它们能储存足够的水分，而且形态、色彩多变，所以它们才有了如此惹人喜爱的肉肉可爱外形，教师通过图片和实物展示，激发学生对种植多肉的兴趣。

2. 查阅资料

（1）多肉植物的特征和习性。学生分小组搜集、整理和阅读多肉植物的特征习性的相关资料，小组做好笔记，教师打印出来，发给学生学习和掌握。

（2）学生分小组搜索查找多肉植物的种植要点和养护方法，筛选出适合当地和当季气候的多肉植物品种，每小组确定本小组的多肉植物品种，将内容整理成养护资料，并进行组内任务分配。

3. 选择适合当下季节种植的多肉品种（涉及主要学科园艺种植）

学生最后选择了适合当季种植的多肉品种有：红宝石、蒂亚、桃蛋、黄金万年草、姬星美人、蓝苹果等易种植品种。小组制定任务清单，小组成员分工合作，明确每位组员的任务。

4. 种植前的准备活动

准备内容有多肉苗、花盆、筒铲、铺面石等。

各小组成员按照任务清单各自购买所需多肉苗、花盆、铲、小铲、营养土、铺面石等，最好一种材料由一个组员购买，并且购买的多肉尺寸大小应该与种植盆大小匹配。

下面将对如何选择要购买的材料详细介绍。

（1）土壤的选择：种植多肉需要两种土，一种土叫营养土，一种叫铺面土（或者铺面石）。想要多肉长得好且出状态，必须有强壮的根系支撑，土好根才能好。给多肉配置合适的营养土，选择疏松透气，排水良好的土壤，才能给多肉提供一个更好的生长介质。种植多肉完成后，还需要在营养土上面铺上一层铺面石。铺面石的种类和色彩也是多种多样，根据自身需要选择绿沸石、麦饭石、赤玉土、河沙等，铺面石不仅美化盆栽、提供营养还能吸收掉多余的水分。

（2）花盆的选择：种植盆有孔和无孔两种，一般考虑有孔的种植盆，有孔的花盆比较透气，疏水性较好。在盆的选择上还要根据多肉植株考虑花盆的大小、花盆的深度、花盆的形状、花盆的颜色、外界环境干湿、多肉本身特性及多肉的体型的大小等方面，再进行合理的选择。

（3）工具的选择：①修剪剪刀；②手套：避免皮肤直接接触土壤，戴上手套更干净、卫生；③垫片：垫于盆底，防止营养土从种植盆底部的出水口流失；④筒铲：上盆换盆必备；⑤打孔器；⑥气吹；⑧弯头水壶。

5. 多肉植物种植过程步骤

具体种植过程：

（1）对土壤进行消毒、晾干、喷水，先调节好土壤的湿润度；对买来的多肉苗进行修根，把一些老根、坏根、过长的根剪掉，同时把坏掉的叶子剪掉，放在阴凉通风的地方晾两三天后再种植。

（2）在花盆底部铺上一层陶粒，既能防止土壤从孔中漏出，又能增强水分的流通。

（3）在花盆中添加营养土，加到适当高度时，把多肉苗放在花盆中间，继续用筒铲加入营养土，直到埋住根部，土不宜过满，大概离盆口1cm处为止。

（4）铺上一层铺面石，麦饭石是较好的选择，既能固定植株，又能美化种植效果。

（5）用气吹将多肉上的粉尘清理，把种好的多肉放在通风透气的地方一周再浇水。

种植过程中需要引起注意的各个要点要及时做好记录、处理相关的结果和数据。学生将盆栽种植在生物实验室的走廊。

种植后的养护注意事项：

（1）日照：刚种好的多肉不要直接晒太阳，放在有散射光通风的地方，等多肉适应新的环境后再晒太阳。炎热的夏天要避免过多的日照，避免多肉被晒伤，其他季节的多肉都需要充足的日照，可以说，日照是养好多肉的大前提。

（2）浇水：刚种好的多肉先不要浇水，用喷壶喷一点水使土壤湿润，等几天后多肉适应新的环境后再把整株浇透。多肉的养护相对较简单，不需要太多的时间，比较适合学生种植，多肉超级耐旱，大概一周或更长时间浇一次，根据土壤的湿润度进行浇水。

（3）施肥：一般选择多肉的生长季节进行施肥，施肥不需要太过频繁，可以选择缓释肥埋在土中，让肥料慢慢地释放出来。

6. 检查种植的效果

（1）依据多肉的生长状况进行判断

判断多肉生长状况的指标有叶片的饱满度、叶片的光泽和颜色、嫩叶的生长情况等。小组内和小组间成员进行观察判断多肉是否种植成功。分析存在的问题并提出改进意见。

（2）在自我检查的基础上，邀请教师、其他同学或专业人员参与评价，请他们对多肉种植提出评价和意见，小组做好笔记，记录要点应包括测评人员的感受、评价和改进意见等。

7. 明确如何改进种植过程的设计

提示：按照种植方案中所制定的步骤进行，是否可以进一步优化？如何优化？为什么要进一步修改优化种植方案？

8. 用超轻黏土制作多肉小盆栽

9. 展示作品

种植成功后在校园内开展多肉植物和超轻黏土小盆栽展示，邀请美术老师和生物老师进行点评并评选优秀作品，通过展示和评选促进学生的积极性和种植兴趣，提高学生的种植能力和鉴赏能力。

10. 分享成果

提示：交流可以发生在种植过程的任意环节，可以跟团队内部的成员，也可以跟其他团队和教师，甚至专业人员、父母等交流，分享设计的方案、结果或讨论遇到的问题。

图 1 栽培多肉植物成果图

图 2 多肉植物超轻黏土小盆栽作品

六、反思评价

参照第 5 页"小组合作评价量规（1~5 星）"。

回顾多肉植物的栽培过程和制作超轻黏土盆栽的过程，完成反思报告。

七、拓展探究

除了用多肉小苗栽培，我们下次是否可以尝试用种子、叶插或是嫁接等方法栽培呢？我们下次是否可以尝试不同环境的种植并进行多肉生长状态的比较呢？我们怎样将种植的多肉植株转化为效益呢？

课例作者　黄晓蓉　广东省南澳县南澳中学

打造班级植物角

一、所跨学科

生物学（植物养护）、园艺（植物角设计）、美术（标语书写与饰品布置）、语文（宣传标语）

二、课例背景

习近平总书记提出生态文明思想，为了进一步增强广大师生的环保意识，充分发挥校园环境的教育作用，传播绿色文明、打造优美校园，我们开展"创绿、爱绿、护绿"的绿色生态文明活动。将学习知识与劳动实践结合起来，一方面收获成功的喜悦，另一方面美化班级与校园的环境，同时在心中树立了爱护大自然的绿色观念。

利用部分适合班级养护的植物如仙人掌、多肉植物等，放置在教室，通过专门种植植物的教室一角的设计、植物种类标牌制作、宣传标语设计等，锻炼学生养护植物的技能，加深学生爱护绿植的意识。

三、课例任务

通过教师分享与网络资料查询，锻炼学生搜集与提取信息的能力。

设计班级植物养护角，传播绿色生态文明理念。

四、材料用具

卡纸、彩色笔、画笔、白纸、置物架、胶水、绳子及其余装饰用品。

五、方法步骤

1. 资料搜集

（1）教师分享时需注意所介绍植物应为比较常见、容易购买且对学生而言容易养护，最好兼具美观等特点。内容中应加入世界绿化情况及环境变化等知识的普及，激发学生环境保护意识，学生适时进行记录。

（2）分小组搜集并记录适合室内种植及较容易养护的植物资料

①每人上网搜集资料，列出适合班级植物角放置的植物种类清单并进行筛选，小组讨论明确具体需要的种类。

②再次查找相关植物的种植要点、日常养护方法等资料。最终形成植物角植物养护资料，最好在资料中适当配图便于操作。

③每个小组对搜集到的内容做一个小结，筛选出需要使用的内容加以提炼。

2. 植物角设计

（1）整体构思：小组成员按照已确认的植物种类，初步选择适合的置物架，并根据置物架的大小、设计等讨论小组植物角主题标语，包括标语的制作方法（用硬卡纸剪或白纸上用彩笔写）、标语的大小尺寸、标语的粘贴位置。

（2）初步设计：画出植物角初步设计的初稿。制定任务清单，小组成员分工合作，明确布置植物角的步骤。

提示：思考先购买植物还是置物架、置物架适合安装于教室什么位置、置物架上除了植物是否可以有其他物品、植物如何摆放、标语粘贴位置是否突出主题、整体是否美观等问题，在设计的过程中用序号标注后续布置时的步骤，以便完成作品。

（3）前期准备：小组成员按照任务清单各自购买所需植物、置物架、相关饰品，注意最好一种植物由一个成员购买，所购买的植物大小应该与置物架大小相匹配。

提示：如若出现大小不协调时，补救可以用书或者装饰品填充，因此需要准备适量补救用品，如小石子、书籍等。思考宣传标语用什么材料制作。

（4）现场布置：小组完成宣传标语及装饰用的图案、彩带做的饰品等物品的制作。根据小组设计稿进行现场布置，安装好置物架，摆放植物，粘贴宣传标语、图案等。

（5）制作挂牌：小组根据自己小组植物角的植物种类制作挂牌，挂牌应该包含植物的学名、分类、主要特征等方面，完成后挂在对应植物上，同类可以只制作一个，以便观看的同学认识植物。注意制作的挂牌应该字迹端正、设计美观，突出植物角的艺术感。

（6）检查修改：针对小组的作品，检查是否全面完成，是否以植物为主、突出爱护绿植的设计理念。如不明确应及时修改调整。

3. 展示与宣传

（1）作品展示：老师对班级植物角作品拍照并进行校内展示，扩大宣传力度，让更多的学生与老师感受自然美好，增强环境保护意识。

（2）评选推荐：老师邀请美术、生物相关老师，根据学生解说评选优秀作品，鼓励所有完成作品的学生开动脑筋。

（3）成果分享：与小组内部的成员、老师共同交流，记录相关植物养护要点，轮流进行日常植物养护。并且与同学、老师分享此过程的心得体会。

图1　班级植物角作品1　　图2　班级植物角作品2　　图3　班级植物角作品3

六、反思评价

思考植物种植与养护如何扩展效益，让更多人参与其中。

参照第5页"小组合作评价量规（1~5星）"。

七、拓展探究

此活动可以在学生学习完植物种类后开展，回顾植物角设计过程，说说自己在此过程中学习到的相关植物知识。

课例作者　江　超　华南师范大学附属濠江实验学校

草履虫的实验室培养与观察

一、所跨学科

生物学（草履虫的观察、稻草杆菌的培养）、化学（酒精灯、烧杯的使用）、物理（托盘天平的使用）、信息技术（查阅资料、拍摄记录草履虫生活过程、展示交流）

二、课例背景

草履虫是一种常见的原生动物，广泛分布在清澈的水沟、池塘、水田及湖泊中，是初中生物学教学中的重要观察对象。草履虫具有形态特征明显、运动方式独特、繁殖速度快、适应性强等特点，适合用于实验室培养和观察。通过实验室培养草履虫，可以让学生亲身体验生物学习的乐趣和方法，增进对草履虫的认识和理解，培养科学探究和实践能力。

三、课例任务

学生分组进行草履虫的实验室培养，了解草履虫的生活环境和条件，掌握草履虫的培养方法和技巧。

学生利用显微镜观察草履虫的形态结构、食物泡、运动方式、摄食过程、分裂过程、排除食物残渣过程等，记录并分析观察结果。

四、材料用具

低密度草履虫培养液（虫种）、新鲜稻草、托盘天平、500mL烧杯、培养皿、酒精灯、石棉网、三脚架、火柴、酒精、纱布、橡皮筋、标签纸、显微镜、滴管、镊子、单凹载玻片、双凹载玻片、盖玻片、解剖针、棉花纤维（或化妆棉）、活性干酵母、草履虫相关资料等。

五、方法步骤

分组：学生分为若干小组，每组 4~5 人。每组选出一名组长负责协调和汇报。

1. 培养草履虫

（1）培养稻草杆菌

每组用托盘天平称取 10g 新鲜稻草，用剪刀剪成 3cm 长小段，放入烧杯中加水 500mL，煮沸 10~15 分钟，高温灭菌，冷却后用双层纱布封住烧杯口（以防蚊子到培养液中产卵），贴上写有当天日期的标签。大约三天，肉眼可见烧杯中液体略显浑浊，此时杯中就有稻草杆菌了。

注意：培养过程最好隔天投喂，更换培养液，以保证培养液的酸碱度正常，所以培养稻草杆菌需要隔天就做一次。

（2）接种

用滴管将低密度草履虫培养液滴入培养有稻草杆菌的烧杯中，用双层纱布封住烧杯口（以防蚊子到培养液中产卵），贴上写有当天日期的标签，将烧杯置于温暖有光线处，在适宜温度（24~28℃）下，约一周即可得大量草履虫。

注意：培养过程要隔天投喂，更换培养液。

（3）投喂

投喂稻草杆菌就是用上面步骤（1）培养出来的稻草杆菌进行投喂，具体做法：用滴管将上面步骤（2）培养草履虫的烧杯上层较澄清部分转移到刚培养出来的稻草杆菌中，将底层聚集的较多新陈代谢产物、变质了的稻草杆清洗处理掉。一般换掉 1/3 的烧杯底层培养液，在处理掉底层培养液之前可以进行镜检，如果废液中还有较大密度草履虫，可以用双层纱布过滤一下，将滤液中草履虫接回稻草杆菌培养液继续培养。

注意：培养草履虫过程中每天都要镜检，观察草履虫的生长状况、记录一滴培养液能观察到的活体数量、有没有其他微生物如轮虫等，如有死亡或异常现象及时处理。

稻草杆菌培养出来的草履虫形态最漂亮，每只都是草鞋形状，运动矫健。

2. 观察草履虫

（1）每组观察并记录草履虫的数量变化和活动情况，及时拍下草履虫的生活片段，如食物泡流动、从胞肛排出食物残渣、分裂、接合生殖等。

（2）每组可以选择不同的饲料来培养草履虫，如稻草杆菌、酵母菌、胡萝卜汁等，观察并比较不同饲料对草履虫生长和繁殖的影响。

（3）每组可以尝试改变培养液的温度、光照、氧气等条件，观察并分析不同条件对草履虫活动和适应的影响。

（4）每组可以根据自己的培养方法和结果，提出一些有关草履虫生活习性和环境适应性的问题或假设，并设计一些简单的实验来验证或探究。

（5）每组向全班汇报自己的培养过程和结果，并与其他组进行交流和讨论。

注意事项：观察后要及时清洗并归还显微镜和载玻片，保持仪器的清洁和完好。

3. 分享成果

高密度草履虫　接合生殖　分裂生殖　胡萝卜汁中红色食物泡

图 1　显微镜下草履虫的生活和繁殖图

六、反思评价

1. 学生的反思

（1）你在本课例中学到了什么？

（2）你在本课例中遇到了什么困难，你是如何解决的？

（3）你在本课例中感受到了什么？你最喜欢哪个环节？

（4）你对本课例有什么建议或意见？

2. 教师的反思

（1）本课例通过实验室培养和观察草履虫，既培养了学生的科学探究能力和实践能力，又提高了学生对草履虫的认识和理解。

（2）本课例通过培养过程和观察过程的互动与合作，激发了学生的学习兴趣和创造力，使学生能够主动地参与到生物学习中来。

（3）本课例通过班级内的汇报和讨论，扩大了生物学习的影响范围，促进了学生之间的交流和分享。

3. 评价

（1）教师根据学生的培养过程、观察过程、汇报交流等，对每组进行评价和奖励，同时指出不足和改进之处。

（2）学生可以设计表格来评价自己在草履虫培养活动中的表现和收获。（每个项目有五个等级，从1颗星到5颗星，分别代表非常差、差、一般、好、非常好。每位学生可以从自评、组评、师评获得评价，并在最后写下自查小结。）

表1 评价量规（1~5星）

阶段过程	设计阶段	制作阶段	展示交流	组内配合度	自查小结
自评	☆☆☆☆☆	☆☆☆☆☆	☆☆☆☆☆	☆☆☆☆☆	
组评	☆☆☆☆☆	☆☆☆☆☆	☆☆☆☆☆	☆☆☆☆☆	
师评	☆☆☆☆☆	☆☆☆☆☆	☆☆☆☆☆	☆☆☆☆☆	

课例作者 林洁芸 汕头市澄海中学

七彩蚕茧

一、所跨学科
生物学（昆虫的生殖和发育）、历史（丝绸之路）、美术（缫丝制扇）

二、课例背景
桑蚕又称家蚕，是以桑叶为食料的吐丝结茧的经济昆虫之一，属鳞翅目，蚕蛾科。蚕的一生需经过卵、幼虫、蛹、成虫阶段，共50多天。桑蚕起源于中国，在4000多年前中国已有记载。栽桑养蚕在中国古代社会的经济生活中占有重要地位，并形成了丰富的桑蚕文化。随着农耕文化在城市中渐渐消失，栽桑养蚕等农业生产活动也逐渐远离现代孩子们的生活。本课例以家蚕为核心内容，首先通过了解和认识家蚕，奠定基础。其次我们将进行家蚕的饲养实践活动，观察家蚕的生长发育过程，深入了解其生命历程。通过这一实践环节，学生对家蚕的生命周期将有更加明确的认识。同时，我们还将学习我国养蚕的历史，以及养蚕业对丝绸文化的形成和人类社会发展的巨大贡献。在此过程中，学生将领略家蚕的独特魅力，并深化对我国传统文化的理解和认识。

养蚕活动有效地培养了学生的观察，记录、整理资料，提取有效信息形成结论等能力，有利于引导学生用结构与功能、局部与整体、多样性与共同性相统一的观点认识世界、关爱生命、尊重自然。

三、课例任务
饲养家蚕，观察并记录蚕的生长变化过程。
在蚕结茧后，抽丝剥茧获得蚕丝，制作蚕丝扇。

四、材料用具

七彩家蚕卵、桑叶、纸盒、记录表、专业结茧网、蚕茧抽丝工具、空白扇柄等。

五、方法步骤

查阅资料或向有养蚕经验的人请教养蚕的技术,了解丝绸之路的发展,并分析对比我国古代的养蚕技术和现代养蚕技术的不同,把你的发现整理记录下来。

提示:在搜集、整理和阅读与本活动任务相关的资料后,将需要用到的资料打印出来。

进行可行性分析,设计并制作饲养家蚕的盒子、购买七彩蚕卵、桑叶,所需材料可网络购买。

制定饲养家蚕的观察表格,按观察表格内容做相关记录。

表1 家蚕观察记录表

日期	饲养天数	常温环境		外形变化		桑叶数量
		温度℃	湿度RH(%)	体长	其他	

在蚕结茧后,抽丝剥茧获得蚕丝,手工创作成品。

6. 分享成果

蚕茧   破茧而出

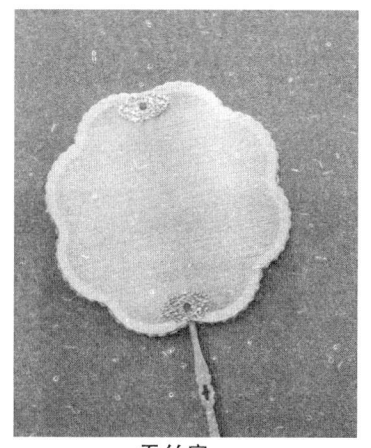

蚕丝扇　　　　　　　　　蚕丝花

图 1　七彩蚕茧与蚕茧工艺作品

六、反思评价

参照第 5 页"小组合作评价量规（1~5 星）"。

七、拓展探究

学生可以尝试对蚕丝进一步创新，如制作蚕丝书签，各种蚕茧彩绘等。

可以结合丝绸之路，蚕的古诗词等做以"蚕"为主题的手抄报。

尝试撰写一篇关于"蚕"的科普论文。

课例作者　杨碟珊　汕头市龙湖实验中学

食品及用品制作

馒头的制作

一、所跨学科

生物学（发酵原理）、食品工程（制作过程）、美术（馒头造型设计）、信息技术（搜集资料）

二、课例背景

馒头是中国传统的主食之一，是由面粉发酵后蒸制而成的。馒头的历史悠久，据说最早是由诸葛亮发明的。馒头不仅营养丰富，而且制作简单，可以搭配各种菜肴或者甜品食用。馒头的制作过程涉及面粉的性质、酵母的作用、蒸汽的原理等科学知识，也体现了中华民族的饮食文化和智慧。

本课例旨在让学生通过亲自动手制作馒头，了解馒头的历史和文化，探究馒头的制作原理和技巧，培养学生的动手能力和创新精神，同时也提升学生的团队合作和沟通能力。

三、课例任务

制作馒头。

四、材料用具

食材：面粉、酵母、清水、糖、盐、食用油等。
用具：勺子、厨房秤、大盆、面板、蒸锅、筷子等。

五、方法步骤

组建4人小组。

1. 查阅资料

了解馒头的制作过程方法步骤、食材及用具的准备和要注意的安全问题。

提示：查找并观看馒头制作的微视频，搜集、整理和查阅与本活动任务相关的资料，将需要用到的资料记录或打印出来。

2. 制定馒头的制作方案

提示：制作过程分哪几个步骤？小组成员各自负责哪些方面？计算自己小组需要制作的馒头的量与食材量的比例。

3. 制作馒头的食材配方

高筋面粉 300g、奶粉 20g、水 80g、牛奶 80g、糖 50g、盐 3g、酵母 6g。

4. 制作并记录结果

（1）装食材：准备一个无水无油的大盆，一次性在大盆里加入高筋面粉 300g、奶粉 20g、水 80g、牛奶 80g、糖 50g、盐 3g、酵母 6g。

（2）搅拌：搅拌均匀，揉成光滑的面团。

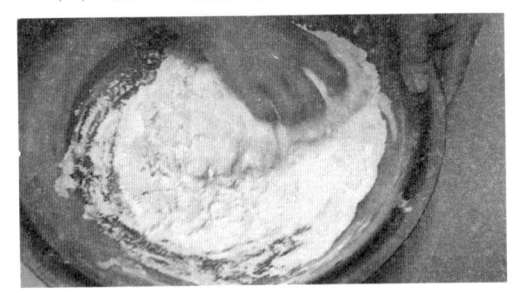

图 1　揉面　　　　　　　图 2　发酵

（3）发酵：盖上盖子或用保鲜膜将盆口封上 30 分钟。

（4）造型：发酵好后，做成自己小组设计好的想做的样子。

（5）蒸：将做好造型的馒头放进蒸锅，大火蒸 15~20 分钟。

（6）品尝：从蒸锅中取出馒头，装盘，与老师同学分享品尝。

提示：注意用火安全，注意蒸锅高温，谨防烫伤。

为了保证团队合作的效率，团队的每个成员都要参与其中。团队需要进行任务的分工，形成分工表，并按照团队合作建议和准则进行工作，时刻审视和修正自己在团队中的表现。

5. 评鉴馒头的口感和评估营养价值

（1）根据出锅的馒头来评估制作的过程是否正确。

提示：判断口感、色泽和松软程度是否符合标准，是否达到了预期。分析存在的问题并提出改进意见。

（2）在小组内部品鉴的基础上，邀请教师、其他小组同学参与品评，请他们提出品鉴的意见建议，小组做好笔记。

6. 明确如何改进馒头的制作方案并做出必要的改进或创新

提示：按照方案中所制定的步骤制作。在制作过程中，哪些步骤需要改进？为什么要进行修改？改进后能否取得更好的效果？

7. 分享成果

提示：交流可以发生在制作过程的任意环节，可以跟团队内部的成员，也可以跟其他团队和教师，甚至专业人员、父母等交流，分享设计的方案、结果或讨论遇到的问题等。

图3 蒸熟的馒头

六、反思评价

1. 学生对本课例进行反思

（1）你在本课例中学到了什么？

（2）你在本课例中遇到了什么困难？你是如何解决的？

（3）你在本课例中感受到了什么？你最喜欢哪个环节？

（4）你对本课例有什么建议或意见？

2. 教师对本课例进行反思

本课例能够有效地激发学生的兴趣和动机，培养学生的动手能力和创造力。通过小组合作的方式，学生能够在互动中学习和进步，增强学生的合作意识和沟通能力，同时也增加学生对食物的认识和兴趣，拓宽学生的知识面和视野。

本课例还有一些可以改进的地方：

（1）老师可以在介绍课例任务时，给出一些制作馒头的变化方法或创新点，如有的面团添加红糖有的面团添加白糖，做成双色馒头；造型上可以结合美术进行艺术造型，做成可爱有趣的各种不同形状，让学生有更多的选择空间和发挥空间。

（2）老师可以在点评和总结时，引导学生思考一些制作馒头的科学知识或背景知识，例如，面粉和酵母的比例是多少？为什么要加糖和盐？面团为什么要发酵？发酵的原理是什么？面团发酵后为什么会变大？变大的程度如何判断？馒头为什么要蒸？蒸的原理是什么？让学生有更多的认知收获和启发。

3. 评价

（1）教师根据学生的馒头制作过程、馒头质量和创意、展示汇报等，对每组进行评价和奖励，同时指出不足和改进之处。

（2）学生可以设计表格来评价你在馒头制作活动中的表现和收获。可参照第5页"小组合作评价量规（1~5星）"。

课例作者 林洁芸 汕头市澄海中学

烤面包制作

一、所跨学科
生物学（酵母菌的生理特性）、食品工程（制作过程）

二、课例背景
随着我国新课程改革的深入推进，跨学科教学模式逐渐崭露头角，旨在培养学生的综合素质和创新能力。在初中生物教学中，为了让学生更直观深入地理解微生物发酵、酶的作用、食物营养结构以及热能转化等相关知识点，教师设计了跨学科实践活动"从生物视角揭秘烤面包的过程"。学生们将在实践中深化对生物、化学、物理等多学科知识的理解，体验跨学科融合的魅力，同时也提升了学生的动手能力和生活实践能力。

三、课例任务
自制烤面包。

四、材料用具
低筋面粉、纯牛奶、水、酵母粉、黄油、鸡蛋、白砂糖、温度计、烤箱、包装袋。

五、方法步骤
组建4人的团队

1. 查阅资料了解制作烤面包的方法

提示：搜集、整理和阅读与本活动任务相关的资料，展示关于制作烤面包的已有研究成果。小结中要引用查阅的资料，还要包括至少2张图片。

2. 讨论制作烤面包的设计方案及所需材料并画出制作烤面包的流程图

制作过程分哪几个步骤？分布绘制流程图，并在上面用文字阐明制作过程。为方便理解烤面包的制作方案，需标明序号。

3. 制作烤面包

（1）把面粉和酵母、鸡蛋、白砂糖等混合，慢慢加牛奶，一边加一边揉面。揉成光滑的面团。

（2）盖上保鲜膜发酵至原来的两倍大。

（3）取出面团排气，根据造型需要分成若干等份，滚圆后盖上保鲜膜松弛30分钟。

（4）取出面团，根据造型需要将面团做出各种形状，放烤盘里盖上保鲜膜发酵至原来的1.5倍大。

（5）把发酵好的面坯，底部刷上清水，放入烤盘中。面坯上刷上另外融化好的黄油。烤箱上下管预热到200℃，中层或者中下层烘烤15~20分钟，直至表面金黄。

（6）烤好的面包晾凉后包装即可。

4. 品鉴及评价烤面包的口感并记录结果

（1）品鉴烤面包的口感是否合适，设计表格，并记录相关的数据。

（2）团队依据设定的标准品鉴并评价烤面包的口感是否达到了预期效果。分析存在的问题并提出改进意见。

（3）在小组内部品鉴并评价的基础上，邀请教师、其他小组同学或专业人员参与测评，请他们提出品尝后的感受和意见，小组做好笔记。

5. 明确如何改进烤面包口感的方案并做出必要的改变

提示：按照方案中所制定的步骤制作烤面包。在制作烤面包过程中，哪些步骤有用？哪些步骤没用？按照方案制作完烤面包后，哪些部分需要修改？为什么要进行修改？改进后烤面包的外观口感是否更佳？

6. 分享成果

图1　　　　　　图2

烤面包作品

六、反思评价

参照第 5 页"小组合作评价量规（1~5 星）"。

课例作者　陈映薪　汕头市蓬鸥中学
　　　　　　吴莹莹　汕头市潮阳区谷饶中学

果酒的酿制

一、所跨学科

生物学（酵母菌的特性）、数学（原材料用量的计算）、食品工程（制作过程）

二、课例背景

果酒的口感好，香气浓郁，酒度低，男女老少都喜欢喝。通过果酒的制作，让学生更好地认识和掌握酵母菌的发酵原理以及发酵产物的应用。本课例学生通过动手制作果酒，掌握了果酒的制作技巧，学会了一项酒品的制作技能。

三、课例任务

果酒的制作。

四、材料用具

凉开水 1000mL、葡萄（皮上有一层白膜）1000g、冰糖 200~250g、剪刀、清洁的容器、盐 20g、水果酵母酒曲、50 度以上白酒 100mL、一次性手套。

五、方法步骤

1. 组建 2~4 人的团队查阅资料了解果酒制作的方法步骤、食材及用具的准备和要注意的安全问题

查找并观看果酒制作的微视频，搜集、整理和查阅与本活动任务相关的资料，将需要用到的资料记录或打印出来。

2. 讨论本组制作的果酒所需要材料的采购并制定酿制过程方案

（1）按照"讨论活动指南"进行活动，确定食材采购方式。

提示：制作过程分哪几个步骤？小组成员各自负责哪些方面？计算自己小

组需要制作的果酒的量与配料的比例。

3. 制作果酒的配方

凉开水 1000mL，葡萄 1000g、冰糖 200~250g、水果酵母酒曲 5g。

4. 制作并记录结果

（1）将葡萄轻轻冲洗干净，用剪刀去枝梗，放入凉开水，加入盐 20g，浸泡 20 分钟灭菌、捞上来放通风处晾干水分（不要晒太阳）。

（2）将容器清洗干净并用开水烫过，晾干后倒入白酒摇动消毒瓶内壁并倒掉白酒。

（3）戴上一次性手套，将晾干水分的葡萄一颗颗捏扁装入消毒好的容器，装瓶至 2/3 处。

（4）加入准备好的水果酵母酒曲和冰糖并充分搅拌均匀。

（5）盖上消毒好的盖子放在避光处（室温 20~25℃），前三天需要将盖子松开放掉二氧化碳气体。

（6）2 周左右发酵完成，可以用被白酒消毒过的纱布进行过滤，把酒装入特定的干净的酒瓶中就可以享用了。

为了保证团队合作的效率，团队的每个成员都要参与其中。团队需要进行任务的分工，形成分工表，并按照团队合作建议和准则进行工作，时刻审视和修正自己在团队中的表现。

提示：制作过程是否符合所学知识中的各个要点？记录、处理相关的结果数据。

5. 品鉴和评估果酒的口感和营养价值

（1）根据酿制好的果酒来评估制作的过程是否正确。

提示：口感、色泽、香气、酒味、纯度是否符合标准，是否达到了预期？分析存在的问题并提出改进意见。

（2）在小组内部品鉴的基础上，邀请教师、其他小组同学参与品鉴和评价，请他们提出品尝后的意见建议，小组做好笔记。

6. 明确如何改进果酒的制作并做出必要的改进

提示：按照方案中所制定的步骤创作，在制作过程中，哪些步骤需要改进？为什么要进行修改？改进后酿制的果酒品质是否更佳？

7. 分享成果

提示：交流可以发生在制作过程的任意环节，可以跟团队内部的成员，也可以跟其他团队和教师，甚至专业人员、父母等交流，分享设计的方案、结果或讨论遇到的问题等。

图1 成功酿制果酒　　　　图2 果酒成品

六、反思评价

参照第5页"小组合作评价量规（1~5星）"。

七、拓展探究

果酒的酒精浓度受哪些因素的影响？请设计实验进行探究。

课例作者　张玉容　华南师范大学附属濠江实验学校

甜米酒的酿制

一、所跨学科

生物学（甜酒曲中酵母菌的特性、发酵原理），劳动技术（酿造工艺、酒酿的品质和口感的判断以及酿造设备的操作、原材料的选择和加工），食品工程（发酵条件的控制、酿造过程的控制以及产品包装和保存）

二、课例背景

甜米酒，是用糯米加甜酒曲发酵而成，在菌种的作用下，变成香甜的米酒，也是甜酒酿。甜酒曲是糖化菌及酵母制剂，其所含的微生物主要有根霉、毛霉及少量酵母。甜米酒不仅富含氨基酸、维生素等营养成分，可补充机体所需能量，提高人体免疫力；而且富含糖、酞及微量元素等营养成分，可促进胃液分泌、增加食欲及帮助消化。本课例选择最简单的食材用具和最简便的制作步骤，在家在校都可开展，让学生学习制作甜米酒的基本方法和技巧，培养学生的动手能力和创造力，进行劳动教育，同时也增加学生对食物的认识和兴趣。本课例采用小组合作的方式，让学生在实践中互相交流和协作，提高学生的合作意识和沟通能力。

三、课例任务

制作甜米酒。

四、材料用具

食材：糯米、甜酒曲、糖、凉白开水。
用具：电饭锅、饭勺子、厨房电子秤、玻璃密封罐、大盘子、筷子等。

五、方法步骤

1. 查阅资料

了解甜米酒的制作过程方法步骤、食材及用具的准备和要注意的安全问题，查找并观看甜米酒制作的微视频，搜集、整理和查阅与本活动任务相关的资料，将需要用到的资料记录或打印出来。

2. 制定甜米酒的制作方案

提示：制作过程分哪几个步骤？小组成员各自负责哪些方面？计算自己小组需要制作的甜米酒用的酒曲、水、糯米之间的比例。

3. 制作甜米酒的食材配方

糯米250g、甜酒曲1.5g、凉开水适量。

4. 制作并记录结果

（1）电饭锅洗干净，包括内盖，使其不带油滴。

（2）用电子称量250g糯米，加水淘洗干净。倒入电饭煲，加水到刻度2，选煮饭功能，定时30分钟。

（3）将煮好的糯米饭舀放在无水无油的盘子里，放凉至35℃左右，温热状，加入一点点糖，辅助发酵，注意防烫伤，加250g凉开水，倒入凉米饭里，用饭勺将糯米饭拨散开。

（4）用电子称量1.5g甜酒曲，将其均匀散在糯米饭上，用干净的筷子来回翻拌，尽量让每一粒米都沾到甜酒曲，这样发酵的时候比较匀称，拌好的糯米饭看起来比较湿润。

（5）拌匀之后，将糯米饭舀放在玻璃密封罐，用干净的筷子压平，再在中间挖一个小洞。这个小洞，是便于观察出酒。

（6）把玻璃罐的盖子盖好，放在温暖的地方，发酵最适宜的温度是25℃~30℃，发酵时间为1~2天。

（7）2天后玻璃罐的酒酿就可以用干净无油的勺子舀出来食用，剩下的可以放冰箱冷藏慢慢享用。

图1 煮糯米饭　　图2 加糖后拨散开　　图3 加凉开水　　图4 加酒曲

【注意事项】

①制作全程要无水无油，不然酒酿容易变质，造成浪费。

②煮糯米的时候，水比平时煮米饭少放一些，这样煮出来颗粒分明，不发黏。

③凉饭拌水，米水比例是1∶1。因为不同的糯米，吸水量也不同，自己可以酌情增减。

④出酒的时间会因温度、酒曲的活性而有所不同，气温高出酒快，气温低出酒慢。

⑤糖的加入可根据个人口味和实际情况，适量白糖正常甜度的加入量为米和糖比例约5∶1。

为了保证团队合作的效率，团队的每个成员都要参与其中。团队需要进行任务的分工，形成分工表，并按照团队合作建议和准则进行工作，时刻审视和修正自己在团队中的表现。

提示：判断制作过程是否符合所学知识中的各个要点，并记录、处理相关的结果数据。

5. 品鉴甜米酒的口感并评估其营养价值

（1）根据玻璃罐的出酒情况来评估制作的过程是否正确。口感、色泽和出酒量是否符合标准，是否达到了预期。分析存在的问题并提出改进意见。

（2）在小组内部品鉴的基础上，邀请教师、其他小组同学参与品评，请他们提出品鉴的意见建议，小组做好笔记。

6. 明确如何改进甜米酒的制作方案并做出必要的改进或创新

提示：按照方案中所制定的步骤制作。在制作过程中，哪些步骤需要改进？为什么要进行修改？改进后所酿制的米酒口感是否更佳？

拓展：

（1）酒酿做成功之后，是否能用其做成一道美食？比如酒酿鸡蛋汤，也叫醪糟鸡蛋。

（2）若是继续发酵，可以再加一些凉开水，进行二次发酵，之后将米渣滤出，便是米酒。此时米就不能吃了，酒精度也高了。

以上两种延伸美食，感兴趣的同学可以动手尝试一番。

7. 分享成果

提示：交流可以发生在制作过程的任意环节，可以跟团队内部的成员，也可以跟其他团队和教师，甚至专业人员、父母等交流，分享设计的方案、结果或讨论遇到的问题等。

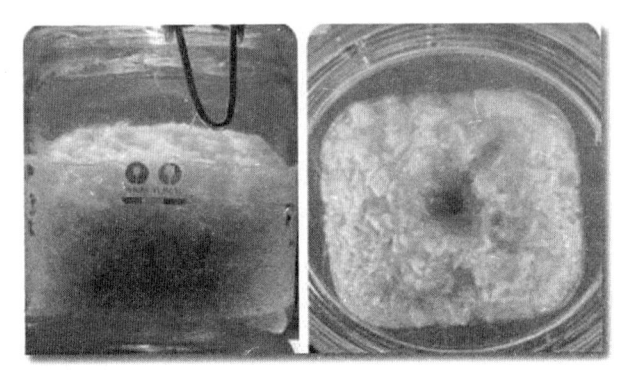

图5 观察出酒量　　图6 成功酿制甜米酒

六、反思评价

参照第5页"小组合作评价量规（1~5星）"。

回顾设计甜米酒制作的过程，尝试撰写心得体会和反思报告。

课例作者　吴莹莹　汕头市潮阳区谷饶中学

玩转酵母菌

一、所跨学科

生物学（酵母菌的特性）、化学（酵母菌的化学反应、酶的功能和代谢）、数学（制作过程材料用量的比例计算）

二、课例背景

酵母菌是一种单细胞真菌，广泛存在于自然界中。培养酵母菌也是许多生物学和食品科学实验的基础，酵母菌的发酵过程是一种生物化学反应，通过将碳水化合物转化为能量和二氧化碳来产生能量。通过这个课例，学生可以直观地观察到酵母菌发酵的过程，并了解到发酵是一种生物化学反应。可以帮助学生了解酵母菌的生长特性和培养方法。通过观察酵母菌在培养基上的生长情况，学生可以了解酵母菌的繁殖速度、菌落形态和颜色等特性。这个课例还可以引发学生对发酵在食品制作和工业生产中的应用的思考。

三、课例任务

培养并观察酵母菌发酵现象。

四、材料用具

材料用具：温开水、高活性干酵母、鲜葡萄汁、葡萄糖、氯化钾、恒温水浴锅、玻璃棒、烧杯、载玻片盖玻片、纱布、镊子、胶头滴管、吸水纸、稀碘液、光学显微镜、气球、矿泉水瓶。

五、方法步骤

组建4人的团队。

1. 查阅资料

了解培养并观察酵母菌发酵过程的方法步骤、食材及用具的准备和要注意的安全问题。搜集、整理和阅读与本活动任务相关的资料，用1~2页纸做一个小结，展示关于酵母菌发酵现象的已有研究成果。小结中要引用查阅的资料，还要包括至少2张图片。

2. 制定培养并观察酵母菌发酵的方案

提示：观察培养并观察酵母菌发酵现象的过程分哪几个步骤？小组成员各自负责哪些方面？

3. 培养并观察酵母菌发酵过程的步骤

在装有300mL的43℃左右温开水的烧杯中加入5g葡萄糖和2g高活性干酵母，再加入2mL鲜葡萄汁和0.02g氯化钾，用玻璃棒搅拌均匀，并将烧杯放入42℃的恒温水浴锅中15分钟。

制作并观察：

（1）用滴管取一滴酵母菌培养液，滴在载玻片上，盖上盖玻片，制成酵母菌临时装片。

（2）用低倍镜进行观察，寻找呈椭圆形，细胞中有明显液泡的结构，这就是酵母菌。

（3）在盖玻片的一侧滴2~3滴稀碘液，用吸水纸在另一侧吸引，对酵母菌进行染色。

（3）用高倍镜观察染色后酵母菌的细胞核和淀粉粒，并寻找进行出芽生殖的个体。

4. 玩转酵母菌——"吹"气球

（1）取一个烧杯，在里面倒入约150mL的40℃左右温开水，加入约10g葡萄糖和5g高活性干酵母，搅拌均匀。

（2）将烧杯中的液体缓缓注入到透明的矿泉水瓶的1/3即可，一般不超过1/2。

（3）将小气球挤瘪后套在矿泉水瓶瓶口，用橡皮筋扎紧。

（4）把做好的装置放置于25℃~35℃的环境中，大约10分钟后观察现象。

（5）最后还可以取出气球，闻一闻瓶中剩下的液体的味道。

5. 测试实验并评估实验效果

（1）实验现象是否明显，实验结果是否合理，设计表格，并记录、处理相关的结果数据。

（2）团队依据设定的标准检测和评估实验。判断其是否合理，是否达到实验预期效果。分析存在的问题并提出改进意见。

（3）在小组内部检测基础上，邀请教师、其他小组同学或专业人员参与测评，请他们提出意见建议，小组做好笔记。

6. 明确如何改进实验的方案并做出必要的改进或创新

提示：按照方案中所制定的步骤实施实验。在实验过程中，哪些步骤有用？哪些步骤没用？按照方案实验后，哪些部分需要修改？为什么要进行修改？改进后的步骤还能在实验中取得更好的效果吗？

7. 分享成果

提示交流可以发生在实践过程的任意环节，可以跟团队内部的成员，也可以跟其他团队和教师，甚至可以跟专家、父母等交流，分享设计的方案、结果或讨论遇到的问题等。

图1　培养酵母菌　图2　观察酵母菌的形态　图3　"吹"气球

六、反思评价

参照第5页"小组合作评价量规（1~5星）"。

七、拓展探究

回顾团队培养并观察酵母菌发酵现象的过程，用文字描述一下所观察到的现象过程装置的优点是什么？尝试撰写心得体会，撰写反思报告。

课例作者　吴莹莹　汕头市潮阳区谷饶中学
　　　　　　陈映薪　汕头市蓬鸥中学

蛋挞的制作

一、所跨学科
生物学（鸡蛋）、数学（制作过程材料用量的计算）、食品工程（加工过程）

二、课例背景
蛋挞是很多孩子都喜欢的食品，通过制作蛋挞可以让学生更好地认识和掌握食物中的营养物质。那么美味的蛋挞是怎么制作的呢？本课例学生通过亲自动手制作，掌握蛋挞的制作技巧，学会一项食品制作技能。

三、课例任务
制作蛋挞。

四、材料用具
纯牛奶、新鲜鸡蛋、蛋挞皮、白砂糖（椰蓉或者其他果干）、烤箱、勺子、汤碗、搅拌用具、托盘等。

五、方法步骤
组建2~4人的团队。

1. 查阅资料

了解蛋挞的制作过程方法步骤、食材及用具的准备和要注意的安全问题。查找并观看蛋挞制作的微视频，搜集、整理和查阅与本活动任务相关的资料，将需要用到的资料记录或打印出来。

2. 讨论本组制作的蛋挞所需要的材料的采购并制定方案

提示：制作过程分哪几个步骤？小组成员各自负责哪些方面？计算自己小

组需要制作的蛋挞的量与食材量的比例。

3. 制作蛋挞的食材配方

鸡蛋3个、纯牛奶250mL、白砂糖50g、椰蓉或果脯适量、蛋挞皮12个。

4. 制作并记录结果

（1）鸡蛋、牛奶、白糖均匀搅拌成蛋液。

（2）在蛋挞皮中倒入蛋液至八分满。

（3）提前预热烤箱至200℃。

（4）烘烤20分钟即可，出炉后适量加上自己喜欢的椰蓉或果脯。

为了保证团队合作的效率，团队的每个成员都要参与其中。团队需要进行任务的分工，形成分工表，并按照团队合作建议和准则进行工作，时刻审视和修正自己在团队中的表现。

提示：判断制作过程是否符合所学知识中的各个要点，并记录、处理相关的结果数据。

5. 品尝蛋挞的口感并评估其营养价值

（1）根据出炉的蛋挞来评估制作的过程是否正确，口感、色泽和香气是否符合标准，是否达到了预期。分析存在的问题并提出改进意见。

（2）在小组内部品鉴的基础上，邀请教师、其他小组同学参与品评，请他们提出品鉴的意见建议，小组做好笔记。

6. 明确如何改进蛋挞的制作方案并做出必要的改进

提示：按照方案中所制定的步骤制作。在制作过程中，哪些步骤需要改进？为什么要进行修改？如何更好地改进食材配方？如果原制作的效果已经不错，那么改进后能否取得更好的效果？

7. 分享成果

提示：交流可以发生在制作过程的任意环节，可以跟团队内部的成员，也可以跟其他团队和教师，甚至专业人员、父母等交流，分享设计的方案、结果或讨论遇到的问题等。

图1 蛋挞的制作过程　　　　图2 新鲜出炉的蛋挞

六、反思评价

参照第 5 页"小组合作评价量规（1~5 星）"。

回顾你们团队此次活动中存在的不足，进行交流和讨论，改进实验方案。

七、拓展探究

保存蛋挞的方法有哪些？哪种方式最为合理有效？请设计实验进行探究。

课例作者　张玉容　华南师范大学附属濠江实验学校

酸奶的制作

一、所跨学科
生物学（乳酸菌的特性）、食品工程（制作过程）

二、课例背景
酸奶是由鲜牛奶发酵而成的，富含蛋白质、钙和维生素。尤其对那些因乳糖不耐受而无法享用牛奶的人来说，酸奶是个很好的选择。但市场上有很多酸奶已经被制成了充满糖分和各种加工水果的"甜点"，而商家正是利用这些"包装"将它伪装成健康食品。

在生活中我们能否自己动手制作健康美味的酸奶呢？如何制作酸奶？需要哪些材料器具？

三、课例任务
自制酸奶。

四、材料用具
纯牛奶、原味酸奶或菌粉、酸奶机或恒温培养箱等，酸奶袋或酱料杯。

五、方法步骤
组建 4 人的团队。

1. 查阅资料

了解制作酸奶的方法，搜集、整理和阅读与本活动任务相关的资料，用 1~2 页纸做一个小结，展示关于有关制作酸奶的已有研究成果。小结中要引用查阅的资料，还要包括至少 2 张图片。

2. 讨论制作酸奶的设计方案及所需要的材料并画出流程图

提示：制作过程分哪几个步骤？分布绘制流程图，并在上面用文字阐明制作过程。为方便理解酸奶的制作方案，需标明序号。

3. 制作酸奶

（1）牛奶及乳酸菌要提前从冰箱取出恢复至室温。

（2）器具用开水充分冲烫消毒。

（3）带盖的1L盒装牛奶外包用消毒湿巾擦拭瓶口，双手用75%的消毒酒精消杀。

（4）在盒装牛奶加入1小包酸奶菌粉（1g），密封后轻轻摇匀。

（5）套上塑料袋，排出多余空气后放入酸奶机中或直接放入43℃的恒温培养箱中恒温发酵9小时左右，待观察到牛奶凝固即可。

（6）做好的酸奶可立即食用，也可用酸奶袋或酱料杯分装后放入冰箱冷藏数小时，风味更佳！食用时也可根据个人喜好加入白砂糖或其他果酱、水果等调味。

为了保证团队合作的效率，团队的每个成员都要参与其中。团队需要进行任务的分工，形成分工表，并按照团队合作建议和准则进行工作，时刻审视和修正自己在团队中的表现。

4. 品尝酸奶的口感并评估其营养价值

（1）根据品尝酸奶来评估制作的过程是否正确。口感、甜度等是否符合标准，是否达到了预期。分析存在的问题并提出改进意见。

（2）在小组内部品鉴的基础上，邀请教师、其他小组同学参与品评，请他们提出品鉴的意见建议，小组做好笔记。

5. 明确如何改进酸奶的制作方案并做出必要的改进

提示：按照方案中所制定的步骤制作。在制作过程中，哪些步骤需要改进？为什么要进行修改？如何更好地改进食材配方？如果原制作的效果已经不错，那么改进后能否取得更好的效果？

6. 分享成果

提示：交流可以发生在制作过程的任意环节，可以跟团队内部的成员，也可以跟其他团队和教师，甚至专家、父母等交流，分享设计的方案结果或讨论遇到的问题等。

食品及用品制作

图1 发酵中的酸奶　　　　图2 酸奶成品

六、反思评价

参照第5页"小组合作评价量规（1~5星）"。

明确如何改进酸奶制作的设计，按照方案创作后，哪些部分需要修改？为什么要进行修改？完成更行之有效的实践方案。

七、拓展探究

回顾团队制作酸奶的过程，用文字描述一下你的作品优点是什么？有何需要改进的？尝试撰写心得体会，完成反思报告。

课例作者　吴　帆　汕头市东厦中学
　　　　　　陈映薪　汕头市蓬鸥中学

酸奶蛋糕的制作

一、所跨学科

生物学（酸奶、鸡蛋）、食品工程（加工过程）、信息技术（查阅资料）

二、课例背景

酸奶蛋糕的主要成分是面粉、鸡蛋、食用油等，含有碳水化合物、蛋白质、脂肪、维生素及钙、钾、磷、钠、镁、硒等无机盐，食用方便，是人们最常食用的糕点之一。酸奶蛋糕中的酸奶经过发酵后，其中的脂肪酸可比原料增加两倍，这些变化可使酸奶更容易消化吸收，各种营养素的利用率也因此得以提高。本课例选择最简单的食材配料和最简便的制作步骤，在家在校都可以开展。通过学习制作酸奶蛋糕的基本方法和技巧，可以培养学生的动手能力和创造力，进行劳动教育，同时也增加学生对食物的认识和兴趣。本课例采用小组合作的方式，让学生在实践中互相交流和协作，提高学生的合作意识和沟通能力。

三、课例任务

制作酸奶蛋糕。

四、材料用具

食材：酸奶、鸡蛋、低筋面粉、白糖、食用油等。
用具：打蛋器、刷子、大碗、蛋糕盘（锡纸盘）、厨房秤、空气炸锅等。

五、方法步骤

组建4人小组。

1. 查阅资料

了解酸奶蛋糕的制作过程和方法步骤、食材及用具的准备和要注意的安全问题。查找并观看酸奶蛋糕制作的视频教程，搜集、整理和查阅与本活动任务相关的资料，将需要用到的资料记录或打印出来。

2. 制定酸奶蛋糕的制作方案

提示：制作过程分哪几个步骤？小组成员各自负责哪些方面？计算自己小组需要制作的酸奶蛋糕的量与各种食材用量的比例。

3. 制作酸奶蛋糕的食材配方

酸奶 200mL、鸡蛋 2 个、白糖 40g、低筋面粉 60g、食用油适量。

4. 制作过程并记录结果

（1）装食材：准备一个无水无油的大碗，倒入 200mL 酸奶，打 2 个鸡蛋，加入 40g 白糖、60g 低筋面粉。

（2）搅拌：用打蛋器搅拌均匀，制成蛋糕糊。

（3）装盘：蛋糕盘底刷上薄薄一层食用油，将蛋糕糊倒入即可。

（4）烘烤：开启空气炸锅，设置 180℃，25 分钟进行烘烤。

（5）品尝：从空气炸锅中取出蛋糕盘，趁热切块即可食用，也可以等凉了脱模，切块装盘，与老师同学分享品尝。

提示：注意烘烤高温，谨防烫伤。

为了保证团队合作的效率，团队的每个成员都要参与其中。团队需要进行任务的分工，形成分工表，并按照团队合作建议和准则进行工作，时刻审视和修正自己在团队中的表现。

5. 品尝酸奶蛋糕的口感并评估其营养价值

（1）根据出炉的酸奶蛋糕来评估制作的过程是否正确。口感、色泽和松软程度是否符合标准，是否达到了预期。分析存在的问题并提出改进意见。

（2）在小组内部品鉴的基础上，邀请教师、其他小组同学参与品评，请他们提出品鉴的意见建议，小组做好笔记。

6. 明确如何改进酸奶蛋糕的制作方案

提示：按照方案中所制定的步骤制作。在制作过程中，哪些步骤需要改进？为什么要进行修改？改进后制作出来的产品外观和口感是否更佳？

7. 分享成果

提示：交流可以发生在制作过程的任意环节，可以跟团队内部的成员，也可以跟其他团队和教师，甚至专业人员、父母等交流，分享设计的方案、结果或讨论遇到的问题等。

| 图1 装食材 | 图2 搅拌 | 图3 装盘 | 图4 品尝 |

六、反思评价

1. 学生的反思

（1）你在本课例中学到了什么？

（2）你在本课例中遇到了什么困难？你是如何解决的？

（3）你在本课例中感受到了什么？你最喜欢哪个环节？

（4）你对本课例有什么建议或意见？

2. 教师的反思

本课例是一次成功的校本课程活动，达到了预期的目标和效果。能够有效地激发学生的兴趣和动机，培养学生的动手能力和创造力。通过小组合作的方式，学生能够在互动中学习和进步，增强学生的合作意识和沟通能力。本课例还能够增加学生对食物的认识和兴趣，拓宽学生的知识面和视野。

本课例还有一些可以改进的地方：

（1）老师可以在介绍课例任务时，给出一些制作酸奶蛋糕的不同方法或创新点，如添加不同的水果或坚果等，让学生有更多的选择空间和发挥空间。

（2）老师可以在点评和总结时，给出一些制作酸奶蛋糕的科学知识或背景知识，如酸奶蛋糕的起源、酸奶蛋糕中发生的化学反应、酸奶蛋糕对人体健康的影响等，让学生有更多的认知收获和启发。

3. 评价

（1）教师根据学生的酸奶蛋糕制作过程、酸奶蛋糕质量和创意、展示汇报等，对每组进行评价和奖励，同时指出不足和改进之处。

（2）学生可以设计表格来评价自己在酸奶蛋糕制作活动中的表现和收获。表格可以参照第5页"小组合作评价量规（1~5星）"。

课例作者 林洁芸 汕头市澄海中学

果冻的制作

一、所跨学科
生物学（食品营养）、数学（配制过程的计算）、食品工程（制作过程）

二、课例背景
人民教育出版社版本的《生物学》中"食物中的营养物质"和"合理营养与食品安全"中提及糖类、维生素、水是人体需要的主要营养物质。果冻是很多孩子都喜欢的食品，通过果冻的制作可以让学生更好地认识和掌握食物中的营养物质及成分。那么美味的果冻是怎么制作的呢？本课例学生通过亲自动手制作，掌握果冻的制作技巧，学会一项食品制作技能。

三、课例任务
制作果冻。

四、材料用具
清水、琼脂粉、魔芋粉、白砂糖、新鲜果肉或果脯、勺子、汤碗、不粘锅、搅拌用具、透明果冻杯子。

五、方法步骤
组建2~4人的团队。
1. 查阅资料

了解果冻的制作过程方法步骤、食材及用具的准备和要注意的安全问题。查找并观看果冻制作的微视频，搜集、整理和查阅与本活动任务相关的资料，将需要用到的资料记录或打印出来。

2. 讨论制作果冻所需要的材料的采购及方案制定

按照"讨论活动指南"进行活动。确定采购食材的方式。

提示：制作过程分哪几个步骤？小组成员各自负责哪些方面？计算自己小组需要制作的果冻的量与食材量的比例。

3. 制作果冻的食材配方

1000mL清水、琼脂粉100g、白砂糖50~100g、自己喜欢的新鲜果肉或果脯适量。

4. 制作并记录结果

（1）1000mL清水、琼脂粉100g、50~100g白砂糖，搅拌均匀后煮开。

（2）煮的过程一定要不停搅拌，防止粘锅。

（3）提前将自己喜欢的新鲜果肉或果脯切好放入盛放果冻的透明杯具。

（4）将刚煮好的果冻趁热倒入盛放果冻的透明杯具。

（5）放置冷却至35℃即可食用或者放入冰箱中冷藏后食用。

5. 品尝果冻的口感并评估其营养价值

（1）根据出锅的果冻来评估制作的过程是否正确。口感、色泽、凝固度是否符合标准，是否达到了预期。分析存在的问题并提出改进意见。

（2）在小组内部品鉴的基础上，邀请教师、其他小组同学参与品评，请他们提出品尝后的意见建议，小组做好笔记。

6. 明确如何改进果冻的制作方案并做出必要的改进

提示：按照方案中所制定的步骤制作。在制作过程中，哪些步骤需要改进？为什么要进行修改？改进后所制作出的果冻外观及口感是否更佳？

7. 分享成果

提示：交流可以发生在制作过程的任意环节，可以跟团队内部的成员，也可以跟其他团队和教师，甚至专业人员、父母等交流，分享设计的方案、结果或讨论遇到的问题等。

图1　果冻装入容器　　　　图2　果冻成品

六、反思评价

参照第 5 页"小组合作评价量规（1~5 星）"。

回顾你们团队此次活动中存在的不足，进行交流和讨论，改进实验方案。

七、拓展探究

保存果冻的方法有哪些？哪种方式最为合理有效？请设计实验进行探究。

课例作者　张玉容　华南师范大学附属濠江实验学校

潮汕酸咸菜的制作

一、所跨学科
生物学（乳酸菌的特性）、化学（检测亚硝酸盐）、信息技术（查阅资料）

二、课例背景
潮汕咸菜酸甜爽脆，风味独特，是潮汕人民居家生活常见的佐粥小菜，也是潮汕酒楼的饭前开胃小菜和烹制潮菜的必备原料。

制作潮汕咸菜，是利用天然附着于蔬菜表面的乳酸菌分解蔬菜中的糖类，产生大量乳酸，这就是酸味的来源。然而，腌制咸菜的过程中会产生亚硝酸盐。膳食中的亚硝酸盐一般不会危害人体健康，但摄入过量则会引起亚硝酸盐中毒。那么，家庭自制的酸咸菜中亚硝酸盐含量是否超标呢？

三、课例任务
学会腌制潮汕酸咸菜。

跟踪检测酸咸菜中的亚硝酸盐含量，了解酸咸菜达到安全食用标准所需的腌制时间。

四、材料用具
1. 制作咸菜的材料与器具

材料：包心芥菜、盐、蔗糖、搅碎成末的南姜。

器具：瓷缸、泡菜坛或玻璃罐子、大石头或其他重物、保鲜膜。

2. 检测咸菜亚硝酸盐含量的器具

纯净水或蒸馏水、量筒、滴管、亚硝酸盐检测管。

五、方法步骤

1. 制作潮汕咸菜

（1）选菜：选八分成熟的包心芥菜，去掉残瓣外叶洗净，切成小块。

（2）晒菜：芥菜晾晒一天，去除一部分水分，晒至菜叶和菜帮子变软即可。

（3）装坛发酵：用盐将芥菜均匀搓揉，再放入坛里，一层层摆放整齐均匀，菜与菜之间尽量不留空隙。摆好后在最顶层压一块大石头，淋上开水浸没芥菜。密封坛口，减少与空气的接触。

（4）开封品尝：腌制十天左右就可以开封品尝。开封后可以加入适量白砂糖和南姜末，做好的酸咸菜色泽金黄，酸甜爽脆，爽口开胃。

【注意事项】

①制作过程中，手、刀具、坛子需干净无油。

②菜与盐的量大约是 10∶1，即 10 斤菜放 1 斤盐。

③酸咸菜适合在冬季，天气太热酸菜容易烂。

图 1　切块晾晒　　　图 2　装罐　　　图 3　密封发酵

2. 跟踪检测酸咸菜中的亚硝酸盐含量

实验目的：

设计对照实验，跟踪检测酸咸菜中的亚硝酸盐含量，了解酸咸菜达到安全食用标准所需的腌制时间。

方法步骤：

（1）取 1mL 咸菜腌制汤清液作待测样品。

（2）把待测样品加入检测管中，盖紧盖子充分摇匀，反应 2~3 分钟，与标准比色板对比，判读结果。做 3 次重复检测。

（3）另取 1 支检测管加入 1mL 纯净水或蒸馏水，做空白对照，正常对照管为无色。

（4）从第二天开始，每天重复实验步骤（1）~（3），直至第十天。

(5) 实验记录

表1 酸咸菜亚硝酸盐含量跟踪表（时间：____年____月____日）

		第二天	第三天	第四天	第五天	第六天	第七天	第八天	第九天	第十天
对照组										
实验组	1									
	2									
	3									
平均值										

(6) 数据分析

将实验数据输入 EXCEL 表格，绘制曲线图进行数据分析。

实验结论：

_____

注：《GB2762-2022 食品安全国家标准 食品中污染物限量》规定蔬菜及其制品、酱腌菜中亚硝酸盐（以亚硝酸钠计）含量不得超过 20mg/kg。

3. 分享成果

图4 咸菜成品

六、反思评价

参照第5页"小组合作评价量规（1~5星）"。

七、拓展探究

亚硝酸盐有强氧化性，维生素 C 作为还原剂具有抗氧化作用。腌制酸咸菜的过程中加入维生素 C 能否减少亚硝酸盐的产生？请设计实验进行探究。

课例作者　薛林娜　汕头市潮阳实验学校

紫草润唇膏的制作

一、所跨学科

生物学（植物的药用价值、维生素 E 的作用等）、化学（原材料的化学性质、实验原理）、工艺（制作过程）、美术（包装设计）

二、课例背景

润唇膏是日常生活中极为常见的保健品，具有滋润和修复口唇、防止口唇干裂的功能，受众基础广泛，尤其是婴幼儿唇黏膜更娇嫩，更需呵护，润唇膏也就使用得更多。因此，研究润唇膏的安全性及其保健作用很有意义。校本课程"生物学生活化"班级的同学们在调查中发现，市面上的润唇膏质量良莠不齐，价格千差万别，质量稍好些的价格就很高，许多润唇膏甚至我们熟知的一些品牌润唇膏都含有目前毒性争议较大的饱和烃类矿物油（MOSH）和芳香烃类矿物油（MOAH）以及化学防腐剂羟苯丙酯等。饱和烃类矿物油的潜在危险在于其生物蓄积性，蓄积部位主要在淋巴结和脾脏。芳香烃类矿物油则是潜在致癌物，具有潜在致突变性和致癌性。羟苯丙酯虽然安全性较高，但仍会给皮肤较敏感的人带来过敏或皮炎等症状。基于这种背景，利用校本课程指导学生制作一款安全健康的润唇膏，具有很好的现实意义和推广价值。

三、课例任务

制作健康安全的食品级紫草润唇膏。

四、材料用具

新疆紫草（药用紫草）、鲜榨橄榄油、食品级蜜蜡、维生素 E 胶囊、托盘天平、称量纸、烧杯、玻璃棒、恒温水浴锅（可用电磁炉或酒精灯代替）、唇膏管空管、棉签、75%酒精、牛皮纸、绳子、纱布。

五、方法步骤

1. 查找资料，抽样调查

（1）通过网络、媒体等途径查找目前市面上流通的各种润唇膏的名称、价格、原料配方、销售数量等相关资料，利用统计学方法进行处理，并选择普通润唇膏和品牌润唇膏的代表产品做进一步调查。

（2）抽样调查以线上和线下相结合的方式，主要从消费者调查和产品调查两方面进行，利用表格处理软件获得数据。

2. 安全的润唇膏材料的选择和制作方案的设计和落实

（1）学习多种常见植物的药用功能，找出具有抗菌消炎作用的药用植物，从功能、色泽、色素提取等方面进行比较，从中选择出最优品种新疆紫草。

（2）各种实验材料用具均可通过实体店或网络平台购买到。

（3）校本课程"生物学生活化"班级的同学们进行小组合作学习，通过自我评价、小组评价、教师评价等多种评价方式，在管理上可行性高。

（4）学校领导支持校本课程的开发和实施等系列实践活动。

3. 制作流程

（1）发现并提出问题，整体构思活动，确定课例主题。

（2）调查研究，获得实际数据和理论支撑。

（3）通过实体店或网络平台购买并准备好各种实验材料用具。

（4）用鲜榨橄榄油浸润提取紫草色素。

（5）按不同比例配置好材料，加热溶解，灌管。

（6）放置到膏体冷却后进行质量检查。

（7）装饰和包装。

4. 紫草润唇膏的具体制作步骤和结果记录

具体制作：

第一步，将50g新疆紫草（药用来源为新疆紫草的干燥根）去除杂质，洗净后晒干，待用。用时将其切成段或切碎，放入消毒好的大烧杯中，倒入鲜榨橄榄油110mL，直到橄榄油没过紫草，确保所有的紫草都浸泡在橄榄油中，用牛皮纸封口并用绳子绑紧，放置半个月左右。浸泡好后用纱布进行过滤，得到含有紫草色素的橄榄油。

第二步，将100mL含有紫草色素的橄榄油倒入烧杯中，用托盘天平称取25g黄蜜蜡放入橄榄油中。

第三步，将该烧杯置于恒温水浴锅中加热，用玻璃棒搅拌，直到蜜蜡完全溶解。(恒温水浴锅的温度宜设置在50~60℃，能促使蜜蜡溶解，又能保证紫草色素不被破坏。搅拌力度要适当，避免用力过猛碰倒烧杯。)

第四步，停止加热后取出烧杯，加入10颗维生素E胶囊（需将胶囊划开挤出里面的物质），用玻璃棒搅拌均匀。

第五步，用棉签蘸取75%的酒精，对所有唇膏管空管的内壁进行消毒。

第六步，将烧杯中的液态混合油趁热逐一注入唇膏管空管中，等待冷却后继续放置2~3小时。

第七步，注意转动唇膏管，检查膏体伸出和回缩是否正常，正常便可盖上盖子。

第八步，在唇膏管下端贴上自己喜欢的包装贴纸，再装到盒子里，完成装饰和包装。

制作过程中需引起注意的各要点要及时做好记录，处理相关的结果和数据。

5. 检查制作的效果

（1）根据设定的检测标准检验和评估产品的质量，从膏剂的稠度、涂展性、稳定性方面进行测定，产品符合标准。产品能做到各种成分都安全，避免了同类产品中存在的成分有潜在毒性和引起过敏、皮炎等问题。试用自制的润唇膏产品，可当场鉴定其具有很好的润唇滋养功效。

（2）校本课程"生物学生活化"班级的同学们把润唇膏送给班级其他小伙伴、学校的老师、食堂工作人员、妈妈及亲朋好友试用，请他们在试用后进行评价反馈或提出改进意见。

6. 分享成果

提示：交流可以发生在制作过程的任意环节，可以跟团队内部的成员，也可以跟其他团队和教师，甚至专业人员、父母等交流，分享设计的方案、结果或讨论遇到的问题等。

图1 空管装上唇膏　　图2 管装唇膏后加上盖

食品及用品制作

图3 唇膏装上外包装　图4 唇膏和润肤膏成品

紫草色素具有消炎、抗菌、清热凉血的作用。橄榄油被誉为"植物油皇后"，富含单不饱和脂肪酸——油酸，还有维生素A、维生素B、维生素D、维生素E、维生素K及抗氧化物等，能增强皮肤弹性，润肤美容，且其营养成分和母乳相似，容易被吸收，也能促进婴幼儿神经和骨骼发育，非常适合孕产妇和婴幼儿使用。维生素E具有滋润保湿功效和抗氧化功能。各种成分的良好配合，形成了独特的具有滋养保健价值的紫草润唇膏。

六、反思评价

参照第5页"小组合作评价量规（1~5星）"。

回顾设计紫草润唇膏的制作过程，完成反思报告。

七、拓展探究

除了紫草，我们还可以使用哪些药用植物来制作润唇膏呢？

课例作者　陈舜霞　张玉容　陈永利　华南师范大学附属濠江实验学校

151

健康教育和探究实践

为家人制作食谱

一、所跨学科
生物学（食物的来源，食物的营养成分）、劳动技术（烹饪技巧）

二、课例背景
为了实现合理营养，我国营养学家将食物划分为五类，并以此为基础构建了"平衡膳食宝塔"。科学家们将食物分为五大类别：谷物、蔬菜、水果、肉类及豆奶类，以及坚果和油脂。提倡城乡居民每日均等地摄入这五类食物，防止营养不足或过剩。为何需要摄入多样化的食物？这是因为合理营养对我们的健康至关重要。若跳餐或仅食用单一食物，身体将无法获得充足的能量，甚至可能引发疾病。因此，为确保身体健康，必须保证每日三餐规律进食；在每日摄入的总能量中，早、中、晚餐的能量应分别约占30%、40%和30%。食品安全亦不容忽视。在购买食物时，务必关注其来源、成分及保质期，确保食物安全。同时，要注重食物间的搭配，避免因食物相克而引发不适。我们还应关心家人，尤其是他们的饮食健康。可以运用所学知识为他们规划一份营养均衡的午餐食谱，使他们在享受美食的同时，也能摄取充足的营养。

三、课例任务
尝试运用所学有关合理营养的知识，给家长设计一份营养合理的午餐食谱。

四、材料用具
蔬菜、水果、蛋类、奶类、肉类、鱼类、纸、笔等。

五、方法步骤

1. 查阅资料了解"膳食"营养师制作食谱特点

分小组搜集"膳食"营养师制作食谱相关知识要点。在搜集、整理和阅读与本活动任务相关的资料的过程中，每人用笔记本进行记录。

2. 制作食谱的方案及选择食物原材料

（1）制作食谱过程分哪几个步骤？小组成员各自负责哪些方面？

（2）按照"平衡膳食宝塔"，五类食物都应兼顾而且比例合适。

（3）应选择本地常见的食物种类，并适当考虑家长的健康状况和饮食习惯。

3. 原料搭配与烹调方法选择

普通的食物原材料经过合理的搭配和精心的烹调，也能变成色、香、味俱全的美食。

（1）原料搭配。如可用一种肉类搭配一种蔬菜烹调。当然，荤菜和素菜也是可以分开烹调的。

（2）选择合适的烹调方法。例如，蒸可以较好保存食物原味，炒能使食物保持原有色泽，煎炸等方法能明显提升原料香味。

【注意事项】

①在家长的指导下亲自在家中烹调，请家长品尝。

②注意炉火、水电等安全。

③调查家长身体状况、饮食习惯，食谱应搭配合理，营养成分均衡，选当地常吃的食物种类，考虑是否实惠。

4. 评估食谱结果展示及烹饪食物的口感和营养价值

（1）根据食谱结果展示来评估制作的过程是否正确，食谱制作结果展示是否符合标准，是否达到了预期。分析存在的问题并提出改进意见。

（2）在小组内部检测基础上，邀请教师、其他小组同学、家长参与测评，请他们提出感受和意见，小组做好笔记。

5. 明确如何改进食谱的制作方案

按照方案中所制定的步骤进行，在制作及对其烹饪过程中，哪些步骤需要改进？为什么要进行修改？

6. 分享成果

提示：交流可以发生在制作过程的任意环节，可以跟团队内部的成员，也可以跟其他团队和教师，甚至家长等交流，分享设计的方案、结果或讨论遇到的问题等。

图1　食谱设计作品1　　　　图2　食谱设计作品2

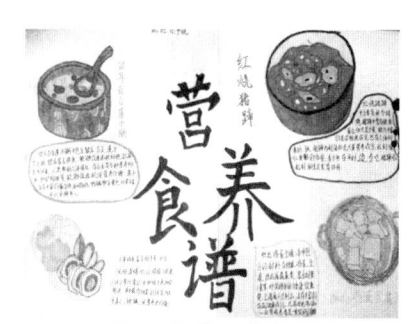

六、反思评价

1. 制作食谱除了上述事项还需注意什么问题

（1）还需注意有没有致敏食物。

（2）有没有因身体状况不能食用的食物。

（3）食物之间搭配会不会中毒或相克。

2. 购买蔬菜、鱼肉等非包装食品时应当注意哪些问题

应注意食品是否新鲜，例如，购买蔬菜时要看蔬菜的颜色是否新鲜，用手摸一摸是否硬挺，购买鱼肉时应当注意有无光泽，有无异味，有无食品检疫合格印章等。

3. 参照第5页"小组合作评价量规（1~5星）"。

课例作者　吴莹莹　汕头市潮阳区谷饶中学

塑造健康意识及饮食习惯

一、所跨学科
生物学（消化和吸收）、化学（成分鉴定）、美术（手抄报）

二、课例背景
在当今社会，随着生活品质的不断提升，公众对健康饮食的关注度也在日益提升。作为初中生，正处于身体发育的关键时期，因此，培养健康的饮食观念和习惯，对于他们的全面发展具有极其重要的意义。为了达到这一目标，本课程案例的首要任务是深入了解中学生饮食方面的常见误区，通过实验的方式让学生们认识到健康饮食习惯的重要性。在此基础上，引导学生们逐步形成健康的饮食观念，为其未来的健康成长奠定坚实的基础。

三、课例任务
制作渗透实验装置，有助于理解消化吸收。
设计探究实验，用实验证明"细嚼慢咽"有助于消化。
设计塑造健康意识及饮食习惯的手抄报。

四、材料用具
鸡蛋、一次性碗、淀粉、葡萄糖、葡萄糖试纸、小烧杯、小剪刀、试管、1mL 的一次性滴管、试管架、碘液、2% 的唾液淀粉酶溶液、清水、10mm×20mm 的淀粉纸。

五、方法步骤

1. 查阅资料了解健康饮食习惯的重要性及良好饮食习惯的范畴

提示：搜集资料时，可大致了解人群中存在哪些不良饮食习惯及合理膳食的范畴，并将搜集、整理的资料打印出来，为后续的手抄报制作提供素材。

2. 讨论食物消化及吸收的实验设计方案及所需要的材料

所需材料可网络购买。

3. 操作流程

（1）明确实验的目的、消化的意义、影响消化的因素等。

（2）准备制作的材料用具，在网络上购买。

（3）利用鸡蛋壳膜进行淀粉和葡萄糖的渗透作用演示，使用碘液和葡萄糖试纸检查膜内外侧的情况。

①制备渗透装置：

A. 轻柔地敲击鸡蛋的钝端。随后，使用剪刀仔细地剥离部分卵壳和外卵壳膜，以确保内卵壳膜不受损伤，维持其完整性。

B. 轻敲鸡蛋的尖端，破开一部分的卵壳和内外卵壳膜，取出内容物。

C. 用清水轻轻冲洗壳内，注意保护好钝端卵壳膜的完整。

②在清洗后的壳内，加入淀粉、葡萄糖和清水，确保溶液混合均匀。将此装置放在装有清水的小烧杯中。

③静置一段时间后，使用葡萄糖试纸对壳内外液体进行葡萄糖检测。随后，滴加碘液于壳内外液体中，观察颜色变化。

（4）设疑：以淀粉为例，馒头在口腔中的消化过程需要舌的搅拌、牙齿的咀嚼和唾液中的唾液淀粉酶的共同作用。那么，除了这些因素，还有哪些因素会影响淀粉的消化呢？

（5）举例分析影响淀粉消化的因素，引导学生认识到淀粉在口腔的消化情况可能与淀粉纸的剪碎程度及唾液淀粉酶的剂量等因素有关。

（6）布置分组实验。学生分组进行实验设计、操作，分析实验现象，得出实验结论。

提示：①设计实验需要遵照什么原则？如何验证实验结果？

②以唾液淀粉酶的剂量为例的实验步骤：

A. 将3支试管标记1号、2号和3号；

B. 在3支试管中各加入1小片淀粉纸；

C. 用标有刻度的一次性滴管分别吸取1mL、2mL唾液淀粉酶溶液，分别加入 2 号和 3 号试管中；

D. 将 3 支试管震荡摇匀后，置于手心并用手握住加热约 5 分钟。这一步骤旨在模拟人体内的温度环境；

E. 5 分钟后向每支试管各加入 1 滴碘液，并再次震荡摇匀，观察每支试管的颜色变化，记录实验结果；

F. 分析实验结果、得出实验结论。

③如果实验结果与预期不一致，应深入思考并分析可能的原因，如实验操作误差、变量控制不当等，以便进一步完善实验设计和提高实验结果的可靠性。

图 1　方案设计稿样式 1（简易版）　　图 2　方案设计稿样式 2（提升版）

4. 总结提升

回顾本节内容，强调均衡饮食和细嚼慢咽的重要意义。鼓励学生分享如何在日常生活中做到健康饮食，并呼吁学生树立健康意识，养成健康饮食习惯。

5. 布置作业

围绕"塑造健康意识及饮食习惯"主题绘制手抄报。

6. 成果分享

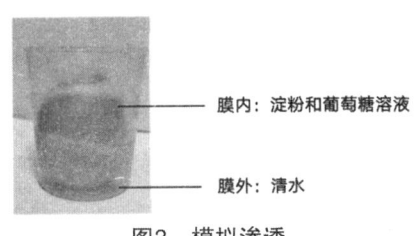

图3　模拟渗透

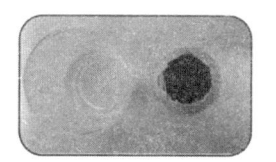

膜内：变蓝 → 有淀粉　　　　　膜内：变绿 → 有葡萄糖
膜外：不变蓝 → 无淀粉　　　　膜外：变绿 → 有葡萄糖

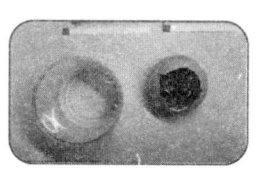

图4　检测有无淀粉　　　　　　图5　检测葡萄糖现象

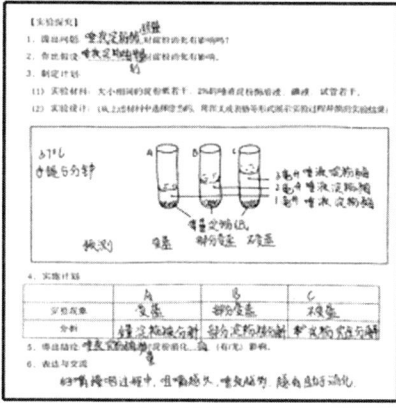

图6　实验报告1 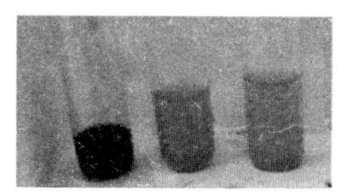　　　　　　　图7　实验现象1

图8　实验报告2 　　　　　　　图9　实验现象2

创作学生：林炫宇　林泽鑫

图 10　塑造健康意识及饮食习惯手抄报作品

六、反思评价

参照第 5 页"小组合作评价量规（1~5 星）"。

七、拓展探究

发烧的病人为什么会食欲不振？请设计实验进行进一步探究。

课例作者　吴　帆　汕头市东厦中学

双壳类软体动物的观察与烹饪实践

一、所跨学科

生物学（了解双壳类软体动物的分类、解剖结构、生活习性等方面的知识）、劳动教育（处理和烹饪双壳类软体动物）、食品工程（原材料的选择和加工）。

二、课例背景

观察双壳类软体动物并学会烹饪是一门实践性的课程，旨在让学生通过观察和学习软体动物的特点和生活习性，了解它们的生态环境和生物特征，并学会如何烹饪这些食材。本课例选择最简单的食材用具和最简便的烹饪步骤，在家在校都可开展，让学生学习观察及掌握烹饪过程的基本方法和技巧，培养学生的动手能力和创造力，进行劳动教育，同时也增加学生对食物的认识和兴趣。本课例采用小组合作的方式，让学生在实践中互相交流和协作，可以培养对生物多样性的兴趣和保护意识，同时也能够学习到实用的烹饪技巧，提高他们的实践能力和创新思维。

三、课例任务

自选双壳类软体动物（如缢蛏、花甲、扇贝），解剖观察其结构并烹饪。

四、材料用具

材料：活的双壳类软体动物、蒜瓣、葱、沙茶酱等调料。

用具：碗、培养皿、解剖针、镊子、单面刀片、胶头滴管、墨水、电磁炉、盘子、平底锅。

五、方法步骤

组建 2~4 人的团队。

1. 查阅资料

了解双壳类软体动物结构的特点及其烹饪的方法步骤、食材及用具的准备和要注意的安全问题。查找并观看烹饪双壳类软体动物过程的微视频，搜集、整理和查阅与本活动任务相关的资料，将需要用到的资料记录或打印出来。

2. 制定观察双壳类软体动物结构的方案

提示：观察活双壳类软体动物过程分哪几个步骤？小组成员各自负责哪些方面？

3. 观察活双壳类软体动物结构的步骤

（1）观察水中双壳类软体动物外形；观察双壳类软体动物是否进行运动；观察双壳类软体动物是否会打开贝壳（以及贝壳打开的程度）。

（2）在双壳类软体动物静止下来后，观察双壳类软体动物身体周围的水流情况，了解双壳类软体动物是否会与周围的水进行交换，用胶头滴管吸一滴墨水，滴在双壳类软体动物的前端，观察并区分双壳类软体动物身体后端的入水管和出水管，思考并提出你的区分方法。

（3）取出一只活的双壳类软体动物，放在培养皿中，解剖并观察其内部结构，用手感受双壳类软体动物贝壳的硬度并区别背腹。想一想：贝壳有什么作用？

用单面刀片轻轻划开双壳类软体动物的一片贝壳，小心地把双壳类软体动物的外套膜揭开，露出其柔软的身体及内部结构。并寻找双壳类软体动物的呼吸器官、运动器官。

观察入水管、出水管和鳃的位置。想一想：双壳类软体动物是如何获取食物的？

4. 制定烹饪双壳类软体动物的方案及确定食材配方

提示：制作过程分哪几个步骤？小组成员各自负责哪些方面？

双壳类软体动物 500g、姜蒜适量、辣椒或沙茶酱适量、青蒜适量、盐适量、植物油适量。

5. 烹饪并记录结果

（1）准备工作：将双壳类软体动物洗净，去除杂质，备用。姜蒜切末，青蒜切段，辣椒切圈备用。

（2）热锅冷油：热锅加入适量的植物油，放入姜蒜末炒香。

(3)炒制和调味：将双壳类软体动物放入锅中翻炒片刻，加入适量的盐、青蒜和辣椒或沙茶酱，继续翻炒均匀，炒至双壳类软体动物全部开口，盖盖焖一两分钟即可出锅。

【注意事项】

①买回来的双壳类软体动物清洗几遍，洗去泥沙然后入清水并加盐，让双壳类软体动物吐净泥沙。

②把吐好泥沙的双壳类软体动物入锅，不用加水。

③调料可以根据个人的口味和喜好进行调整。

④炒至双壳类软体动物全部开口后赶紧舀到盘子里，免得口感太老。最终壳炒不开的就是死双壳类软体动物，需要扔掉。

为了保证团队合作的效率，团队的每个成员都要参与其中。团队需要进行任务的分工，形成分工表，并按照团队合作建议和准则进行工作，时刻审视和修正自己在团队中的表现。

提示：判断制作过程是否符合所学知识中的各个要点，并记录、处理相关的结果数据。

6. 观察评估活双壳类软体动物结构和结果展示，及烹饪双壳类软体动物的口感和营养价值

(1)根据观察活双壳类软体动物结构和结果展示，评估制作的过程是否正确。判断实验结果展示是否达到了预期。分析存在的问题并提出改进意见。

(2)在小组内部检测基础上，邀请教师、其他小组同学或专业人员参与测评，请他们提出感受和意见，小组做好笔记。

7. 明确如何改进双壳类软体动物的观察及烹饪方案并做出必要的改进或创新

提示：按照方案中所制定的步骤进行，在观察及烹饪过程中，哪些步骤需要改进？为什么要进行修改？改进后能否取得更好的效果？

8. 分享成果

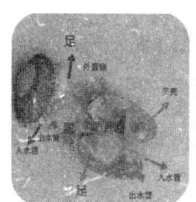

图1 蛏蚌的结构　图2 蛏蚌的烹饪　图3 油蛤的结构　图4 油蛤的烹饪

六、反思评价

参照第 5 页"小组合作评价量规（1~5 星）"。

回顾观察双壳类软体动物结构的特点及烹饪过程的设计，完成反思报告。

课例作者　吴莹莹　汕头市潮阳区谷饶中学

ABO 血型检测

一、所跨学科

生物学（血型的类型）、社会（情感激励）、语文（科普文章）

二、课例背景

输血与血型，与现实生活关系密切，能让学生获得有关安全输血的知识。如何才能安全输血，教材从 ABO 血型的角度做了简要的介绍。生物课在课外活动中做判断血型的实验，使学生学会判断血型，加深对于输血原理的理解。本活动一方面渗透职业生涯教育，另一方面反映科学、技术、社会的相关内容，能促进学生情感态度与价值观的提升，从而激励有志于从事这一职业的同学努力学习，成为一名造福患者及其家庭的心血管医生。

三、课例任务

能独立完成血型检测实验并根据实验结果进行结果分析。

通过实验能理解什么样的血型彼此间会发生凝集反应。

四、材料用具

一次性采血针、ABO 测定纸片、75% 酒精、无菌棉签（牙签）、ABO 试剂、利器盒、医疗垃圾桶、生活垃圾桶、一次性手套、口罩、黄色垃圾袋和黑色垃圾袋、登记单、水性笔、载玻片、无菌棉球等。

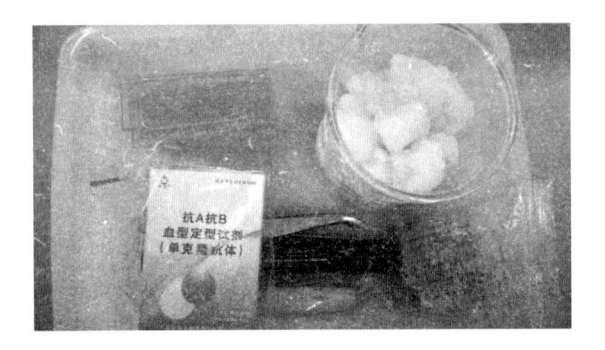

图 1　材料用具

五、方法步骤

1. 用无菌棉签蘸取 75% 酒精对手指的无名指进行消毒。
2. 再用一根干净的棉签擦去食指上多余的酒精。

图 2　消毒

3. 用一次性采血针在消毒过的食指上采血（一次性采血针用过后放置在利器盒内）。

图 3　标记 AB 　　　　　图 4　采血

4. 用棉签擦拭去第一滴血后，再把血滴在干净载玻片（或 ABO 测定纸片上，并标记 A 和 B）两端。

5. 在一端的血液上滴加抗 A 凝集素，在另一端的血液上滴加抗 B 凝集素。

6. 用棉签小棒（或牙签）的两头分别将两端的血和抗凝剂搅拌混匀，再用手拿起 ABO 纸板或载玻片轻摇，后再观察凝集结果。

7. 结果分析

（1）抗 A 凝集素与血液凝结、抗 B 凝集素与血液不凝结，血型为 A 型。

（2）抗 A 凝集素与血液凝结、抗 B 凝集素与血液凝结，血型为 AB 型。

（3）抗 A 凝集素与血液不凝结、抗 B 凝集素与血液凝结，血型为 B 型。

（4）抗 A 凝集素与血液不凝结、抗 B 凝集素与血液不凝结，血型为 O 型。

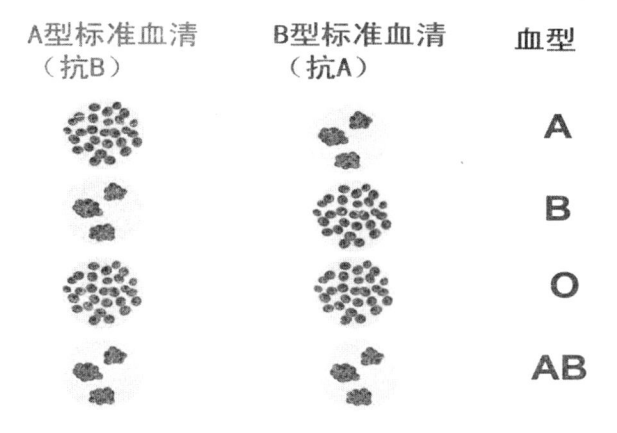

图 5　血型对比图

8. 分享成果

图 6　凝集现象 1　　　图 7　凝集现象 2

六、反思评价

参照第 5 页"小组合作评价量规（1~5 星）"。

活动开展期间，所有参与人员必须以认真的态度和专业的操作技能完成同学的血型鉴定工作。

活动过程中保持活动现场的卫生清洁，清理好现场的垃圾并正确处理。

七、拓展探究

在学生独立自主完成检测实验的基础上，尝试撰写一篇有关安全输血的科普论文。

课例作者　陈礼椿　汕头市龙湖区香阳学校

测量心率和呼吸频率与运动的关系

一、所跨学科
生物学（认识心率）、体育（进行运动）、数学（画曲线图）

二、课例背景
人民教育出版社版本的初中生物探讨了人体的呼吸和体内物质的运输。其中，"输送血液的泵——心脏"一课，学生将探究心率与运动的关系。心脏每时每刻都在跳动，通过测量静止和运动时的心率，学生可以填表并绘制曲线图，从而认识心率与运动的关系。这一活动对于学生平时锻炼身体和合理运动具有很好的指导意义。

三、课例任务
测静止状态下的心率和连续运动3分钟后的心率。
测静止状态下的呼吸频率和连续运动3分钟后的呼吸频率。

四、材料用具
手表、绳子、毽子、篮球、乒乓球拍和乒乓球。

五、方法步骤
1. 查阅资料认识人体在不同情况下的心率和呼吸频率

心率是指每分钟心脏跳动的次数；脉搏是随心脏节律性的收缩和舒张，在体表浅动脉（如腕部内侧）上可触到的搏动。一分钟内脉搏的次数与心率一致，因此可以通过测量人在不同运动状态下的脉搏，来研究心率与运动的关系。一次完整的呼吸过程包括一次胸部的起伏，即一次吸气和一次呼气，每分钟进行的这种呼吸次数被称为呼吸频率。

2. 测量平静状态下的心率

为了测量静止状态下的心率，要求被测量者坐着休息 10~15 分钟，然后连续测量 5 次心率，取平均值。在测量过程中，由一位同学负责记录数据。

3. 测量运动状态下的心率

测量运动状态下的心率时，要求被测量者选择一种运动进行连续 3 分钟的锻炼，然后马上测量心率，同样连续测量 5 次取平均值。需要注意的是，每次运动之间相隔 15 分钟。测量一人的呼吸频率时，另外一位同学用表格记录。运动可以选择：跳绳、踢毽子、拍篮球、跑步、爬楼梯、原地颠乒乓球、高抬腿等。

4. 测量平静状态下的呼吸频率

为了测量静止状态下的呼吸频率，要求被测量者坐着休息 10~15 分钟，然后连续测量 5 次呼吸频率，取平均值。在测量过程中，由一位同学负责记录数据。

5. 测量运动状态下的呼吸频率

测量运动状态下的呼吸频率时，要求被测量者选择一种运动进行连续 3 分钟的锻炼，然后马上测量呼吸频率，同样连续测量 5 次取平均值。需要注意的是，每次运动之间相隔 15 分钟。测量一人的呼吸频率时，另外一位同学用表格记录。运动可以选择：跳绳、踢毽子、拍篮球、跑步、爬楼梯、原地颠乒乓球、高抬腿等。

6. 填写记录表

表 1　心率记录表　　　　　　　　　　　　　　　单位：次/分钟

运动状态	第一次	第二次	第三次	第四次	第五次	平均值
平静						
跳绳						
跑步						

表 2　呼吸频率记录表　　　　　　　　　　　　　单位：次/分钟

运动状态	第一次	第二次	第三次	第四次	第五次	平均值
平静						

续表

运动状态	第一次	第二次	第三次	第四次	第五次	平均值
跳绳						
跑步						

7. 绘制脉搏变化的曲线图

在同一个图上画出不同状态心率、呼吸频率变化的曲线图（可选择"不同人同一状态的对比图"或"同一人不同状态的对比图"）。

8. 分享成果

表3　实例1　学生心率记录表　　　　单位：次/分钟

运动状态	第一次	第二次	第三次	第四次	第五次	平均值
平静	65	67	66	65	64	65.4
跳绳	150	151	149	145	148	148.6
跑步	144	143	142	145	140	142.8

表4　实例2　学生呼吸频率记录表　　　　单位：次/分钟

运动状态	第一次	第二次	第三次	第四次	第五次	平均值
平静	21	19	20	20	18	19.6
跳绳	40	42	41	42	39	40.8
跑步	38	36	40	37	36	37.4

图1　踢毽子　　　　图2　跳绳

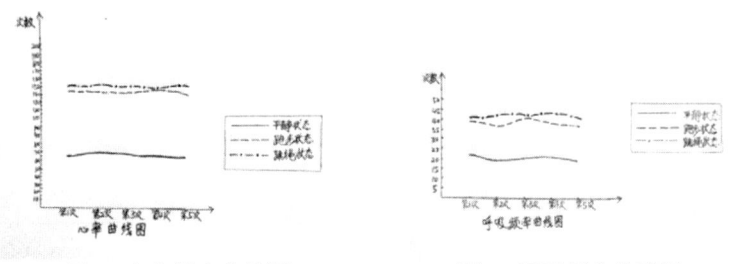

图3 心率频率曲线图　　　　　　图4 呼吸频率曲线图

六、反思评价

参照第 5 页"小组合作评价量规（1~5 星）"。

通过本课例，你觉得运动对身体有什么好处，平时锻炼身体应该注意什么？

课例作者　陈　燕　汕头市金平区金园实验中学

爱眼护眼系列教育

一、所跨学科

生物学（近视的成因）、信息技术（拍摄照片、制作视频）、数学计算班级内外近视率、美术（设计海报）

二、课例背景

近视是一种常见的眼部疾病，严重影响人们的生活质量。近年来，我国中小学生近视率呈现高发趋势，2022年初中生近视率达到了惊人的71.6%。近视的成因有多方面，包括遗传因素、环境因素、不良用眼习惯等。为了增强初中生的爱眼护眼意识，预防和控制近视的发生和发展，本课例通过调查初中生的近视率及近视成因，开展爱眼护眼系列教育。

三、课例任务

本课例分为两个阶段，第一阶段是调查阶段，第二阶段是教育阶段。在调查阶段，学生分组进行问卷调查和数据分析，了解自己和同学们的近视情况和影响因素。在教育阶段，学生根据调查结果，设计并制作爱眼护眼的宣传海报或视频，全校同学、社区展示并传播爱眼护眼的知识和方法。

四、材料用具

问卷调查表（每组一份）。
数据统计表（每组一份）。
眼保健操指导书（每组一份）。
爱眼护眼相关资料（每组一份）。
海报用纸或视频设备（每组一份）。

五、方法步骤

1. 调查阶段

（1）教师向学生介绍本课例的目的、任务和要求，分发问卷调查表、数据统计表、眼保健操指导书和爱眼护眼相关资料。

（2）学生分为若干小组，每组 4~5 人。每组选出一名组长负责协调和汇报。

（3）每组在班级内外随机抽取 30 名同学进行问卷调查，了解初中生的近视情况和影响因素，包括基本信息、用眼习惯、用眼环境、户外活动等方面。

表 1　用眼调查问卷

调查问卷	
姓名	
性别	男/女
年龄	
是否佩戴眼镜	是/否
近视度数	
每天看书的时间（小时）	
每天看电视的时间（小时）	
每天玩手机的时间（小时）	
每天使用电脑的时间（小时）	
看书时的距离（厘米）	
看电视时的距离（米）	
玩手机时的距离（厘米）	
使用电脑时的距离（厘米）	
看书时是否有足够的光线	是/否
看电视时是否有适当的光线	是/否
玩手机时是否有适当的光线	是/否
使用电脑时是否有适当的光线	是/否
看书时是否有正确的姿势	是/否

续表

调查问卷	
看电视时是否有正确的姿势	是/否
玩手机时是否有正确的姿势	是/否
使用电脑时是否有正确的姿势	是/否
每隔多久会休息一次眼睛（分钟）	
是否经常做眼保健操	是/否
每天做眼保健操的次数（次）	
每天户外活动的时间（小时）	
每隔多久会到医院做一次视力检查（月）	

（4）每组将问卷调查结果填写在数据统计表上，并使用一些数据分析软件或工具，如 EXCEL、PPT 等，绘制图表进行更深入和细致的数据分析，计算班级内外的近视率，比较不同性别、年龄、用眼习惯等因素对近视的影响等。

（5）每组向全班汇报自己的调查结果和分析结论，并与其他组进行交流和讨论。

2. 教育阶段

（1）教师根据学生的调查结果，总结出初中生近视的主要原因和危害，并向学生介绍爱眼护眼的重要性和必要性。

（2）教师指导学生进行眼保健操，并强调要坚持每天做两次。

（3）教师可以组织学生进行一次爱眼护眼主题的实践活动。

①活动目的

让学生了解眼睛的结构、功能和常见疾病，观察眼科医生的工作过程，体验眼睛检查和配镜的方法，增强爱眼护眼的意识和能力。

②活动准备

教师事先联系好眼科医院，安排好参观时间和路线，准备好参观指南和注意事项，分发给学生。学生事先收集和整理一些关于眼睛和近视的问题，准备好笔记本和相机。

③活动过程

教师带领学生到达眼科医院，按照预约时间和路线进行参观。

在参观过程中，教师邀请眼科医生或配镜师为学生讲解眼睛的结构、功能和常见疾病，如近视、远视、散光、弱视、白内障等，以及预防和治疗的方法和建议。

学生认真听讲，并提出自己准备好的问题，与眼科医生或配镜师进行交流和讨论。

学生在教师和眼科医生或配镜师的指导下，体验一次眼睛检查和配镜的过程，了解自己的视力情况和配镜需求。

学生在教师的允许下，用相机拍摄一些参观的照片，记录下自己的感受和收获。

④活动总结

教师带领学生返回学校，在班级内进行活动总结，让学生分享自己的参观体验和感想，并对本次活动进行评价和反思。教师对学生的表现进行点评和奖励，并强调爱眼护眼的重要性和必要性。

（4）教师要求学生根据自己的调查结果和爱眼护眼相关资料，设计并制作爱眼护眼的宣传海报或视频。

海报或视频应包含以下内容：

①近视的定义、原因、危害和预防方法。

②爱眼护眼的知识和建议，如正确的用眼姿势、用眼时间（特别是使用电子产品时间）、用眼距离、用眼环境、用眼休息、户外活动时间、定期检查视力等。

③眼保健操的动作和要领。

④爱眼护眼的口号或标语。

⑤每组在规定的时间内完成海报或视频的制作，并在班级或学校内展示和分享，接受其他同学的评价和反馈。

（5）分享成果

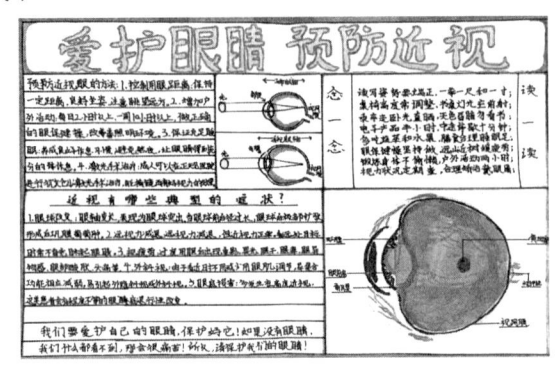

图1 爱眼护眼手抄报作品

六、反思评价

1. 学生的反思

（1）你在本课例中学到了什么？

（2）你在本课例中遇到了什么困难？你是如何解决的？

（3）你在本课例中感受到了什么？你最喜欢哪个环节？

（4）你对本课例有什么建议或意见？

2. 教师的反思

（1）本课例通过调查初中生近视率及近视成因，开展爱眼护眼系列教育，既培养了学生的科学探究能力和合作交流能力，又增强了学生的爱眼护眼的意识和行为。

（2）本课例通过问卷调查、数据分析、海报或视频制作等多种形式，激发了学生的学习兴趣和创造力，使学生能够主动地参与到爱眼护眼教育中来。

（3）本课例通过班级或学校内的展示和分享，扩大了爱眼护眼教育的影响范围，促进了学校文化建设和健康教育发展，培养了学生的社会责任意识。

3. 评价

（1）教师根据学生的调查结果、分析结论、海报或视频的质量和创意，对每组进行评价和奖励，同时指出不足和改进之处。

（2）学生可以设计表格来评价自己在爱眼护眼活动中的表现和收获。表格可以参照第5页"小组合作评价量规（1~5星）"。

课例作者　林洁芸　汕头市澄海中学

为家人设计旅行药箱

一、所跨学科
生物学（安全用药）、地理学（旅行目的地的地理环境和气候）

二、课例背景
家庭旅行是一种常见的休闲方式，许多家庭喜欢一起出游，探索新的地方。然而在旅行过程中，可能会遇到一些健康问题，如感冒、腹泻、晕车等。为了应对这些突发状况，设计一个旅行药箱是非常重要的。设计旅行药箱可以增进学生对常用药物的了解，培养独立、全面地考虑问题的能力。通过设计一个旅行小药箱的药物清单，学会把安全用药常识应用到生活中，同时也培养学生关爱自己和家人的情感。

三、课例任务
尝试运用所学有关安全用药的知识，为家人设计旅行药箱。

四、材料准备
家庭常用药物若干、医疗器具若干。

五、方法步骤
1. 查阅资料明确药箱的目的和受众

首先，要明确药箱是为了旅行而设计的，需要考虑在旅行中可能会遇到的健康问题。其次，药箱的使用者是家人，需要考虑到家人的年龄、健康状况和可能需要的药物。

2. 列出可能需要的药物

根据家人的健康状况和旅行的目的地，列出可能需要的药物。例如，常用的止痛药、抗过敏药、创可贴、消毒液等。同时，也要考虑特殊情况，如患有慢性疾病的家人可能需要特定的药物。

3. 选购药物

根据列出的药物清单，去药店或医院购买。在购买时，要确保药品的质量，并注意药品的有效期和剂量。

4. 准备药箱

选择一个合适的箱子，将购买的药物分类放入。可以根据药物的性质和使用顺序进行分类，方便查找和使用。

5. 准备说明书

为了方便家人在需要时正确使用药物，可以准备一份说明书，包括每种药物的名称、剂量、使用方法、注意事项等。

6. 更新和维护

在旅行过程中，可能会遇到新的健康问题或药物使用情况变化，需要及时更新。同时，也要注意定期检查药物的有效期并对药箱进行定期维护，保持药品的干燥、清洁和有效。

7. 携带和使用

在旅行过程中，要将药箱放在方便取用的地方，如行李箱或背包。在使用药物时，要按照说明书正确使用，并注意观察家人的反应，如有异常及时就医。

【注意事项】

①旅行小药箱中的药物要少而精，每类药物只要带一两种常用的就可以了。所带的药应当是用法简单、携带方便、疗效确切的。

②小药箱只是增加了旅途中的健康"保险系数"，一旦发生了不能靠小药箱救治的意外伤害或疾病，一定要及时到当地的医疗机构治疗。

8. 评估旅行药箱的适用性

（1）根据旅行药箱展示来评估其适用性。

提示：旅行药箱是否符合标准，是否达到了预期。分析存在的问题并提出改进意见。

（2）在小组内部检测基础上，邀请教师、其他小组同学、家长参与测评，请他们提出使用感受和意见，小组做好笔记。

9. 明确如何改进旅行药箱方案

提示：按照方案中所制定的步骤进行，在设计旅行药箱过程中，哪些步骤需要改进？为什么要进行修改？

10. 分享成果

提示：交流可以发生在设计过程的任意环节，可以跟团队内部的成员，也可以跟其他团队和教师，甚至家长等交流，分享设计的方案、结果或讨论遇到的问题等。

图1　　　　　　　　　图2

家庭旅行药箱作品展示

六、反思评价

参照第 5 页"小组合作评价量规（1~5 星）"。

说说配备旅行药箱还应注意什么？

课例作者　吴莹莹　汕头市潮阳区谷饶中学

模拟探究酸雨对植物生长的影响

一、所跨学科

生物学（植物生长）、化学（配制酸雨）、劳动（照料绿豆芽成长）

二、课例背景

酸雨是指 pH 值小于 5.6 的雨、雾、霜等大气降水。酸雨的危害极大，它使河流、湖泊酸化，使鱼类的繁殖和发育受到严重影响，甚至死亡，它抑制土壤中有机物的分解和氮的固定，使土壤贫化，它伤害植物的芽和叶，影响植物生长发育，它还会腐蚀各种建筑材料，金属材料，直接损害人的肺部和心脏，或是渗入地下造成地下水污染等，每年给人类造成的直接经济损失就高达 150 亿美元。为了考察酸雨对种子萌发的影响，我们做了一个模拟大气污染所引起的酸雨的实验。

酸雨中含有多种无机酸和有机酸，其中硝酸和硫酸占总酸度的 90% 以上。它是人为排放的氮氧化物和硫氧化物进入大气，经发散、迁移、化学转化后形成酸性降水复归地面。本实验用人造"酸雨"观察其对种子的影响，模拟"酸雨"是利用食用醋配制而成，从而了解酸雨对植物的影响，帮助学生更加清楚认识酸雨的危害及成因，理解环境保护的重要性和必要性。

三、课例任务

模拟酸雨对绿豆种子萌发生长的影响，对萌发中的绿豆施加模拟酸雨，观察绿豆种子萌发状况。

模拟酸雨对绿豆幼苗生长的影响，对萌发生长中的绿豆幼苗施加模拟酸雨，观察绿豆幼苗生长状况。

方案一

1. 材料用具

绿豆、培养皿或罐头瓶或一次性透明杯子、食醋、稀盐水（2%）、烧杯、透明塑料袋、蒸馏水、吸水纸、试剂瓶、pH 试纸和比色卡、玻璃棒、注射器等。

2. 方法步骤

（1）模拟酸雨对种子萌发的影响

①将 50g 结构完整无损的绿豆洗净，用稀盐水（2%）浸 2 分钟，杀死种子表面的微生物，再用清水过净，放在培养皿内平铺，浸少量清水，让种子吸胀备用。

②准备透明塑料袋，在塑料袋内放两个直径 10cm 的培养皿分别为 A 培养皿和 B 培养皿。在 A 培养皿内盛 20mL 蒸馏水，在 B 培养皿内放 300 粒浸水吸胀后的绿豆种子，在种子底垫上 2~3 层吸水纸并倒入 5mL 蒸馏水加以湿润。

③配制"酸雨"：将食醋与清水混合，用玻璃棒搅拌，并不时用 pH 试纸或 pH 计测量溶液的 pH 值，直到配制出 pH 值为 3 和 5 的两种"酸雨"溶液。将配好的溶液分别装入试剂瓶中，在瓶上写好标签，注明液体的配制时间和 pH 值，放在阴凉处备用。

④本实验设 6 个杯子，分别向 A、B、C、D、E、F 每个杯中放置 50 粒绿豆。A、B、C 浇酸雨，为实验组；D、E、F 浇清水，为对照组，杯上贴上标签，做好记录。

⑤给种子"下雨"：每天定时用量杯取等量的酸雨，分别滴在 A、B、C 一次性杯中，同时分别向 D、E、F 的一次性杯中滴加等量的清水。放在室温培养 4~5 天，并做观察记录。

⑥一周后，根据实验记录，计算 6 组中绿豆种子的发芽率，即可了解"酸雨"对种子萌发的影响。

⑦用 pH 试纸检查实验前和实验后各杯子中的 pH 值。

（2）模拟酸雨对幼苗生长的影响

①采用 pH＝4 的酸雨进行实验，设置清水组作为对照。

②在 A、B 两组实验中栽培同样数量的绿豆幼苗。

③在相同适宜的环境中培养，每天向实验组喷洒定量的配制的酸雨，每天向对照组喷洒定量的清水，每天观察记录一次。

④一周后，分别统计两个实验装置中植物幼苗的生长高度。

(3) 分享成果

模拟酸雨对种子萌发的影响

图1 模拟酸雨对种子萌发的影响

图2 萌发情况1

图4 萌发情况3　　图3 萌发情况2　　图5 萌发情况4

表1 观察记录（发芽数：个）

组别＼天数	第一天	第二天	第三天	第四天
实验组	A组：0 B组：1 C组：0	A组：0 B组：1 C组：0	A组：0 B组：1 C组：0	A组：0 B组：1 C组：0
对照组	D组：50 E组：50 F组：49	D组：50 E组：50 F组：50	D组：50 E组：50 F组：50	D组：50 E组：50 F组：50

图6 模拟酸雨对植物幼苗生长的情况

图7 对比情况1

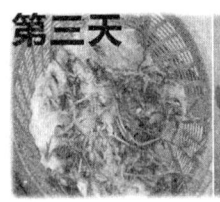

图8 对比情况3

图9 对比情况2

图10 对比情况4

表2 观察记录

天数组别	第一天	第二天	第三天	第四天
实验组	状况良好，生长高度达6cm左右	状况较差，根茎开始向一侧倾斜，生长高度仍为6cm	状况差，根茎完全倒下，叶片泛黄枯萎，生长完全停止	状况极差，根茎萎缩更严重，幼苗枯蔫
对照组	状况良好，生长高度达6cm左右	状况好，生长高度已达到7~8cm	状况好，生长高度已有10cm左右	状况十分好，生长高度超过12cm，都开始向四周生长开来

3. 反思评价

参照第5页"小组合作评价量规（1~5星）"。

回顾模拟实验探究过程，完成反思报告。

4. 拓展探究

（1）除了绿豆，生活中还可以使用哪些种子来探究酸雨对植物生长的影响呢？

（2）还可以进一步探究模拟酸雨对植物的开花、结果等阶段的影响。

方案二

1. 材料用具

6个培养皿（可用其他6个等大容器代替）、绿豆（完整饱满而没有破损、霉变、虫蛀）共200粒、食醋（或醋酸）、清水、pH试纸、两个瓶子（装"酸雨"用）、面巾纸、量筒或去针头注射器3支。

2. 方法步骤

（1）查阅资料

了解酸雨的成分，说明模拟的酸雨和真实的酸雨的区别。

（2）萌发绿豆幼苗

每个培养皿里垫2层面巾纸，加入适量的自来水，使纸保持湿润。在3个培养皿中分别均匀摆上30粒绿豆，另外3个培养皿中分别摆上30株经水培已萌发好的绿豆幼苗（种子萌发5天后进行实验，测量长度）。

（3）配制模拟酸雨

将食醋和清水混合搅拌，并不时用pH试纸测定它的pH值（有条件的可反复测几次，以保证pH值的准确性），直到配置出pH值为3和5的"酸雨"溶液，将配好的溶液分别装入试剂瓶中，贴上标签（"pH=3"和"pH=5"），放在阴凉处备用。

（4）在培养皿上贴好标签，进行标注

种子对照组（A）、种子实验组1：pH=3（B）、种子实验组2：pH=5（C）；幼苗对照组（D）、幼苗实验组1：pH=3（E）、幼苗实验组2：pH=5（F）。

（5）给种子或幼苗注射酸雨

每天定时用注射器取等量的（参考：5mL）、不同pH值（pH值为3和pH值为5）的"酸雨"，分别滴在B、C、E、F培养皿的种子或幼苗上，同时分别向A、D两个培养皿内的种子或幼苗滴加等量清水（没有注射器可以用量筒量取倒在培养皿里来模拟下雨，注意注射器和量筒不能混用）。

(6) 每天观察和拍照，填写记录表

一个星期后计算种子的发芽率和测量幼苗的生长情况。

(7) 观察记录

表3　种子萌发率记录表　　　　　　　　　　单位：%

天数＼组别	对照组（A）	实验组1：pH=3（B）	实验组2：pH=5（C）
第1天			
第2天			
第n天			

注：种子萌发率计算公式：发芽率=发芽的种子数/供检测的种子数×100%

表4　幼苗生长状况记录表　　　　　　　　　　单位：cm

天数＼组别	对照组（D）	实验组1：pH=3（E）	实验组2：pH=5（F）
第1天			
第2天			
第n天			

(8) 分享成果

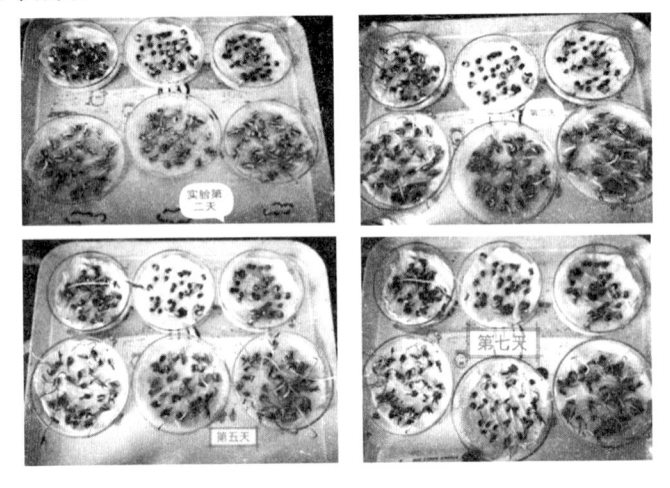

图11　种子发芽率和幼苗生长情况过程

3. 反思评价

（1）参照第 5 页"小组合作评价量规（1~5 星）"。

（2）你预期的实验结果如何？实际实验结果与你的预期接近吗？如果相差太大，那么原因可能是什么？

4. 课例作者　陈礼椿　汕头市龙湖区香阳学校

　　　　　　陈　燕　汕头市金平区金园实验中学

再生纸的制作

一、所跨学科

生物学（再生纸制作）、美术（设计构图）、工艺（制作过程）、劳动（工具使用）

二、课例背景

纸是生活常见的材料，很多用品就是以纸为原料制成，随着环保意识的加强，再生纸变得重要。本课例的研究动机，就是基于这个因素所产生。日常纸制品应配合生活需求发挥不同功能性，才能富有实用价值，例如，纸袋需要强度，卫生纸反而要柔软，好书写的纸当然要平滑，而绘图纸或擦拭纸巾则需良好吸水性。只是再生纸真符合生活的实用性吗？是否会因制作方式不同产生不同的实用功能？为解决此疑惑，我们以课堂制作再生纸的经验，研究不同功能的再生纸。如何让再生纸富有实用价值是我们的研究目的。我们希望找到一个方法，用日常生活中可以加到纸浆中的添加物来改进课堂制作再生纸的质量，以增加纸张的承重性及耐水性等，使再生纸能符合生活的实用性。"用废旧纸张制作再生纸"的活动，重点在培养学生探究事物的兴趣，并拓展兴趣，为学生今后走向科学之路奠定良好的基石。而本课例是对再生纸制作活动的一个深化，力求在探究过程中让学生从理论到实践都能有收获，实验课后让学生能收获自己的成果，引导学生付诸行动，体现了教材引导学生保护环境的意图，学生也可以在活动中体会到环保实践的乐趣。

三、课例任务

1. 探究一套再生纸的制作流程
2. 找到日常生活中可以加到纸浆中的添加物来改进课堂制作的再生纸的质

量,以增加纸张的承重性及耐水性等,使再生纸符合生活的实用性

四、材料用具

材料要求:废旧报纸、试卷、草稿纸等。

工具准备:盆、水、剪刀、带框的窗纱(可用旧丝袜绑在木框上)、电动搅拌器(玻璃棒)、熨斗、擀面杖、各色颜料等。

五、方法步骤

1. 制作过程

(1)将废旧报纸、试卷、草纸等用剪刀充分剪碎,也可以用纸张粉碎机粉碎。

(2)准备一个较大的水盆,将剪碎的纸屑用清水浸泡。

图1 浸泡纸屑　　　图2 纸张粉碎

(3)待纸屑充分浸泡后,将其搅拌成糊状。

(4)将事先备好的带框的窗纱浸入纸浆中,轻轻晃动纱网,使纸浆能在纱网上形成薄薄的一层。

(5)将带框的窗纱架在盆的上方,等待薄纸浆层中的水渐渐沥出。

(6)为了加快沥干的速度,可在纸浆上施加一定的重物挤压纸浆,使水分尽快沥出。

(7)当纸浆中的水分减少到其能形成一张较为固定的纸片时,再将纸浆片摊在一张比较宽大的纸板上或其他平坦的地方。

(8)待纸浆片彻底晾干后,轻轻地从纸板上揭起,切去不整齐的边缘,一张再生纸就制作完成了。

2. 美化

(1)剪:根据自己的喜好将干制好的再生纸裁剪成不同的形状。

（2）画：在剪好的卡纸上画上图案并涂上色彩。

（3）折：根据自己的喜好折成贺卡或其他形状。方式多样，可以立体的或是镂空的。

（4）贴：用彩纸、软陶等进行装饰。

3. 分享成果

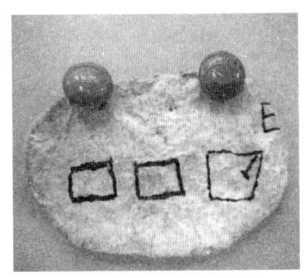

图3　再生纸作品1　　　图4　再生纸作品2　　　图5　再生纸作品3

六、反思评价

参照第5页"小组合作评价量规（1~5星）"。

小组之间针对成员提出的具体问题，运用证据进行交流和讨论，反思研究不足，从而改进实践方案。

活动时要本着节约的原则，切忌造成新的污染和浪费。

七、拓展探究

可研究用回收的打印纸作为纸浆的材料，从中改变纸浆的浓度，并尝试加入不同的添加物，如黏稠物、不同酸碱性的物质等，再进行各种功能性（耐水性、承重性、吸水性等）测试。

课例作者　陈礼椿　汕头市龙湖区香阳学校

项目式学习实践

菊花的校园栽培与应用

一、项目活动概况

1. 项目名称：菊花的校园栽培与应用
2. 项目类别：跨学科主题实践类
3. 适用年级：初中学生
4. 涉及学科：生物学、劳动教育、语文、中医药学
5. 项目简介：

（1）活动背景与意义

《义务教育生物学课程标准（2022年版）》明确提出："生物学课程高度关注学生学习过程中的实践经历，强调学生的学习过程是主动参与的过程，选择恰当的真实情境，设计学习任务，让学生积极参与动手和动脑的活动。""探究实践是源于对自然界的好奇心、求知欲和现实需求，解决真实情境中的问题或完成实践项目的能力与品格。"[1] 学校要真正落实核心素养的要求，学生要能够成为真正懂得思考的人，能够自主地为自己的问题寻求答案，可以依托实践项目，通过探究实践让学生具备科学家和工程师的素质，尽管这对初中学生和生物学教师而言都是新的挑战。《义务教育劳动课程标准（2022年版）》中要求：注重学生的动手实践、手脑并用、知行合一、学创融通，倡导"做中学""做中悟""做中创"。在此过程中习得劳动知识与技能，感悟和体验劳动价值，培育劳动精神。近年来，我们国家非常重视中医药的传承和发展、科研和创新的工作，习近平总书记指出，"中医药学包含着中华民族几千年的健康养生理念及其实践经验，是中华民族的伟大创造和中国古代科学的瑰宝"，"一定要保护好、

---

[1] 何清湖，陈洪，陈小平. 以坚定的文化自信谱写中医药传承创新发展新篇章《人民周刊》2024年01月04日，第07版。

发掘好、发展好、传承好"。① 2022年公布的《"十四五"中医药文化弘扬工程实施方案》提出，丰富中小学中医药文化教育校园活动。通过具体的项目和实践活动，让青少年认识中医药，自觉传承中医药文化，有利于增强民族自信和文化自信。

生物学课程与人们的生产生活实践联系极其密切。华南师范大学附属濠江实验学校深刻认识到立德树人既是教育的根本任务，也是时代的特征，在推进素质教育过程中，开设了生物学生活化等校本课程，根据学生的身心发展规律和认知特点，结合课程标准的要求和中医药文化进校园的倡议，依托生物学生活化校本课程开展项目式学习主题活动"菊花的校园栽培与应用"。通过了解菊花的栽培史、菊花在古今人们生产生活中的应用、菊花种植区的设计和规划、菊花的日常养护、菊花的水培和扦插、干菊花的制作、菊花饮食文化等实践任务和活动，提高学生在跨学科探究实践项目中完成任务的动力和意愿，提升学习的兴趣和成就感，较好地形成和发展核心素养。

（2）活动年级及学情分析

本活动以跨学期项目式学习方式开展，活动对象是选修校本课程生物学生活化的学生，基本上来自七年级、八年级。

本项目式学习活动开展之前，学生通过校本课程生物学生活化学习了药用植物在抗击新冠疫情中的应用、抗疫期间各省市推荐的提高免疫力的中药方子等，对中医药的贡献有较深的认同感。许多方子中都有菊花，学生本就在生活中对菊花比较熟悉，课堂上加深了解后，对菊花更有兴趣，对后续菊花的校园栽培项目产生足够的热情和内驱力。七年级的学生在生物学上册学习"植物的生活"内容，八年级的学生已学过该内容，课标的教学提示部分对该内容提出明确的要求：开展植物栽培方面的实践活动，菊花的校园栽培在落实课标要求的同时，很好地引导学生认识植物，了解植物的生活、植物在生物圈中的作用及其与人类的关系，从而促使学生更加自觉地爱护植物，积极参与美丽中国的建设。

二、项目活动目标

通过菊花的校园栽培活动，学生可以更深入地认识植物，了解植物体的各个器官及植物的生长过程，培养学生的科学思维、探究实践和解决问题的能力，

---

① 何清湖，陈洪，陈小平. 以坚定的文化自信谱写中医药传承创新发展新篇章《人民周刊》2024年01月04日，第07版。

发展学生的核心素养。

通过网络、报纸、书籍等途径，搜集菊花的栽培历史、菊花在古今人们生产生活中的应用等资料，提高学生搜集、整理资料和获取有用信息的能力。

通过小组合作完成菊花种植区的规划与设计、菊花的日常养护，学生制定规划与设计方案，观察和记录菊花的生长情况，可以形成尊重自然、遵循植物生长规律和季节特点进行科学劳动的观念，认同劳动的价值，形成认真负责、吃苦耐劳的劳动品质及奋斗、创新的劳动精神，同时提升组织能力和协作能力。

通过菊花的水培和扦插，学生掌握促进扦插枝条生根的方法，比较在不同浓度的生根液作用下，根生长的数量和长度的不同，深入认识无性生殖的应用，更加认同古代劳动人民的智慧和现代生物技术对农业发展的贡献。

通过干菊花的制作，学生深入了解菊花饮食文化，掌握最基本的药材制作方法，增强对中医药文化教育进校园的认同，增强中医药文化自信。

通过活动成果展示交流与多元化评价，学生回顾在整个项目中所承担的工作，展示取得的成果，对实践过程的自我监控和自我调节的学习活动进行评价，锻炼和提高元认知能力。通过小组评价和教师评价，帮助学生认识自我、建立自信、改进学习方式。

三、项目驱动问题

本项目的驱动问题是项目式学习之菊花的校园栽培，以下为子驱动问题及其分支：

（一）我国菊花的栽培有怎样的发展史

1. 我国古代劳动人民栽培出哪些不同品种、不同花色的菊花？
2. 菊花在古代人们的生产生活中有哪些应用？
3. 古人编撰了哪些与菊花有关的典籍？

（二）菊花种植区的规划设计与菊花的日常养护

1. 学校的哪些区域适合种植菊花？
2. 如何实施菊花种植区的布置？
3. 如何进行菊花的日常养护？

（三）菊花的水培和扦插

1. 如何选择并处理水培的菊花枝条？
2. 如何设计对照试验研究不同浓度的生根液对菊花枝条生根的促进作用？
3. 枝条生根后，如何进行扦插和养护？

(四) 干菊花的制作和菊花饮食文化

1. 如何制作干菊花？
2. 从哪些实例可以体现菊花饮食文化？

四、项目活动过程

本项目是学科主题探究实践类的活动项目，围绕"项目式学习之菊花的校园栽培与应用"这一项目驱动问题，按以下四个子驱动问题的核心任务围绕核心问题分阶段实施。

(一) 我国菊花的栽培有怎样的发展史

表 1　菊花栽培发展史子项目实施指南

学习时长	2 课时	涉及学科	生物学、信息技术
学习目标	1. 通过了解我国菊花栽培的发展史，学生可以更加认同花卉栽培和农耕文化的进步，增强中医药文化自信和对中华优秀传统文化的自豪感 2. 通过资料搜集和整理，学生可以讲述我国古代劳动人民栽培出哪些不同品种、花色的菊花 3. 通过资料搜集和整理，学生可以绘制出菊花在古代人民生产生活中广泛应用的思维导图 4. 通过了解和阅读古人编撰的各种与菊花有关的典籍，学生可以深入了解菊花，产生爱菊咏菊的情感体验，学习菊花所象征的精神		
核心问题	1. 我国古代劳动人民栽培出哪些不同品种、花色的菊花 2. 菊花在古代人民的生产生活中有哪些应用 3. 古人编撰了哪些与菊花有关的典籍		
核心任务	1. 根据搜集和整理的资料，讲述古代劳动人民栽培出的各种菊花 2. 根据搜集和整理的资料，绘制思维导图展示出菊花在古代人民生产生活中的应用 3. 搜集和阅读古人编撰的与菊花有关的典籍		
支持性活动	利用学习强国 APP、央视频、B 站、抖音、小红书等网络途径，学校图书馆等线下途径，搜索了解我国菊花栽培技术的发展、品种的改良和创新、菊花在古中医药学中的价值及其在人民生产生活中的应用等		
设计意图	1. 通过资料的搜集和整理，提高学生获取有效信息的能力和自主学习能力 2. 通过对新媒体和网络的利用，促使学生认识到信息技术对于学科学习的重要作用 3. 依托菊花，培养学生爱菊咏菊的情感，进而热爱大自然、热爱美丽中国		

（二）菊花种植区的规划设计与菊花的日常养护

表2　菊花种植规划与日常养护子项目实施指南

学习时长	5~6个月	涉及学科	生物学、劳动教育
学习目标	1. 通过菊花的校园栽培的实践，学生可以掌握菊花的栽培和养护技术 2. 小组通过分工合作进行菊花的栽培和养护，学生在充分参与活动的过程中形成主人翁意识，提高责任感和团队协作能力 3. 通过合理科学规划布置菊花种植区域，充分利用学校现有资源，增加学校"草本中医药"主题的绿化，学生可以学会在既定环境内充分利用现有资源，进行创新绿化		
核心问题	1. 学校的哪些区域适合种植菊花 2. 如何实施菊花种植的布置 3. 如何进行菊花的日常养护		
核心任务	1. 根据菊花的生活习性和生长特征确定校园中适合菊花种植的区域 2. 根据菊花的生活习性和生长特征进行菊花种植区的布置 3. 安排学生分组管理，并进行观察和记录		
支持性活动	1. 邀请广澳街道东湖村的花农指导菊花种植，并参观社区菊花种植基地 2. 利用学习强国APP、央视频、B站、抖音、小红书等网络途径，学校图书馆等线下途径，搜索了解菊花对土壤、温度、水分和光照等各方面的要求		
设计意图	1. 通过菊花的校园栽培，让学生在动脑动手的实践操作中，提高科学思维和探究能力 2. 通过邀请花农指导和参观东湖村菊花种植基地活动，让学生最亲近且最具鲜活性的社区植物资源转化为生物学课程资源，既提高沟通交流能力，也高度认同濠江区党建引领乡村振兴的"一村一品"政策，增进爱党爱国爱乡的情感 3. 通过菊花种植区的布置和菊花的日常养护实践，促使学生尊重劳动、崇尚劳动，形成吃苦耐劳的劳动品质，培养砥砺奋进、甘于奉献的劳动精神		

（三）菊花的水培和扦插

表3　菊花水培和扦插子项目实施指南

学习时长	20天左右	涉及学科	生物学、劳动教育
学习目标	1. 通过水培菊花枝条的处理，学生可以掌握实验中菊花的自身因素可以影响生根和扦插成活率 2. 通过菊花水培活动，学生能够掌握菊花水培的技能和植物水培的一般方法 3. 通过生根液促进扦插枝条生根实验，学生能深入认识无性生殖，认同科学技术的进步给菊花种植业乃至整个农业生产带来的巨大影响和创造的经济价值，培养学生热爱科学的精神，树立以科技创新为国贡献的志向		

续表

学习时长	20天左右	涉及学科	生物学、劳动教育
核心问题	1. 如何选择并处理水培的菊花枝条 2. 如何设计对照试验研究不同浓度的生根液对菊花枝条生根的促进作用 3. 枝条生根后，如何进行扦插和养护		
核心任务	1. 根据菊花的生活习性和水培的要求选择并修剪适合水培的菊花枝条 2. 根据生根液的作用特点和菊花的生活习性，设计并进行生根液促进菊花扦插枝条生根的实验 3. 在菊花枝条生根的数量和根长度足够时，及时进行扦插和养护，并进行观察和记录		
支持性活动	1. 购买合适的生根液，请生物学科组老师指导生根液的作用特点和使用方法 2. 利用学习强国APP、央视频、B站、抖音、小红书等网络途径，学校图书馆等线下途径，学习水培对菊花枝条在茎根、保留叶片、切口处理等方面的要求和水培的操作方法		
设计意图	1. 通过水培菊花枝条的处理，让学生理解菊花自身因素能影响实验的效果，认识到科学实验无小事，养成认真严谨的科学态度 2. 通过水培菊花活动，教会学生菊花水培的方法并迁移运用到其他植物的水培，提高动手能力、实践能力和创新能力 3. 通过生根液促进菊花扦插枝条生根的实验，促使学生认识到科技的力量及科技进步对三农发展的巨大贡献，认同和响应国家的"科教兴国"战略		

（四）干菊花的制作和菊花饮食文化

表4　菊花的食用子项目实施指南

学习时长	1周左右	涉及学科	生物学、劳动教育、美术
学习目标	1. 通过学习干菊花的制作方法，学生能够采摘并完成干菊花的制作，掌握干菊花制作技艺 2. 通过干菊花制作活动，学生能够认识从农作物到终端产品的过程，在做中学，在做中悟，提高动手能力，培养学生的劳动素养和科学精神 3. 通过学习菊花饮食文化，学生可以理解菊花在饮食和养生中的广泛运用，认同中医药的作用，树立自觉传承中医药文化、弘扬中华优秀传统文化的意识和责任感		
核心问题	1. 如何制作干菊花 2. 从哪些实例可以体现菊花饮食文化		
核心任务	1. 学习干菊花制作方法，采摘菊花并制作干菊花 2. 学习了解菊花饮食文化，介绍一道菊花养生茶饮或汤羹		

续表

学习时长	1 周左右	涉及学科	生物学、劳动教育、美术
支持性活动	1. 华南师范大学附属濠江实验学校食堂提供蒸菊花的条件支持 2. 准备晒菊花用的竹帘或者网 3. 利用学习强国 APP、央视频、B 站、抖音、小红书等网络途径,学习干菊花的制作方法		
设计意图	1. 通过菊花的采摘、干菊花的制作、包装,让学生掌握该过程中各种工具的使用,掌握干菊花制作这一劳动技能,迁移运用到一般中药的蒸晒制作方法 2. 通过干菊花制作活动,提高学生的动手能力、实践能力和创新能力,培养学生热爱劳动、崇尚劳动、善于劳动的劳动品质 3. 通过学习菊花饮食文化,介绍一道菊花养生茶饮或汤羹,帮助学生发自内心赞菊咏菊,热爱中医药文化,自觉支持和参与中医药文化教育进校园,增强文化自信		

五、项目活动成果交流与评价

(一) 活动阶段性成果和最终成果

【任务一】我国菊花栽培有怎样的发展史

通过教师指导,学生以线上和线下相结合的方式,查找我国菊花栽培史的资料,了解到我国菊花从单一品种黄色菊花发展到有白色、紫色、绿色、黑色等多颜色品种,栽培上从直接移栽野生菊花,到园圃大量种植,栽培技术上的嫁接、整形摘心、养护管理和利用种子繁殖获得新品种等都持续发展。学生们整理了我国菊花栽培传播到世界各地的时间轴,绘制思维导图展示出菊花在古代人民生产生活中的应用。搜集和阅读了许多古人撰写的有关菊花的典籍。

搜集整理资料的过程,切实有效地提高了学生获取有效信息的能力和自主学习能力。在该过程中新媒体和网络的利用,促使学生认识到信息技术对于学科学习的重要作用。对我国菊花栽培技术的发展、品种的改良和创新、菊花在古中医药学中的价值及在人民生产生活中的应用等各方面资料进行展示,学生爱菊咏菊,热爱大自然、热爱美丽中国的情感也得到升华。

(1) 了解菊花栽培史。

我国菊花的栽培史

选修课程：生物学生活化　　小组成员：李博坤、邹俊松、罗荣鑫、林沐欣

1. 根据经典的记载，中国栽培菊花历史已有3000多年
2. 最早的记载见之于《周庙》《埠雅》
3. 《礼记月令篇》："季秋之月，鞠有黄华。"说明菊花是秋月开花，当时都是野生种，花是黄色的

4. 从周朝至春秋战国时期的《诗经》和屈原的《离骚》中都有荣花的记载
　《离骚》有"朝饮木兰之坠露兮,夕餐秋菊之落英"之句，说明菊花与中华民族的文化早就结下不解之缘。在秦朝的首都咸阳，曾出现过菊花展销的盛大市场，可见当时栽培菊花之盛了。

图1　菊花栽培史介绍

**图2　学生查找的菊花典籍
刘蒙所著的《刘氏菊谱》**

(2) 爱菊咏菊，接受菊文化熏陶。学生设计并制作的明信片优秀作品分享：

图3　学生设计的明信片作品

【任务二】菊花种植区的规划设计与菊花的日常养护

(1) 根据菊花的生活习性和生长特征，确定学校教学楼 A 靠近实验楼一侧的一块空地、实验楼小青竹种植区旁边等区域适合种植菊花。

(2) 根据菊花的生活习性和生长特征进行菊花种植区的布置。教学楼 A 靠近实验楼一侧的一块空地，菊花直接种在土壤中；实验楼小青竹种植区旁边则把菊花高低错落有致摆放在不锈钢花卉架上。这样既充分利用了学校的现有资源，又很好地展示了"草本中医药"主题的校园绿化，形成校园里一道独特的风景线。

图4　盆栽可食用小黄菊　　　　图5　盆栽观赏性五彩菊

图6　处于花期中的菊花　　　　图7　校园空地栽种的菊花

（3）邀请广澳街道东湖村的花农指导菊花种植，并参观社区菊花种植基地。

图8　东湖菊花种植基地　　　　图9　东湖菊花产业园

（4）学生分组管理，做好菊花的日常养护，并进行观察和记录。

图10　指导学生进行种植1　　图11　指导学生进行种植2

（5）菊花的日常养护记录之添加营养土、浇水等。

图12　菊花苗种植　　图13　菊花日常养护

【任务三】菊花的水培和扦插

（1）根据菊花的生活习性和水培的要求选择并修剪适合水培的菊花枝条。

图14　教师讲解菊花生活习性　　图15　菊花修剪养护

（2）根据生根液的作用特点和菊花的生活习性，设计并进行生根液促进菊花扦插枝条生根的实验。

图16　PPT展示菊花成长记　　图17　了解菊花的生活习性

图18　利用生根液促进菊花枝条生根　　图19　长出新根的菊花枝条

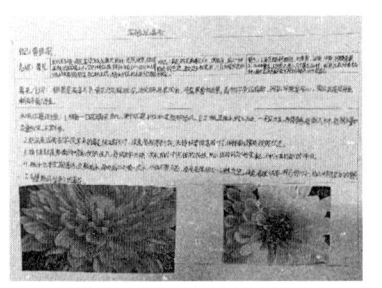

图20　记录实验记录表　　图21　记录土培生根情况

（3）在菊花枝条生根的数量和根长度足够时，及时进行扦插和养护，并观察和记录。

图22 扦插成活栽培3周的菊花 　　图23 扦插成活栽培3周的菊花

【任务四】干菊花的制作和菊花饮食文化

（1）学习干菊花制作方法，采摘菊花并制作干菊花。

图24 采摘菊花 　　图25 清洗菊花

图26 烘干菊花 　　图27 烘干后的菊花

（2）学习了解菊花饮食文化，介绍一道菊花养生茶饮或汤羹。

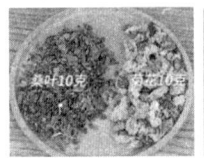

图28　桑叶菊花茶　　　　　图29　菊花蜂蜜茶

（二）评价量规表

表1　评价量规表

评价内容	评价要素	合格	良好	优秀	自评	他评	师评
学科基础	学科综合水平	能简单查找整理资料，基本能按既定要求动手操作和实践，基本完成菊花校园栽培的各项任务	能将查找到的资料进行分类整理，获取有效信息，熟练进行动手操作和实践，较好地完成菊花校园栽培的各项任务	能在查找的资料中获取有效信息并形成自己的见解，非常熟练进行动手操作和实践，出色地完成菊花校园栽培的各项任务			
作品展示	成果质量	基本完成思维导图，水培菊花枝条生出少量根	较好地完成思维导图，水培菊花枝条生出较多的根	出色地完成思维导图，水培菊花枝条生出许多根			
活动参与	交流合作	与小组成员和睦共处，听从同学安排，接受同学建议，完成自己的任务	与小组成员和睦共处，接受同学的建议，有时也能给同学提出建议，让自己和同学都能更好完成任务	组织小组成员合理分工，与每个成员都友好相处，自己有思路有创意，也能经常为同学提出建议，出色完成任务			
	菊花日常养护与管理	能够关注到菊花的生长情况，适时浇水、施肥等	熟悉菊花的日常养护，能适时浇水、添加营养土、施加复合肥、关注阳光及温度等因素对菊花养护的影响等，并做好记录	非常熟悉菊花的日常养护，能适时浇水、施肥，关注阳光温度、虫害因素的影响等，做好记录，并找到解决问题的对策			

续表

评价内容	评价要素	合格	良好	优秀	自评	他评	师评
劳动素养	劳动观念、能力、习惯和品质、精神	热爱劳动,按分工参与劳动实践,基本完成劳动任务,认同菊花校园栽培的劳动价值	热爱劳动,尊重劳动,善于进行劳动实践和创新。能够发现问题,积极思考探究和解决问题,较好地完成劳动任务。在劳动中获得成就感	热爱劳动,崇尚劳动,乐于进行劳动实践和创新,善于提出解决问题的对策,出色完成劳动任务。具有精益求精、追求卓越的劳动精神和劳动情怀			

六、项目活动评析与反思

1. 活动评价

在菊花的校园栽培这个跨学科项目式实践活动中,我们设置了多元的评价主体,充分收集学生表现的证据,注重对学生的实践过程、实验结果和作品质量的评价,同时也关注学生的个体差异和发展需求,以生物学和劳动教育的核心素养作为评价指标,通过终结性评价量表来实施评价。在该量表中,多元化的证据能够互相验证,提高评价结果的客观性。在该评价中,学生查找的资料、实验过程和菊花日常养护的记录、展示和交流的作品、小组集体讨论时的发言和表现等细节都是能被观察到的,是可以测量的,在细节中发现和肯定学生的长处和闪光点,激励学生更好地成长。项目式学习之校园菊花的栽培活动,坚持"做中学""做中悟""做中创"的理念和策略,教师仅仅作为引导者,学生在团队分工合作的学习模式下,高度协作、运用知识、构建理解,得到全方位的锻炼和培养。从了解我国菊花栽培的发展史,认同古代劳动人民栽培菊花的智慧和以菊花为代表的中医药文化是中华优秀传统文化的重要组成部分,对古人咏菊产生情感共鸣,对校园菊花栽培活动产生浓烈的兴趣和强大的内驱力。从校园菊花种植区域的选择、规划设计、菊花的日常养护、水培和扦插、干菊花的制作,学生全程体验了菊花的生长、发育、成熟并产生可创造经济价值的农产品的过程,提高了知识的理解和迁移运用能力,动手操作实践和创新能力显著进步,生物学和劳动教育核心素养的培养有效落实。该项目也是"草本中医药"主题绿化的体现,是华南师范大学附属濠江实验学校中医药文化进校园的初步尝试,从活动结果来看,取得了很好的成效。

2. 活动反思

该项目是跨学科实践活动,是生物学、劳动教育、信息技术等学科的融合,参与对象多元化、课程资源多元化、评价方式多元化。活动能够顺利且富有成效地开展,离不开学校领导的支持、相关科组老师的配合和校本课程生物学生活化班级学生的全程参与。收获干菊花既是活动的终点,又是新的起点,学生接下来可以探究菊花栽培过程中水培和土培促进生根效果的比较等问题,通过扦插获得更多的菊花苗,既可扩大种植规模,又能节约购买菊花苗的成本,因此是可持续的良性循环。

项目负责人　华南师范大学附属濠江实验学校
　　　　　　　项目主持:张玉容　庄思明
　　　　　　　指导老师:陈舜霞　江　超　许丹丽

我们是班级的一颗玉米种子

一、项目活动概况

1. 活动背景与意义

根据义务教育各个学科课程标准（2022年版），"跨学科实践"学习主题在总课时中的占比约为10%。这一学习主题要求运用不同学科的概念、方法和思想，通过设计实践方案，将真实情境中的问题得以实施，以解决现实问题并发展学生的核心素养。《义务教育劳动课程标准（2022年版）》指出，义务教育劳动课程以丰富开放的劳动项目为载体，重点是有目的、有计划地组织学生参加日常生活劳动和服务性劳动，让学生动手实践、出力流汗，接受锻炼、磨炼意志，培养学生正确的劳动价值观和良好的劳动品质。根据义务教育课程方案，劳动课程平均每周不少于1课时，用于活动策划、技能指导、练习实践、总结交流等。同时，这门课程注重评价内容多维、评价方法多样、评价主体多元。

生物学是一门与生活生产相联系的学科。根据农村学校学生的认知特点和身心发展规律以及提升学生劳动素养的需求，结合学校实际，设计围绕学校玉米的种植开展项目式学习，体现校本课程的学科应用。通过与玉米有关的食用药用价值、田间管理、采摘等学科实践任务，让学生在做中学、学中思，渗透学科核心素养，并通过成果展示提升农村学校学生的学习成就感，提高学习兴趣。

2. 活动年级及学情分析

本活动以项目式学习方式进行，活动对象是七年级的学生。

我们学校开拓了一个菜地，为每个班级提供一块菜地，让每个班级种植蔬菜，每个班级自选蔬菜品种种植。参加活动的是七年级一个班级的学生，共同种植了一片玉米，在共同学习生活过程中，不断磨合，相互帮助，形成一定的向心力，是一个积极向上的班集体。农村学生有动手参与家庭农作物和花卉种植的经验。该劳动教育课程的展开预期学生能在实践中提升学科素养和学科职业规划能力储备，需通过多个模块任务搭架桥梁，使劳动实践活动得心应手。

二、项目活动目标

通过参与玉米种植的实际操作，学生可以深入了解农作物的生长过程，培养学生的动手能力和实践能力。同时，通过班级分组的分工协作，提升班级凝聚力。

在玉米田间管理中，学生需要掌握玉米的种植技术和管理方法，并进行实际操作。通过观察和记录玉米的生长情况，学生可以了解到不同管理措施对于玉米生长发育的影响。在班级集体管理过程中，能够和同学进行分工协作，增强班级集体荣誉感，从而形成一个积极向上的班集体。

在采摘环节，学生掌握玉米成熟的辨别方法，并进行实际操作。通过参与采摘，学生可以了解到农作物从成熟到最终产品的转变过程。

收获后，学生对部分玉米进行售卖，从中了解市场行情。将部分玉米烹饪成菜品，了解玉米的食用价值，丰富生活经验。

活动成果交流与评价阶段，学生可以展示自己所参与的工作，并对整个活动进行总结和评价。通过与他人的交流和反思，学生可以进一步提升自己的学习效果。

三、项目驱动问题

我们是班级的一颗玉米种子
- 一、玉米如何栽植及田间栽培管理
  1. 如何实施玉米的栽植及田间管理？
  2. 如何安排管理人员？
- 二、玉米的采摘，收获后玉米秆如何处理．
  1. 如何判断玉米已成熟、可以采摘？
  2. 采摘后的玉米秆如何处理？
- 三、玉米如何售卖及菜品制作
  1. 玉米如何售卖？
  2. 玉米如何烹饪？

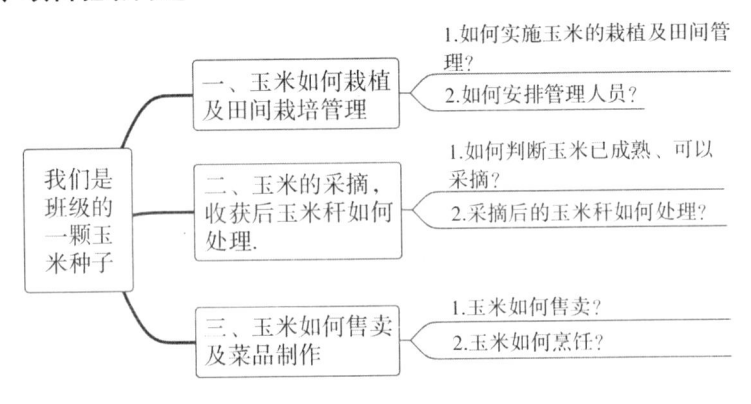

图1 项目问题驱动框架图

四、项目活动过程

本项目是学科主题探究类活动项目，围绕"我们是班级的一颗玉米种子"

这一项目驱动问题,项目学习按以下三个子驱动问题的核心任务、围绕核心问题分阶段实施,边实施边解决问题。

(一) 玉米如何栽植及田间栽培管理

表1 玉米栽植和管理子项目实施指南

活动时长	4~5个月	涉及学科	生物学、劳动教育
学习目标	1. 通过玉米的栽植及田间管理,掌握玉米的种植技术和管理方法,并进行实际操作 2. 通过观察和记录玉米的生长情况,学生可以了解到不同管理措施对于玉米生长发育的影响 3. 掌握一定的农业生产应用技术		
核心问题	1. 如何实施玉米的栽植及田间管理 2. 如何安排管理人员		
核心任务	1. 通过邀请玉米种植专业人员进行玉米的栽植及田间管理培训,让学生进行自我管理 2. 安排学生进行分组管理、登记		
支持性活动	1. 通过360百科、视频号、抖音等平台搜索了解玉米的根系生长情况、光照要求等 2. 准备与玉米的栽植及田间管理有关物品:锄头、钉耙、喷水壶或自动喷淋管、化肥、除虫等 3. 邀请玉米种植专业人员		
设计意图	1. 通过玉米的栽植及田间管理,掌握玉米的种植技术和管理方法,掌握一定的农业生产应用技术 2. 培养学生劳动素养、合作及创新精神,认同劳动创造美、劳动增智、劳动创造价值,使学生乐于劳动实践		

(二) 玉米的采摘,收获后玉米秆如何处理

表2 玉米采摘子项目实施指南

活动时长	2周	涉及学科	生物学、劳动教育
学习目标	1. 通过玉米的采摘进行实践操作,让学生掌握相应技术 2. 通过参与玉米采摘和脱粒过程,让学生了解到农作物从成熟到最终产品的转变过程。学生通过参与活动,培养劳动素养,提升动手能力和创新能力,发展科学思维,提高科学探究能力,养成实事求是的科学态度		
核心问题	1. 如何辨别玉米已成熟、可以采摘 2. 采摘后的玉米秆如何处理		

续表

活动时长	2周	涉及学科	生物学、劳动教育
核心任务	教会学生如何判断玉米已成熟		
支持性活动	邀请学生家长、老师及专业技术人员进行培训		
设计意图	1. 通过进行实践操作，在采摘过程中判断玉米是否成熟，是否可以采摘 2. 通过参与玉米采摘，让学生了解到农作物从成熟到最终产品的转变过程。通过学生参与活动，培养学生的劳动素养，提升学生的动手能力和创新能力，发展科学思维，提高科学探究能力，养成实事求是的科学态度		

（三）玉米如何售卖及菜品制作

表3 玉米售卖和烹饪子项目实施指南

活动时长	1周	涉及学科	生物学、劳动教育
学习目标	1. 通过对市场的调研，学生了解各个市场的玉米零售价、哪个时间段买菜人员最多，形成最终的售卖价格和方式 2. 通过参与玉米的烹饪，提升学生的动手能力和创新能力，发展科学思维，提高科学探究能力，养成实事求是的科学态度		
核心问题	1. 玉米如何售卖 2. 玉米如何烹饪		
核心任务	1. 在市场调研中，确定售卖方式和价格 2. 玉米的烹饪方式		
支持性活动	制作市场调查表格		
设计意图	1. 通过市场调查，学生了解玉米从种植再到收获的劳动过程中的不易，珍惜粮食，树立正确的人生观、价值观 2. 通过玉米的烹饪，了解玉米的食用价值，同时体验收获的快乐		

五、项目活动成果交流与评价

（一）活动阶段性成果和最终成果

【任务一】玉米的栽植及田间栽培管理

（1）邀请学生家长等专业技术人员为学生讲授玉米的栽植及田间栽培管理知识并进行演示。

图2　专业技术人员进行演示 　　　　图3　开沟

（2）学生在家长、老师及专业种植技术人员的指导下亲自操作、参与植物种植前的开沟、平地、压实、踢垄、浇湿地水、浸种等准备工作。

图4　除草及平地 　　　　图5　土壤分析

图6　踢垄 　　　　图7　播种

图8　出苗 　　　图9　移栽 　　　图10　拔节期

215

图11 开花 　　　　　图12 穗期 　　　　　图13 成熟

表4　玉米生长周期登记表（日期）

浸种	播种	出苗	三叶期	拔节	分穗	开花	成熟采摘	全部采摘完毕
2.23	2.23	2.30	3.07	3.20	4.28	5.08	5.23	6.18

表5　玉米生长情况记录

时间	1d	2d	5d	10d	15d	20d	30d	40d	50d
生长高度	1cm	2cm	4cm	8cm	11cm	15cm	20cm	50cm	70cm

注：从出苗开始记录，记录的数据为区域内玉米幼苗的平均高度，测量时在玉米幼苗上面放上一张纸来测。

【任务二】玉米的采摘，收获的玉米秆的处理

图14　采摘分拣 　　　　图15　玉米 　　　　图16　成熟的玉米

图17 玉米秆拔除　　　图18 晒干

（1）在老师和家长的指导下，如何判断玉米是否已成熟？

（2）思考玉米成熟后，玉米秆如何处理？

【任务三】玉米的售卖和菜品烹饪

（1）市场调查：分组对各个市场进行调查，确定售卖的市场和价格。

表6　玉米市场售卖时间和价格

市场	人流量多的时间段	售卖时间	玉米售卖价格
八合市场	上午6：30~9：30 下午4：30~6：00	上午6：30~8：00 下午4：00~5：30	3元/斤
九合市场	下午4：30~6：00	下午4：00~5：30	3元/斤
上头合市场	上午6：30~9：00	上午6：30~8：00	3.5元/斤

经过对市场的调查和学校老师的热心帮助，同时出于安全性考虑，决定将玉米销售给学校教职工。每个玉米2元，学生根据玉米的个头，适当调整价格。

（2）菜品烹饪：了解玉米的食用和药用价值，烹饪成菜品，享受劳动成果。

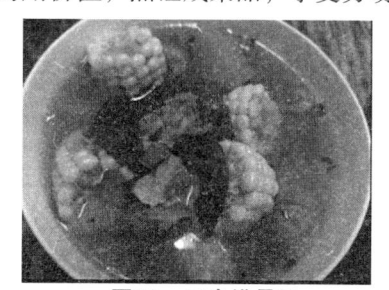

图19 水煮玉米　　　图20 玉米排骨汤

水煮玉米

（二）评价量规表

表7 评价量规表

评价内容	萌芽	生长	成熟	自评	互评	师评
学科基础	通过比较多个来源的信息或比较资料来源的类型，建立资料的联系	将多个来源的信息进行比较和分组。理解他们之间的异同，形成或深化一个论点或解释	将多个来源的资料进行比较、分组，与自己的主张建立联结，或想法整合，并形成一个有理有据的论点或解释			
活动参与	听从同学安排，能提出建议，倾听他人建议	听从同学安排，能提出合理建议，自主思考	有计划、小组成员分工合理、有独立想法、能积极表达			
	能够关注玉米的生长状况、适当浇水、除虫、施肥等	参与玉米种植前的准备工作、田间管理、详细记录玉米生长状况、采摘	全面参与玉米种植前的准备工作、田间管理、详细记录玉米生长状况、采摘、思考玉米秆等废弃物的处理等			
劳动素养	热爱劳动，按分工参与劳动实践和创作，完成劳动任务	热爱劳动，尊重劳动者。乐于劳动实践和创作。认真听讲，积极参与讨论，完成合作	热爱劳动，尊重劳动者，感恩他人的劳动付出。乐于劳动实践和创作。认真听讲，积极参与讨论、互动、发言，主动学习			
	按要求完成劳动任务	明确学习内容及目标，按要求完成劳动任务	运用已有知识、经验和技能进行劳动和创作，明确学习内容及目标，按要求完成劳动任务			
	认真负责、团队合作、珍惜劳动成果	认真负责、安全规范、诚实守信、吃苦耐劳、团结合作、珍惜劳动成果	认真负责、安全规范、诚实守信、吃苦耐劳、团结合作，珍惜劳动成果。劳动过程中敢于克服困难、积累经验，虚心向他人学习，不断优化成果			
	按部就班完成小组合作方案	主动思考，优化小组合作方案，尝试创新思路	在劳动任务中不断优化途径，创新思路，有解决问题的新方法和创新的劳动成果			

六、项目活动评析与反思

1. 活动评析

我们通过制作总结性评价表来实施评价，以劳动教育教学与生物学的核心素养来作为评价指标。量表的设计初衷就是按鼓励性评价表的方式来设计，目的是让更多的学生在学习过程中得到肯定和鼓励，对项目学习过程产生更浓厚的兴趣，在积极和受肯定的学习氛围中体验学习过程带来的满足和收获。本活动以项目式学习方式进行，强调学生学习的过程是主动参与的过程，让学生积极参与动手和动脑的活动，通过玉米的种植、田间管理、采摘、脱粒等一系列学科的实践任务，加深学生对生物学知识的理解，提升应用知识的能力，培养创新精神，进而能用科学的观点、知识、思路和方法，探讨或解决现实生活中的某些问题。

2. 活动成效

本次跨学科项目式学习活动的开展，按"全面发展的人"这个核心素养来开展，综合发展了学生的"学会学习""实践创新"等素养。活动以驱动问题贯穿学习过程，细分为三个阶段任务，每个任务都以学生为学习主体，结合学科特点，设置差异性任务，让每个孩子都能在活动中展现、提升自己，收获学习成果。

【任务一】玉米的栽植及田间栽培管理

通过邀请学生家长等专业技术人员为学生讲授玉米的栽植及田间栽培管理知识并进行演示，让学生懂得对植物的生长管理。学生在家长、老师及专业种植技术人员的指导下亲自操作、参与植物种植前的开沟、平地、压实、踢垄、浇湿地水、浸种等准备工作，并进行田间管理。玉米从2023年2月23日浸种开始到2023年6月18日采摘结束，持续整个学期的时间，学生感受玉米的成熟需要很长的时间，理解了农民劳动的艰辛。学生在种植期间，分组对玉米进行管理，集体劳动过程中明确分工，有主有次，能服从同学的管理。在管理过程中相互配合，增强集体荣誉感，使班集体更加蓬勃向上地发展。

【任务二】玉米的采摘

通过玉米的成熟到采摘的实际操作，让学生在采摘过程中自己辨别了玉米的成熟度，再进行采摘，让学生了解到农作物从成熟到最终产品的转变过程。通过参与活动，培养学生的劳动素养，提升学生的动手能力，发展科学思维，提高科学探究能力，养成实事求是的科学态度。

【任务三】玉米的售卖和烹饪

玉米成熟后，通过同学们的商议，决定把玉米进行售卖，售卖收入归班级所有。在售卖之前，学生通过分组对市场进行简单的调查，主要从市场的人流、售卖时间和售卖价格这三方面进行市场调查。学生在市场调查过程中，了解到辛苦种植的玉米，售卖的价格其实并不高。玉米最终卖出后，只够每名同学买一根 2 元的雪糕。学生感受到劳动的艰辛，幸福生活来之不易。玉米售出后，还剩下一些个头比较小，外形不太好看的玉米，这些玉米分给各个管理组长进行菜品的烹饪，同时在烹饪过程中，了解玉米的食用和药用价值，丰富学生的生活经验。

3. 项目反思

本次跨学科项目式学习内容将劳动教育、生物学和班集体管理等学科进行融合，根据项目活动安排需要，落实相关教师去实施，活动过程中，我们邀请学生家长、老师、农业专业技术人员来给学生指导，学生家长、老师及技术人员都不遗余力地给予学生指导，体现出社会上的相关人员还是比较愿意给予学校支持。本项目式学习活动，聚焦劳动教育的"劳动观念、劳动能力、劳动习惯和品质、劳动精神"，生物的"生命观念"和"实践探究"等核心素养，班集体管理中学生自我价值实现，增强学生的协作精神，凝聚班级向心力。通过设计三个任务阶段的学习任务和评价逐一落实核心素养，不仅强化了课程育人的导向作用，同时加强了学科间的相互关联，使课程能综合化实施，强化各学科间的实践性要求。整个活动持续时间为一个学期，很考验学生的耐心，学生需要积极参与，并发挥自己的主观能动性。同时，教师应该及时给予指导和帮助，引导学生进行思考和探究。通过这样的项目式学习方式，可以培养学生的实践能力和创新意识，加深他们对生物学与劳动教育的兴趣和理解。

项目负责人　王才彬　蔡洁曼　汕头市新溪第一中学

校园里的冬小麦种植

一、项目活动概况

1. 活动背景与意义

《义务教育生物学课程标准（2022年版）》提出教学过程重实践：强调学生学习的过程是主动参与的过程，让学生积极参与动手和动脑的活动，通过探究性学习活动或完成工程学任务，加深对生物学概念的理解，提升应用知识的能力，培养创新精神，进而能用科学的观点、知识、思路和方法，探讨或解决现实生活中的某些问题。《大中小学劳动教育指导纲要（试行）》（以下简介《指导纲要》）指出劳动教育的内涵是"劳动教育是发挥劳动的育人功能，对学生进行热爱劳动、热爱劳动人民的教育活动"。劳动教育具有实践性的特征。《指导纲要》明确劳动教育的育人价值，明确了初中学校劳动教育的主要内容和具体要求，同时指出要解决"有教育无劳动"和"有劳动无教育"的问题，鼓励各地各校结合实际制定具体劳动教育内容。

生物学是一门与生活生产相联系的学科。根据农村学校学生的认知特点和身心发展规律以及提升学生劳动素养的需求，结合学校实际情况，设计围绕学校绿化树与冬小麦的间种进行项目式学习，体现校本课程的学科应用。通过与冬小麦有关的食用药用价值、与学校绿化树间种、田间管理、收割、脱粒等学科实践任务，让学生在做中学、学中思，渗透学科核心素养，并通过成果展示提升农村学校学生的学习成就感，提高学习兴趣。

2. 活动年级及学情分析

本活动以项目式学习方式进行，活动对象是从初一到高二的学生。

我们学校的每个绿化树品种都有名字，对于进入中学的学生来说，通过学校绿化树的挂牌基本能认识每种绿化树的名称、特征、生活习性等，开展项目式学习前学生已掌握了有关植物生理特征、生活习性等基本知识，农村学生也有动手参与家庭农作物和花卉种植的经验。该劳动教育课程的展开预期能在实践中提升学生学科素养和学科职业规划能力储备，通过多个模块任务搭架桥梁，使劳动实践活动得心应手。

二、项目活动目标

通过参与冬小麦种植的实践操作，学生可以深入了解农作物的生长过程，培养学生的动手能力和实践能力。同时，通过绿化树下种植小麦的方式，可以利用学校现有资源，提高土地利用率，增加学校绿化面积。

通过本次实操活动，让学生了解学校已经种植的绿化树种类，并选择适合与小麦间种的树木。这样不仅可以保护小麦生长环境，还可以有效利用树木提供的树荫和营养物质。

在冬小麦田间管理中，学生需要掌握小麦的种植技术和管理方法，并进行实践操作。通过观察和记录小麦的生长情况，学生可以了解到不同管理措施对于小麦生长发育的影响。

在收割和脱粒环节中，学生需要掌握相应工具和技术，并进行实践操作。通过参与收割和脱粒过程，学生可以了解到农作物从成熟到最终产品的转变过程。

活动成果交流与评价阶段，学生可以展示自己所参与的工作，并对整个活动进行总结和评价。通过与他人的交流和反思，学生可以进一步提高自己的学习效果。

三、项目驱动问题

校园里的冬小麦种植实践
- 一、学校已种植的绿化树有哪些适合与冬小麦间种
  1. 学校的哪些区域适合种植冬小麦？
  2. 学校已种植的绿化树有哪些适合与冬小麦间种？
- 二、绿化树下冬小麦的栽植及田间栽培管理
  1. 如何实施冬小麦的栽植及田间管理？
  2. 如何安排管理人员？
- 三、小麦的收割、脱粒
  1. 如何判断冬小麦已成熟、可以收割？
  2. 收割后的冬小麦如何脱粒、在学校用什么设备来脱粒？

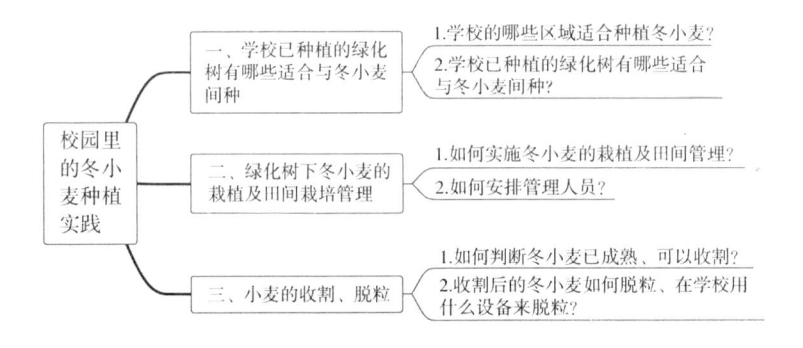

图 1 项目问题驱动框架图

四、项目活动过程

本项目是学科主题探究类活动项目，围绕"校园里的冬小麦种植"这一项目驱动问题，项目学习按以下三个子驱动问题的核心任务、围绕核心问题分阶段实施，边实施边解决问题。

（一）学校已种植的绿化树有哪些适合与冬小麦间种

表1　校园绿化树适合与冬小麦间种的子项目实施指南

学习时长	1课时	涉及学科	生物学、信息技术
学习目标	1. 通过参与冬小麦种植的实际操作，学生可以深入了解农作物的生长过程，培养学生的动手能力和实践能力 2. 通过绿化树下种植冬小麦的方式，利用学校现有资源，提高土地利用效率，增加学校绿化面积。教会学生合理利用资源、爱护绿化 3. 通过本次实操活动，让学生了解学校已经种植的绿化树种类，并选择适合与冬小麦间种的树木		
核心问题	1. 学校的哪些区域适合种植冬小麦 2. 学校已种植的绿化树有哪些适合与冬小麦间种		
核心任务	1. 根据冬小麦的生长特征和生长要求选择适合种植的区域 2. 根据冬小麦的生长特征和生长要求选择适合间种的绿化树		
支持性活动	利用学校提供的绿化树挂牌二维码及360百科、视频号、抖音等平台搜索了解绿化树与冬小麦的根系生长情况、光照要求等		
设计意图	1. 通过积极使用信息化技术平台支持培养学生自主学习、解决问题的能力 2. 利用学校提供的绿化树全面了解学校绿化树的设计布置，通过挂牌二维码了解学校绿化树的生长特征、生活习性、管理要求等 3. 掌握冬小麦的生活习性、田间栽培管理、食用药用价值等		

（二）绿化树下冬小麦的栽植及田间栽培管理

表2　绿化树下冬小麦栽植及管理子项目实施指南

活动时长	6~7个月	涉及学科	生物学、劳动教育
学习目标	1. 通过冬小麦的栽植及田间管理，掌握冬小麦的种植技术和管理方法，并进行实践操作 2. 通过观察和记录小麦的生长情况，学生可以了解到不同管理措施对于冬小麦生长发育的影响 3. 掌握一定的农业生产应用技术		
核心问题	1. 如何实施冬小麦的栽植及田间管理 2. 如何安排管理人员		

续表

活动时长	6~7 个月	涉及学科	生物学、劳动教育
核心任务	1. 通过邀请小麦种植专业人员进行小麦的栽植及田间管理培训，让学生进行自我管理 2. 安排学生进行分组管理、登记		
支持性活动	1. 通过 360 百科、视频号、抖音等平台搜索了解冬小麦的根系生长情况、光照要求等 2. 准备与冬小麦的栽植及田间管理有关的物品：锄头、钉耙、喷水壶或自动喷淋管、化肥等 3. 邀请小麦种植专业人员		
设计意图	1. 通过冬小麦的栽植及田间管理，掌握冬小麦的种植技术和管理方法，掌握一定的农业生产应用技术 2. 培养学生劳动素养，培养合作及创新精神，认同劳动创造美、劳动增智、劳动创造价值，乐于劳动实践 3. 基于学校绿化树和冬小麦的间种的相互影响，辩证地看待植物的生长，增强保护绿色植物的社会责任感		

(三) 冬小麦的收割、脱粒

表 3 冬小麦的收割和脱粒子项目实施指南

活动时长	1 天	涉及学科	生物学、物理、劳动教育
学习目标	1. 通过进行小麦的收割、脱粒的实践操作，让学生掌握相应工具使用技术 2. 通过参与小麦收割和脱粒过程，让学生了解农作物从成熟到最终产品的转变过程。通过参与活动，培养学生的劳动素养，提升学生的动手能力和创新能力，发展科学思维，提高科学探究能力，养成实事求是的科学态度		
核心问题	1. 如何判断冬小麦已成熟、可以收割 2. 收割后的冬小麦如何脱粒、在学校用什么设备来脱粒 3. 脱粒后的麦秆如何处理		
核心任务	1. 教会学生如何判断冬小麦已成熟 2. 寻找以前用来对小麦、水稻脱粒的专用设备"术斗"		
支持性活动	1. 小麦收割和脱粒设备：镰刀、"术斗" 2. 邀请学生家长、老师及专业技术人员对学生进行培训		
设计意图	1. 通过进行小麦的收割、脱粒的实践操作，让学生掌握相应工具使用技术 2. 通过参与小麦收割和脱粒过程，让学生了解农作物从成熟到最终产品的转变过程。通过参与活动，培养学生的劳动素养，提升学生的动手能力和创新能力，发展科学思维，提高科学探究能力，养成实事求是的科学态度		

五、项目活动成果交流与评价

（一）活动阶段性成果和最终成果

【任务一】寻找适合与冬小麦间种的学校已种植的绿化树

图2　罗汉松树下

图3　假槟郎树下

图4　大王椰子树下

图5　挂牌说明

通过教师的讲授、学生查阅资料和现场勘察，决定在学校的大王椰子、假槟榔等高大树木下来进行间种冬小麦。

【任务二】绿化树下冬小麦的栽植及田间栽培管理

（1）邀请学生家长等专业技术人员为学生讲授冬小麦的栽植及田间栽培管理知识并进行演示。

图6　专业技术人员讲解并示范

图7　进行开沟

（2）学生在家长、老师及专业种植技术人员的指导下亲自操作，参与植物种植前的开沟、平地、压实、踢垄、浇湿地水、浸种等准备工作。

图8 除草及平地 　　　　　图9 土壤分析

图10 踢垄定垄 　　　　　图11 播种

(3) 小麦的田间管理及生长情况。

图12 出苗 　　　图13 三叶期 　　　图14 分蘖、拔节

图15 抽穗期图 　　　图16 灌浆期图 　　　图17 成熟期

表4　小麦生长周期登记表（日期）

浸种	播种	出苗	三叶期	分蘖	拔节	抽穗	成熟	收割
11.03	11.04	11.10	11.20	12.20	3.03	4.10	5.10	5.19

表5　小麦生长情况记录

时间	1d	2d	5d	10d	15d	20d	30d	40d	50d
生长高度	2cm	3cm	5cm	11cm	17cm	25cm	30cm	31cm	32cm

注：从出苗开始记录，记录的数据为区域内小麦的平均高度，测量时在小麦幼苗上面放上一张纸来测。

【任务三】小麦的收割、脱粒

图18　教师指导 　　　图19　学生操作

227

图 20　进行脱粒　　　　　　　图 21　脱粒后的小麦

(二) 评价量规表

表 6　评价量规表

评价内容	评价要素	合格	良好	优秀	自评	他评	师评
学科基础	学科综合	通过比较多个来源的信息或比较资料来源的类型，建立资料的联系	将多个来源的信息进行比较和分组。理解他们之间的异同，形成或深化一个论点或解释	将多个来源的资料进行比较、分组，与自己的主张建立联结，或想法整合，并形成一个有理有据的论点或解释			
活动参与	合作交流	听从同学安排，能提出建议并倾听他人建议	听从同学安排，能提出合理建议，有自主思考	有计划、小组成员分工合理、有独立想法、能积极表达			
	参与田间管理	能够关注小麦的生长状况，适当浇水等	参与小麦种植前的准备工作、田间管理、详细记录小麦生长状况、收割、脱粒	全面参与小麦种植前的准备工作、田间管理、详细记录小麦生长状况、收割、脱粒、思考麦秆等废弃物的处理等			
劳动素养	观念	热爱劳动，按分工参与劳动实践和创作，完成劳动任务	热爱劳动，尊重劳动者。乐于劳动实践和创作。认真听讲，积极参与讨论，完成合作	热爱劳动，尊重劳动者，感恩他人的劳动付出。乐于劳动实践和创作。认真听讲，积极参与讨论、互动、发言，主动学习			

续表

评价内容	评价要素	合格	良好	优秀	自评	他评	师评
劳动素养	能力	按要求完成劳动任务	明确学习内容及目标，按要求完成劳动任务	运用已有知识、经验和技能进行劳动和创作，明确学习内容及目标，按要求完成劳动任务			
	品质	认真负责、团队合作，珍惜劳动成果	认真负责、安全规范、诚实守信、吃苦耐劳、团结合作、珍惜劳动成果	认真负责、安全规范、诚实守信、吃苦耐劳、团结合作、珍惜劳动成果。劳动过程中敢于克服困难、积累经验，虚心向他人学习，不断优化成果			
	创新	按部就班完成小组合作方案	主动思考，优化小组合作方案，尝试创新思路	在劳动任务中不断优化途径，创新思路，有解决问题的新方法和创新的劳动成果			

六、项目活动评析与反思

1. 活动评价

我们通过制作总结性评价表来实施评价，以劳动教育教学与生物学的核心素养来作为评价指标。量表的设计初衷就是按鼓励性评价表的方式来设计，目的是让更多的学生在学习过程中得到肯定和鼓励，对项目学习过程产生更浓厚的兴趣，在积极和受肯定的学习氛围中体验学习过程带来的满足和收获。本活动以项目式学习方式进行，强调学生学习的过程是主动参与的过程，让学生积极参与动手和动脑的活动，通过小麦与学校绿化树间种、田间管理、收割、脱粒等一系列学科的实践任务，加深学生对生物学知识的理解，提升应用知识的能力，培养创新精神，进而能用科学的观点、知识、思路和方法，探讨或解决现实生活中的某些问题。

2. 活动成效

本次跨学科项目式学习活动的开展，按"全面发展的人"这个核心素养来开展，综合发展了学生的"学会学习""实践创新"等素养。活动以驱动问题贯穿学习过程，细分为三个阶段任务，每个任务都以学生为学习主体，结合学科特点，设置差异性任务，让每个孩子都能在活动中展现、提升自己，收获学习成果。

【任务一】寻找适合与冬小麦间种的学校已种植的绿化树

通过参与冬小麦种植的实践操作，学生可以深入了解农作物的生长过程，培养学生的动手能力和实践能力。通过绿化树下种植冬小麦的方式，利用学校现有资源，提高土地利用率，增加学校绿化面积。教会学生合理利用资源，爱护绿化。通过本次实操活动，让学生了解学校已经种植的绿化树种类，并选择适合与冬小麦间种的树木。我们的学习不在课堂上而是搬到学校的绿化树下，但我们鼓励学生积极利用网络平台获取更多绿化树与小麦间种的相关知识，学生也确实能在课后利用网络平台开展自主学习。

【任务二】绿化树下冬小麦的栽植及田间栽培管理

通过邀请学生家长等专业技术人员为学生讲授冬小麦的栽植及田间栽培管理知识并进行演示，让学生懂得对植物的生长管理。学生在家长、老师及专业种植技术人员的指导下亲自操作，参与植物种植前的开沟、平地、压实、踢垄、浇湿地水、浸种等准备工作，并进行田间管理。冬小麦从2022年11月3日浸种到2023年5月19日收割脱粒结束，持续6个多月时间，学生感受到吃一粒小麦要等待的时间很长，理解了农民劳动的艰辛。

【任务三】小麦的收割、脱粒

我们找来了农村传统的小麦脱粒工具"术斗"，通过进行小麦的收割、脱粒的实践操作，让学生掌握相应工具的技术，也感知了我们的先辈开发农具的劳动智慧和创新能力。通过参与小麦收割和脱粒过程，让学生了解到农作物从成熟到最终产品的转变过程。通过参与活动，培养学生的劳动素养，提升学生的动手能力和创新能力，发展科学思维，提高科学探究能力，养成实事求是的科学态度。

3. 项目反思

本次跨学科项目式学习内容将劳动教育、生物学和信息技术等学科进行融合，根据项目活动安排需要，落实相关教师去实施，活动过程中，我们邀请学生家长、老师、农业专业技术人员来给学生指导，学生家长、老师及技术人员都不遗余力地给予学生指导，体现出社会上的相关人员还是比较愿意给予学校支持。

项目负责人　王才彬　卢玩娜　汕头市新溪第一中学

探究不同色光对植物生长影响实验的方法

一、项目活动概况

1. 活动背景与意义

根据义务教育各个学科课程标准（2022年版），"跨学科实践"学习主题在总课时中的占比约为10%。这一学习主题要求运用不同学科的概念、方法和思想，通过设计实践方案来解决真实情境中的问题，从而促进学生核心素养的发展。《义务教育生物学课程标准（2022年版）》提出教学过程重实践：强调学生学习的过程是主动参与的过程，让学生积极参与动手和动脑的活动，通过探究性学习活动或完成工程学任务，加深对生物学概念的理解，提升应用知识的能力，培养创新精神，进而能用科学的观点、知识、思路和方法，探讨或解决现实生活中的某些问题。

自然界中的绿色植物是通过吸收太阳光能来进行光合作用，从而制造出有机物的。不同波长的光对植物光合作用的影响是不同的，适宜植物生长的光的波长为400nm～720nm，其中红光（610nm～720nm）和蓝光（400nm～520nm）对植物的光合作用最有利。大多数此方面的实验都是将同一植株的不同叶片用不同色光对其进行照射，然后再进行定量分析，进行观察的时间短暂，分析用到的实验用品及实验须在实验室中，对于无条件的学校及想在家进行观察的学生则不容易进行，不利于实验的推广，也难以体现科学实验的身边化。

2. 活动年级及学情分析

本活动以项目式学习方式展开，活动对象是从初二到高二年级的学生。开展项目式学习前学生已了解植物的光合作用、能动手进行实验操作、有一定的创新能力和制作基础。该劳动教育课程的展开预期学生能在实践中提升学科素养和学科职业规划能力储备，需通过多个模块任务架通桥梁，使创作得心应手。

二、项目活动目标

学会观察身边的事物，培养对日常生活的感知能力；整合多方面要素，运用跨学科的知识做出不同的设计；培养工程思维，形成项目迁移的能力；学会表达并对作品进行展示评价，形成批判性思维能力；将只能在实验室中研究的实验搬到没有完整设备而又需要时间观察的家中或自然中进行，体现科学实验的身边化。

1. 具体目标

（1）科学目标：了解不同物质具有不同的物理性质和化学性质，如硬度、弹性、磁性、导热性、导电性、溶解性和酸碱性等；知道外界条件（如温度、压力等）能影响物质的性质。通过观察实验现象和参与设计探究实验，发展科学思维，提高科学探究能力，养成实事求是的科学态度。

（2）生物目标：理解绿色植物光合作用的过程，归纳总结光合作用的概念、实质；通过观察实验，培养学生的观察、分析、推理、比较及语言表达等综合能力。

（3）技术目标：能操作和使用锤子、刀具、胶枪等常见的简单工具，会对身边的物品进行简单的加工、测量、组装等，能使用传感器、二维码、编程等技术工具制作简单的智能化产品。

（4）工程目标：能将自己简单的创意转化为模型或实物，并简单评估完成一个作品或系统的可行性，预想使用效果。

（5）艺术目标：学会从多角度欣赏与认识美术作品，通过对各种美术媒材、技巧和制作过程的探索及实验，发展艺术感知能力和造型表现能力。

（6）化学目标：会利用复合肥、尿素等化学肥料配制植物生长所需的营养液。

2. 核心知识点

（1）了解各种材料的不同特性，制作成可供实验的装置。

（2）了解工程设计的一般流程，会画模型设计图并能根据图纸进行模型制作。

（3）学生参与实验演示装置的制作后，再用制作成的实验演示装置进行实验验证。理解绿色植物光合作用的探究过程，归纳总结光合作用的概念、实质。

3. 学生需要形成的关键能力

（1）通过引导学生筛选解决问题的方案，培养设计思维。

（2）通过实验装置的制作锻炼学生的动手实践能力，培养他们分析、类比、反思、优化等高阶思维能力以及团队协作意识。

（3）通过开展科学实验，进行实验验证，培养学生严谨的科学态度和科学精神。

三、项目驱动问题

```
探究不同色光对植物生长影响实验的方法
├── 一、绿色植物生长的光配方
│   ├── 1. 什么光源能提供不同颜色的光照？
│   ├── 2. 选择什么电源给这些色光供电？
│   └── 3. 选择什么颜色的光来进行实验观察？
├── 二、选择适于实验的绿叶植物
│   ├── 1. 选择什么植物能在10cm×10cm的区域内生长？
│   ├── 2. 如何保证植物能正常生长？生长到多高才可用于实验？
│   └── 3. 怎样配制绿叶植物生长所需的营养液？
├── 三、如何设计并制作一款能观测不同色光对植物生长影响的实验装置
│   ├── 1. 如何设计并制作一款至少有6个单独区域的长方体箱子？
│   ├── 2. 如何让几种不同色光安排在长方体箱子中且互不影响？
│   ├── 3. 如何让同一植物在同一区域正常生长又互不影响？
│   └── 4. 怎样进行生长观测？
├── 四、用设计的实验装置进行实验操作及验证
│   ├── 1. 如何保证除光照外其他条件都能满足植物生长的需求？
│   ├── 2. 如何保证除不同色光外其他条件都相同？
│   └── 3. 怎样测量记录植物的生长状况？
└── 五、汇报展示
    ├── 1. 需要通过哪些方面来展示我们的设计？
    ├── 2. 怎样设计制作PPT来展示我们的设计？
    └── 3. 如何有效快速地让人知道我们的作品？
```

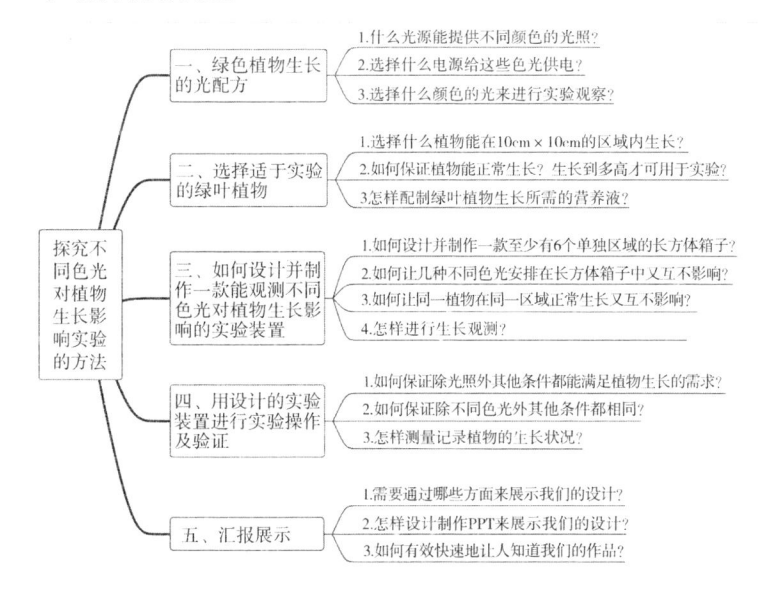

图1 项目问题驱动框架图

四、项目活动过程

本项目是跨学科探究的工程制作类活动项目，围绕"探究不同色光对植物生长影响实验的方法"这一项目驱动问题，项目学习按以下五个任务阶段来实施。

（一）绿色植物生长的光配方

表1 绿色植物生长光配方子项目实施指南

学习时长	1天	涉及学科	生物学、物理、劳动教育
学习目标	1. 理解绿色植物光合作用的探究过程，归纳总结光合作用的概念、实质 2. 理解植物生长过程中不同阶段所需要的光是不同的 3. 通过观察实验现象和参与设计探究实验，发展科学思维，提高科学探究能力，养成实事求是的科学态度		
核心问题	1. 什么光源能提供不同颜色的光照 2. 选择什么电源给这些色光供电 3. 选择什么颜色的光来进行实验观察		

续表

学习时长	1天	涉及学科	生物学、物理、劳动教育
核心任务	1. 寻找不同色光的 LED 灯作为光源 2. 根据 LED 灯数量和功率总和确定选择的电源 3. 根据现有的条件寻找 6 组或 8 组不同色光的 LED 灯等待实验		
支持性活动	1. 查阅不同波长的光对植物生长影响的相关资料 2. LED 灯及与实验制作相关的实验器材、用品		
设计意图	1. 通过学生查阅相关资料，准备实验器材、用品，为下一步制作创新实验装置形成知识储备 2. 通过参与设计探究实验及实验物品的准备，发展科学思维，提高科学探究能力，养成实事求是的科学态度		

（二）选择适合本实验的绿叶植物并进行育苗

表 2 选择绿叶植物并进行育苗子项目实施指南

学习时长	1天	涉及学科	生物学、物理、化学
学习目标	1. 有一定的探究能力、设计对照实验能力及观察能力 2. 举例说出光合作用的原理在农业生产和日常生活中的应用 3. 掌握一定的农作物生产劳动技能及育苗知识 4. 会配制植物生长所需要的营养液		
核心问题	1. 选择什么植物能在 10cm×10cm 的区域内生长 2. 如何保证植物能正常生长、生长到多高才可用于实验 3. 怎样配制绿叶植物生长所需的营养液		
核心任务	1. 选择植株较小的绿叶植物进行实验（如小麦、水稻幼苗） 2. 考虑植株正常生长需要的外部条件：基质、水、肥、通气、光照强度、光照时长		
支持性活动	1. 选择植株小的种子进行育苗（小麦、水稻及绿叶蔬菜等） 2. 准备与实验相关的用品，利用现成的化肥配制营养液		
设计意图	1. 通过学生准备实验器材、用品和实验操作，为下一步的创新实验装置准备实验验证材料 2. 掌握一定的农作物生产劳动技能 3. 基于对生产生活中光合作用的分析探讨，辩证地看待植物体的生命现象，增强保护绿色植物的社会责任感		

（三）设计并制作一款能观测不同色光对植物生长影响的实验装置

表3 设计并制作实验装置子项目实施指南

学习时长	1周	涉及学科	生物学、物理、劳动教育
学习目标	1. 明确项目设计目标——设计并制作一款能观测不同色光对植物生长影响的实验装置 2. 举例说出光合作用的原理在农业生产和日常生活中的应用 3. 通过参与设计和制作探究实验简易装置，培养学生的劳动素养，提升学生的动手能力和创新能力，发展科学思维，提高科学探究能力，养成实事求是的科学态度		
核心问题	1. 如何设计并制作一款至少有6个单独区域的长方体箱子 2. 如何让几种不同色光安排在长方体箱子中又互不影响 3. 如何让同一植物在同一区域正常生长又互不影响 4. 怎样进行生长观测		
核心任务	1. 设计并制作一款长方体箱子，用不透光挡板起隔断作用 2. 将不同色光的LED灯贴在长方体箱的上盖 3. 在长方体箱的下盖用钻两排小孔的PVC管固定在中间作通气用 4. 优化各个实验装置并整合成一套简单的实验组合		
支持性活动	1. 围绕装置设计所涉及的基本要素细化设计方案、绘制设计图等 2. 驱动一准备的LED灯、12V变压器 3. 准备与装置有关的用品，如有机玻璃板、铝塑板、铝角条、开关接口、增气机、PVC管、软管接口、胶枪、尺子等		
设计意图	1. 掌握一定的农作物生产劳动技能 2. 有一定的探究能力、设计对照实验能力及创新能力 3. 基于对生产生活中植物光合作用的分析探讨，辩证地看待植物体的生命现象，增强保护环境的社会责任感		

（四）用设计的实验装置进行实验操作及验证

表4 用实验装置进行实验操作及验证的子项目实施指南

学习时长	3周	涉及学科	生物学、物理、劳动教育
学习目标	1. 根据实验装置进行实验操作验证 2. 通过实验演示，培养学生的观察、推理、分析、比较、综合能力及语言表达能力 3. 通过实验装置的改进，培养学生的科学创新及探究能力 4. 理解植物光合作用的探究过程，归纳总结不同波长的光对植物生长的影响，培养学生热爱自然生物，爱护环境的高尚品格		

续表

学习时长	3周	涉及学科	生物学、物理、劳动教育
核心问题	1. 如何保证除光照外其他条件都能满足植物生长的需求 2. 如何保证除不同色光外其他条件都相同 3. 怎样测量记录植物的生长状况			
核心任务	1. 在实验装置的下盖铺上砂砾作基质，将浸种完成的种子均匀地播种在其上面盖上纱布，浇水、加营养液让其自然生长 2. 等秧苗长到高约10cm放入长方体箱中，接通电源用不同色光的LED灯照射，同时接通PVC管通气装置（解决暗室中的通气问题），观察绿叶的生长情况，做好记录			
支持性活动	1. 驱动二准备的实验观察用的绿叶植物（水稻或小麦秧苗） 2. 驱动三准备的不同色光对植物生长影响实验装置 3. 观察植物生长的记录设备			
设计意图	1. 根据实验装置进行实验操作验证和优化设计论证，从而制造一款适合家庭观察不同色光对植物生长影响实验装置 2. 通过实验演示，培养学生的观察、推理、分析、比较、综合能力及语言表达能力 3. 通过实验装置的改进，培养学生的科学创新及探究能力			

（五）汇报展示

表5 活动汇报展示子项目实施指南

学习时长	2课时
核心问题	1. 需要通过哪些方面来展示我们的设计 2. 怎样设计制作PPT来展示我们的设计 3. 如何有效快速地让人知道我们的作品
核心任务	回顾整个项目的内容，学生制作PPT来展示设计作品以及分享小组设计体会，进行互动评价
评价策略	1. 能制作合适的介绍作品的PPT，能顺利地进行作品介绍 2. 能利用小组自评和互评来判定装置的优劣 3. 能利用KWL反思表来反思整个项目的收获
支持性活动	1. 有序邀请小组进行汇报，利用PPT及实物进行展示 2. 邀请学生谈谈其对创新活动的体会和感受 3. PPT模板、KWL反思表、完成的作品
设计意图	1. 通过展示交流，培养学生的推理、分析、合作交流能力及语言表达能力 2. 认同绿色植物在维持生物圈中"碳—氧"平衡所起的作用，树立爱绿护绿、低碳生活的理念，增强保护绿色植物的社会责任感

五、项目活动成果交流与评价

（一）活动阶段性成果和最终成果

【任务一】绿色植物生长的光配方

（1）学生通过网络平台或教材收集光谱范围对植物生理的影响。

280nm~315nm：对形态与生理过程的影响极小。

315nm~400nm：叶绿素吸收少，影响光周期效应，阻止茎伸长。

400nm~520nm（蓝）：叶绿素与类胡萝卜素吸收比例最大，对光合作用影响最大。

520nm~610nm（绿）：色素的吸收率不高。

610nm~720nm（红）：叶绿素吸收率低，对光合作用与光周期效应有显著影响。

720nm~1000nm：吸收率低，刺激细胞延长，影响开花与种子发芽。

植物同化作用吸收最多的是红光，其次为黄光，蓝紫光的同化效率仅为红光的14%；红光不仅有利于植物碳水化合物的合成，还能加速长日植物的发育；相反蓝紫光则加速短日植物发育，并促进蛋白质和有机酸的合成；而短波的蓝紫光和紫外线能抑制茎节间伸长，促进多发侧枝和芽的分化，且有助于花色素和维生素的合成。

（2）用红、黄、绿、蓝、紫、白等功率均为5W的不同色光的LED灯，贴在铝塑板上，接通12V变压器，作为实验过程中不同色光的来源，做成长方体箱的上盖。

图2　准备不同色光的LED灯　　　图3　接通12V变压器

图4 在铝塑板上不同色光的LED灯　　图5 不同色光的光照效果

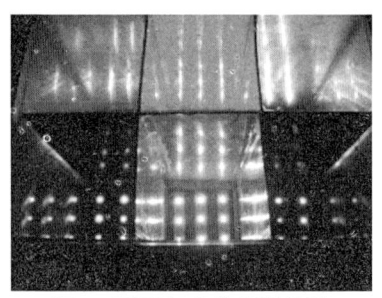

有不同色光光照的 LED 灯上盖及光照效果

【任务二】选择适合本实验的绿叶植物并进行育苗

（1）提前 2 天用适量的水稻或小麦种子浸种

（2）在实验装置的下盖铺上一层砂砾作为基质，砂砾的上面铺上三层纱布，用浸种完成的种子均匀地播种在纱布上面（10cm×10cm 面积约播种 100 粒种子，不能太密），然后浇水直到没过砂砾层为止（如图 6—9）。

图6 不透水装置　　图7 刚出芽的小麦

图8 从上往下观察到的小麦　　图9 从侧面观察到的小麦

（3）营养液的配制：尿素 5g、磷酸二氢钾 3g、硫酸钙 1g、硫酸镁 0.5g、硫酸锌 0.001g、硫酸铁 0.003g、硫酸铜 0.001g、硫酸锰 0.003g、硼酸粉 0.002g；加水 1L，溶解后即制成营养液，使用时需要再稀释 10 倍。

家庭自制简易营养液的配制：氮、磷、钾各 15% 的复合肥 10g 和尿素 5g，加水 1L，溶解后即制成营养液，使用时需要再稀释 10 倍。

用法：水稻秧苗发芽一周后便可施用，每周浇 2 次，每次用量建议浇到漫过砂砾。平时水分补充使用放置 3 小时以上的自来水。

【任务三】设计并制作一款能观测不同色光对植物生长影响的实验装置（部分选作作品）

（1）项目制作材料

有机玻璃板、铝塑板、LED 灯、12V 变压器、铝角条、开关接口、增氧机、PVC 管、软管接口等。

图10　实验装置材料 　　　图11　实验装置完成图

（2）项目制作方法及过程

①用有机玻璃制成 30cm×20cm×20cm 无上下盖的长方体箱，用不透光的铝塑板隔断成 2 个 30cm×10cm×10cm 的长方体，再用不透光的铝塑板做成 31cm×21cm×21cm 的长方体套在有机玻璃长方体的外面，使得每一个区域内生长的植物都相互不透光。

图12　有隔断作用的长方体箱 　　　图13　不透光的箱外套

图14　准备过程 　　　图15　制作过程

②用红、黄、绿、蓝、紫、白等功率均为 5W 的不同色光的 LED 灯贴在铝塑板上，接通 12V 变压器，作为实验过程中能不同色光的来源，做成长方体箱的上盖。

图16　贴上不同色光的铝塑板　　　图17　制作长方箱的上盖

图18　不同色光光照的LED灯　　　图19　光照效果

③用有机玻璃和铝角条做成 32cm×22cm×2cm 不透水无上盖长方体，并用有机玻璃做长方体的下盖能供给植物正常生长的空间。用 26cm 长的 PVC 管沿中间线钻两排小孔，两端用盖盖住，在其中一端的盖钻一小孔，用通气软管穿过。

图20　能育苗的下盖　　　图21　已育苗的下盖展示图

【任务四】用设计的实验装置进行实验操作及验证

9月20日用水稻种子浸种；21日种子已发芽，将种子播种到不同色光对植物生长影响实验装置的下盖；22日根已穿透纱布伸入到砂砾基质中；24日芽长0.5cm；25日芽长2cm；26日芽长3cm；27日芽长4cm；28日芽长5cm；29日5.5cm；30日6cm，这时候已长出第一片幼叶，可以开始改用营养液浇水，时间为每周2~3次；31日芽长7cm；10月1日芽长8cm；3日芽长9.5cm；5日芽长10.5cm；8日芽长12cm，秧苗的生长较好，此时，将秧苗移到不同色光对植物生长影响的实验装置中,白天通电让其能进行光合作用,晚上关闭电源。

表6 实验观察情况记录

次数\项目	浸种时间	播种时间	发芽时间	加营养液开始时间	LED灯照开始时间	温度（℃）
1	9月20日	9月21日	9月23日	9月30日	10月8日	28~35
2	10月15日	10月16日	10月17日	10月24日	10月01日	25~33
3	10月25日	10月26日	10月28日	11月05日	11月13日	20~30

表7 水稻秧苗每天生长高度记录

次数\时间	1d	2d	3d	4d	5d	6d	8d	10d	12d	15d
1	0.5cm	2.0cm	3.0cm	4.0cm	5.0cm	6.0cm	8.0cm	9.5cm	10.5cm	12.0cm
2	1.0cm	2.0cm	4.0cm	5.0cm	6.0cm	6.5cm	8.5cm	9.0cm	10.0cm	11.0cm
3	0.5cm	1.5cm	2.0cm	3.0cm	4.0cm	4.5cm	5.5cm	7.0cm	8.5cm	10.0cm

注：记录的数据为区域内的平均高度，测量时在水稻秧苗的上面放上一张纸来测。

表8 用不同色的LED灯进行灯照后秧苗的生长高度情况

灯\时间	1d	3d	5d	7d	10d	15d	20d
白色	11.0cm	12.0cm	13.0cm	14.0cm	15.5cm	17.0cm	19.0cm
红色	11.0cm	12.0cm	13.0cm	13.5cm	15.0cm	16.5cm	18.0cm
黄色	11.0cm	11.5cm	12.5cm	13.0cm	15.0cm	16.5cm	17.5cm
蓝色	11.0cm	11.5cm	13.0cm	13.0cm	14.5cm	16.0cm	17.0cm
紫色	11.0cm	11.0cm	12.0cm	12.5cm	13.0cm	14.0cm	14.5cm
绿色	11.0cm	11.0cm	11.0cm	11.5cm	12.0cm	12.0cm	12.5cm

结论：第一次用LED灯进行灯照，开始时秧苗还能正常生长，可能是用3

个 1W 的 LED 灯，不能满足秧苗的正常光合作用，一周后水稻秧苗死亡。第二次起改用 6 个 1W 的 LED 灯进行灯照，秧苗能正常生长，但会出现长霉菌的情况，于是我们在装置的下盖上用 PVC 管钻孔来解决通气的问题，效果良好。

通过实验观测记录，基本符合实验的预设目标。用不同色光的 LED 灯照射时，白光、黄光、蓝光、红光照射下植物的生长正常，但绿光和紫光的生长效果较差，观测 20 天，水稻秧苗的绿色颜色变得很淡。

【任务五】汇报展示

制作展板进行讲解及宣传展示。

图22　宣传展板1

图23　宣传展板2

图24　宣传展板3

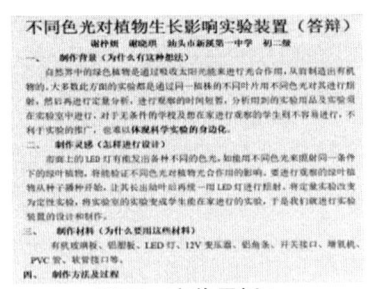

图25　宣传展板4

图26　宣传展板5

图27　宣传展板6

(二) 评价量规表

表 9　评价量规表

评价内容	评价要素	合格	良好	优秀	自评	他评	师评
学科基础	学科综合	通过比较多个来源的信息或比较资料来源的类型，建立资料与资料之间的联系	将多个来源的信息进行比较和分组。理解他们之间的异同，形成或深化一个论点或解释	将多个来源的资料进行比较、分组，与自己的主张建立联结，或想法整合，并形成一个有理有据的论点或解释			
实验演示	实验操作	实验器材的取放、实验操作顺序有2个以上的错误	实验器材的取放、实验操作顺序有1~2个错误	实验器材的取放和实验操作顺序正确规范			
	实验效果	实验现象有2个以上不太明显、有实验说明	实验现象有1~2个不太明显、有数据记录、有说明，文字表述有条理	实验现象明显、有完整的数据记录，说明合理。文字表述条理性好，无错别字			
项目设计	合作交流	听从同学安排，能提出建议，倾听他人建议	听从同学安排，能提出合理建议，有自主思考	有计划，小组成员分工合理，有独立想法，能积极表达			
	装置制作	能够制作实体装置或视觉化的草图或模型表达观点，使他人能够理解	能够制作实体装置或视觉化的模型或草图表达观点，能够被他人评价以及进一步迭代	创作从特定角度出发进行问题解决的装置，并且能够让他人根据具体的观点去评价及更新、迭代			
	完成作品	能完成2~3个的实验操作演示，能看到实验效果	能完成一半以上的实验操作演示，效果明显	美观大方，能完成全部的实验操作演示，效果明显			
汇报展示	展示	汇报的展示材料，没有加强听众对主题的理解	汇报的展示与主题相关，听众有收获	汇报的展示材料与主题紧密相关，听众收获很大			
	陈述	发言人对作品的设计有部分理解，主要观点不太清晰，缺少说服力	发言人对作品的设计有很好的理解，主要观点有逻辑性，说服力一般	发言人对作品的设计有深入的理解，主要观点有逻辑性，有说服力			

六、项目活动评析与反思

该项目鼓励学生积极开展"探究不同色光对植物生长影响实验的方法"的学习活动，通过主动解决问题和知识应用，提升学习效果，给了学生动手实践、解决问题和应用所学知识的机会。在装置制作过程中，尽管面临诸多困难，但每组学生均坚持不懈地完成了整个过程，无论其学力如何，这种体验是传统课堂所无法给予的。

通过参与设计和制作探究实验简易装置，培养了学生的劳动素养，提升了学生的动手能力和创新能力。同时发展科学思维，提高科学探究能力，养成实事求是的科学态度。本项目教学活动的设计遵循科学与工程实践的真实过程，整个过程中涉及提出问题、界定问题、计划与开展研究、搭建模型与测试、记录与分析数据、建立有证据的解释、构建解决方案、交流反馈等一系列科学与工程实践中的真实场景，让学生通过"做中学"的方式，不断加深对知识及学科的理解。

项目负责人　王才彬　汕头市新溪第一中学

探究植物呼吸作用简易实验的方法

一、项目活动概况

1. 活动背景与意义

根据义务教育各个学科课程标准（2022年版），"跨学科实践"学习主题在总课时中的占比约为10%。这一学习主题要求运用不同学科的概念、方法和思想，通过设计实践方案，将真实情境中的问题得以实施，以解决现实问题并发展学生的核心素养。

《大中小学劳动教育指导纲要（试行）》（以下简称《指导纲要》）强调，劳动教育的核心内涵在于通过发挥劳动的育人功能，对学生进行热爱劳动和劳动人民的教育，具有实践性特征。该《指导纲要》明确了劳动教育的育人价值，并详细规定了初中学校劳动教育的主要内容和具体要求。同时，为了解决有教育无劳动和有劳动无教育的问题，鼓励各地各校结合实际情况制定具体的劳动教育内容。

原教材中"绿色植物的呼吸作用"的实验效果明显，但也存在一些不足。首先，实验操作不够方便，需要较多的实验器材。其次，所使用的材料在短时间内（4小时内）不能重复使用。再次，对于绿叶植物的呼吸作用难以演示也是一个问题。最后，未萌发的种子接触到水后会开始萌发，这也容易造成材料的浪费。对于缺乏实验器材的学校或学生个人在家自行进行实验的情况，实现起来较为困难。因此，需要进一步改进和完善该实验探究内容。

2. 活动年级及学情分析

本活动以项目式学习方式展开，活动对象是初中的学生。开展项目式学习前学生已了解植物的呼吸作用、能动手进行实验操作、有一定的创新能力和制作基础。该项目式学习的进行预期学生能在实践中提升学科素养和学科职业规划能力储备，需通过多个模块任务架通桥梁，使创作得心应手。

二、项目活动目标

学会观察身边的事物，培养学生对日常生活的感知能力。探究以"自然"为中心的设计，即对资源利用尽量要服从自然要求，关注自然环境，学会用设计思维解决实际问题。整合多方面要素，运用跨学科的知识做出不一样的设计。培养工程思维，形成项目迁移的能力。学会表达并对产品进行展示评价，形成批判性思维能力。针对教材实验中存在的实验操作不便、所需实验器材繁多、使用材料短时间内不能重复使用等问题，寻求解决方案，以避免材料的浪费，并更好地演示绿叶植物的呼吸作用。

1. 具体目标

（1）科学目标：了解不同物质具有不同的物理性质和化学性质，如硬度、弹性、磁性、导热性、导电性、溶解性和酸碱性等。通过观察实验现象和参与设计探究实验，发展科学思维，提高科学探究能力，养成实事求是的科学态度。

（2）生物目标：理解绿色植物呼吸作用的过程，归纳总结呼吸作用的概念、实质；通过观察演示实验，培养学生的观察、分析、推理、比较及语言表达等综合能力。

（3）技术目标：能操作和使用锤子、刀具、胶枪等常见的简单工具，会对身边的物品进行简单的加工、测量、组装等，能使用传感器、二维码、编程等技术工具制作简单的智能化产品。

（4）工程目标：能将自己简单的创意转化为模型或实物，并简单评估完成一个作品或系统的可行性，预想使用效果。

2. 核心知识点

（1）了解各种材料的不同特性，制作成可供实验的装置。

（2）学生参与实验演示装置的制作后，再用制作成的实验演示装置进行实验验证。理解绿色植物呼吸作用的探究过程，归纳总结呼吸作用的概念、实质。

3. 学生需要形成的关键能力

（1）通过引导学生筛选解决问题的方案，进行设计思维的培养。

（2）通过实验装置的制作锻炼学生动手实践能力，培养他们分析、类比、反思优化等高阶思维能力以及团队协作意识。

（3）通过开展科学实验，进行实验验证，培养学生严谨的科学态度和科学精神。

三、项目驱动问题

```
                                ┌─ 1.种子萌发过程中会不会释放出热量？
          ┌─ 一、绿色植物呼吸作用 ─┤ 2.种子萌发过程中会不会放出二氧化碳？
          │   过程中需要的原料和产  │ 3.种子萌发过程中需要氧的参与吗？
          │   物分别是什么？
          │
          │                       ┌─ 1.教材中的题目是"绿色植物的呼吸作用"，
          │  二、选择适合实验的种  │    为什么实验中用的是种子而不是用绿色植物？
          ├─   子浸种、育苗       ─┤ 2.如何选择适合教材实验的种子进行浸种、育苗？
          │                       └─ 3.怎样在塑料瓶盖(直径低于10cm)上育苗？
          │
 探究植     │                       ┌─ 1.如何用生活废弃物设计并制作一款适合
 物呼吸     │  三、如何用生活废弃物  │    家庭观察植物呼吸作用的简易实验装置？
 作用简   ─┤   设计并制作一款适合  ─┤ 2.装置中如何观察植物呼吸作用过程中水的变化、
 易实验     │   家庭观察植物呼吸作用的│    种子萌发过程中能量的变化、植物呼吸作用过程中
 的方法    │   简易实验装置        │    氧的消耗、植物呼吸作用过程中二氧化碳的变化？
          │
          │                       ┌─ 1.实验装置的气密性是否符合实验要求？
          │  四、用设计的简易实验  │ 2.观察植物呼吸作用过程中会不会释放出水？
          ├─   装置进行实验操作及验 ─┤ 3.观察植物呼吸作用过程中会不会释放出热量？
          │   证                   │ 4.观察植物呼吸作用过程中会不会放出二氧化碳？
          │                       └─ 5.观察植物呼吸作用过程中需要氧的参与吗？
          │
          │                       ┌─ 1.需要通过哪些方面来展示我们的设计？
          └─ 五、汇报展示        ─┤ 2.怎样设计制作PPT来展示我们的设计？
                                  └─ 3.如何有效快速地让人知道我们的产品？
```

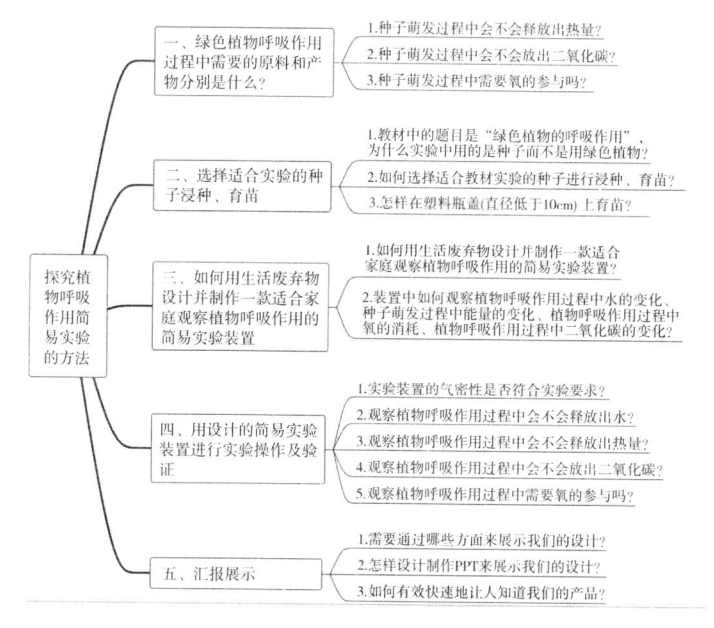

图 1　项目驱动问题框架图

四、项目活动过程

本项目是跨学科探究的工程制作类活动项目，围绕"探究植物呼吸作用简易实验的方法"这一项目驱动问题，项目学习按以下五个子驱动问题的核心任务、围绕核心问题分阶段实施，边实施边解决问题。

（一）绿色植物呼吸作用过程中需要的原料和产物分别是什么

表 1　绿色植物的呼吸作用子项目实施指南

课时	1课时	涉及学科	生物学
学习目标	1. 会用教材中提供的实验装置进行实验操作 2. 通过实验演示，培养学生的观察、推理、分析、比较、综合能力及语言表达能力 3. 通过观察实验现象和参与设计探究实验，发展科学思维，提高科学探究能力，养成实事求是的科学态度		
核心问题	1. 种子萌发过程中会不会释放出热量 2. 种子萌发过程中会不会放出二氧化碳 3. 种子萌发过程中需要氧的参与吗		

247

续表

课时	1课时	涉及学科	生物学
核心任务	1. 在装满萌发种子的保温瓶中插入温度计并观察温度计中的温度 2. 利用演示实验二的装置进行实验，观察放出的气体能否使澄清石灰水变浑浊。判断产生的气体是不是二氧化碳 3. 利用演示实验三的装置进行实验，观察燃烧的蜡烛放进广口瓶是否会因缺氧而立即熄灭火焰，思考种子萌发过程中是否需要氧的参与		
支持性活动	1. 准备与实验相关的实验器材、用品 2. 理解绿色植物呼吸作用的探究过程，归纳总结呼吸作用的概念、实质		
设计意图	1. 通过学生准备实验器材、用品和实验操作，为下一步的创新实验装置形成知识储备 2. 通过观察实验现象，发展科学思维，提高科学探究能力，养成实事求是的科学态度 3. 通过归纳总结呼吸作用的概念、实质，举例说明呼吸作用的实际意义，发展结构与功能观、物质与能量观等生命观念		

（二）选择适合实验的种子浸种、育苗

表2 选用适于实验的种子浸种、育苗子项目实施指南

课时	2课时	涉及学科	生物学、劳动教育
学习目标	1. 有一定的探究能力、设计对照实验能力及观察能力 2. 举例说出呼吸作用的原理在农业生产和日常生活中的应用 3. 掌握一定的浸种、育苗知识 4. 通过观察实验现象和参与设计探究实验，发展科学思维，提高科学探究能力，养成实事求是的科学态度		
核心问题	1. 教材中的题目是"绿色植物的呼吸作用"，为什么实验中用的是种子而不是用绿色植物 2. 如何选择适合教材实验的种子进行浸种、育苗 3. 怎样在塑料瓶盖（直径低于10cm）上育苗		
核心任务	1. 选择适合验证"绿色植物的呼吸作用"的绿叶植物进行实验 2. 选择植株幼小的种子进行浸种、育苗 3. 在直径低于10cm的塑料瓶盖培育健康幼苗供实验用		
支持性活动	1. 选择植株幼小的种子进行育苗（小麦、水稻、绿豆及绿叶蔬菜等）、比较选择适合实验的种子 2. 准备与实验相关的实验用品 3. 保证在直径低于10cm的塑料瓶盖上的幼苗能健康成长（光照、水分、营养液等）		

课时	2课时	涉及学科	生物学、劳动教育
设计意图	1. 通过学生准备实验器材、用品和实验操作，为下一步的创新实验装置准备实验验证材料 2. 有一定的探究能力、设计对照实验能力及观察能力 3. 基于对生产生活中植物呼吸作用、光合作用的分析探讨，辩证地看待植物体的生命现象，增强保护绿色植物的社会责任感		

（三）如何用生活废弃物设计并制作一款适合家庭观察植物呼吸作用的简易实验装置

表3　用生活废弃物设计简易实验装置的子项目实施指南

课时	8课时	涉及学科	物理、工程与技术、生物学
学习目标	1. 明确项目设计目标——用生活废弃物设计并制作一款适合家庭观察植物呼吸作用的简易实验装置 2. 举例说出呼吸作用的原理在农业生产和日常生活中的应用 3. 掌握一定的浸种、育苗知识 4. 通过参与设计和制作探究实验简易装置，培养学生的劳动素养，提升学生的动手能力和创新能力，发展科学思维，提高科学探究能力，养成实事求是的科学态度		
核心问题	1. 如何用生活废弃物设计并制作一款适合家庭观察植物呼吸作用的简易实验装置 2. 装置中如何观察植物呼吸作用过程中水的变化、种子萌发过程中能量的变化、植物呼吸作用过程中氧的消耗、植物呼吸作用过程中二氧化碳的变化		
核心任务	1. 设计并制作一款适合家庭观察植物呼吸作用的简易实验装置 2. 选择哪些生物废弃物来制作 3. 优化各个实验装置并整合成一套简单的实验组合		
支持性活动	1. 通过参与驱动一和驱动二的实验器材、用品准备和实验操作，为本创新实验装置形成知识储备及发散思维 2. 准备与装置有关的用品，如废弃的矿泉水瓶、饮料瓶、龟苓膏瓶、废旧轮胎内胎、短小试管、铁丝等 3. 围绕产品设计所涉及的基本要素细化设计方案、绘制产品设计图等		
设计意图	1. 解决教材中的实验操作不方便、所需实验器材多、使用的材料短时间内（4小时内）不能重复使用、对绿叶植物的呼吸作用难以演示、容易造成材料的浪费等问题 2. 有一定的探究能力、设计对照实验能力及创新能力 3. 基于对生产生活中植物呼吸作用的分析探讨，辩证地看待植物体的生命现象，增强保护环境的社会责任感		

（四）用设计的简易实验装置进行实验操作及验证

表4　简易实验装置进行操作及验证的子项目实施指南

课时	2课时	涉及学科	生物学、化学
学习目标	1. 根据教材中提供的实验装置进行实验操作验证 2. 通过实验演示，培养学生的观察、推理、分析、比较、综合能力及语言表达能力 3. 通过实验装置的改进，培养学生的科学创新及探究能力 4. 用装有萌发的、死亡的、未萌发的种子实验装置和生长着的绿叶植物实验装置做对照实验，养成实事求是的科学态度		
核心问题	1. 实验装置的气密性是否符合实验要求 2. 观察植物呼吸作用过程中会不会释放出水 3. 观察植物呼吸作用过程中会不会释放出热量 4. 观察植物呼吸作用过程中会不会放出二氧化碳 5. 观察植物呼吸作用过程中是否需要氧的参与		
核心任务	1. 用废弃轮胎充当密封圈垫子 2. 实验装置塑料瓶壁有水珠出现 3. 插入实验装置中的温度计温度升高 4. 实验装置中放出的气体能使澄清石灰水变浑浊 5. 燃烧的蜡烛放进实验装置中，燃烧的蜡烛因缺氧而立即熄灭		
支持性活动	1. 驱动三家庭观察植物呼吸作用的简易实验装置 2. 驱动二准备的实验材料：种子和幼苗		
设计意图	1. 根据实验装置进行实验操作验证和优化设计论证，从而制造一款适合家庭观察植物呼吸作用的简易实验装置 2. 通过实验演示，培养学生的观察、推理、分析、比较、综合能力及语言表达能力 3. 通过实验装置的改进，培养学生的科学创新及探究能力		

（五）汇报展示

表5　活动汇报展示的子项目设计表

课时	1课时	涉及学科	信息技术
学习目标	制作PPT进行作品推广及展示交流		
核心问题	1. 需要通过哪些方面来展示我们的设计 2. 怎样设计制作PPT来展示我们的设计 3. 如何有效快速地让人知道我们的产品		
核心任务	回顾整个项目的内容，学生制作PPT来展示设计作品以及分享小组设计体会，进行互动评价		

续表

课时	1课时	涉及学科	信息技术
评价策略	1. 能制作合适的介绍产品的PPT 2. 能利用小组自评和互评来制定装置的优劣 3. 能顺利地进行产品介绍。 4. 能利用KWL反思表来反思整个项目的收获		
支持性活动	1. 有序邀请小组进行汇报，利用PPT及实物进行展示 2. 邀请学生谈谈其对创新活动的体会和感受 3. PPT模板、KWL反思表、完成的作品		
设计意图	1. 通过在课堂上的展示交流，培养学生的推理、分析、合作交流能力及语言表达能力 2. 认同绿色植物在维持生物圈中"碳—氧"平衡中所起的作用，树立爱绿护绿，低碳生活的理念，增强保护绿色植物的社会责任感		

五、项目活动成果交流与评价

（一）活动阶段性成果和最终成果

【任务一】绿色植物呼吸作用过程中的原料和产物分别是什么

教材中"绿色植物的呼吸作用"的演示实验有三组：

图2　种子萌发过程中释放出热量，使插入保温瓶中的温度计温度升高。

图3　种子萌发过程中放出二氧化碳，放出的二氧化碳使澄清石灰水变浑浊。

图4　种子萌发过程中需要氧的参与，使装有萌发种子的密闭广口瓶内缺氧，燃烧的蜡烛伸入广口瓶内因缺氧而使火焰立即熄灭。

这三组实验用了保温瓶、温度计、玻璃漏斗、U形导管、试管、广口瓶、燃烧匙、烧杯等仪器。教师做实验演示讲解后学生进行练习操作，通过学生准备实验器材、用品和实验操作，为下一步的创新实验装置形成知识储备。

【任务二】选择适合实验的种子浸种、育苗

学生可以选择多种种子培育成幼苗，在直径低于10cm的塑料瓶盖培育健康幼苗供实验用。供多次实验选择，用小麦、水稻等幼苗植株小的比较符合我们的实验要求。

图5 培育水稻幼苗　　图6 培育小麦幼苗

图7 用塑料瓶培育小麦幼苗　图8 用塑料瓶培育水稻幼苗

【任务三】如何用生活废弃物设计并制作一款适合家庭观察植物呼吸作用的简易实验装置（部分活动成果展示）

（1）演示器材料：废弃的矿泉水瓶、饮料瓶、龟苓膏瓶，废旧轮胎内胎，短小试管，铁丝等。

图9 准备材料　　图10 实验演示装置材料

（2）制作方法：选取有底座的龟苓膏瓶，用烧红的细铁丝均匀地在龟苓膏瓶底刺网状孔（用来观察绿叶植物的装置则要将龟苓膏瓶的瓶底全部挖空，便于绿叶向上生长），使得上下瓶气体能相通。选择大小适当的废弃饮料瓶或矿泉水瓶，用剪刀剪取刚好能插入龟苓膏瓶底座大小的废弃塑料瓶，用热熔胶条或胶水粘紧。用圆规在废旧轮胎内胎上面画出与龟苓膏瓶瓶盖内圈大小的圆，再用半径比原来小4~5cm的圆规画出内圆，用剪刀剪出一个密封圈垫，作为龟苓膏瓶和瓶盖的密封用，两瓶的上下密封靠两塑料瓶的盖密封。最后选取一瓶盖挖孔至小试管刚好插入，用热胶条或胶水使之密封不漏气。

图11 烧红的铁丝在龟苓膏瓶瓶底刺网状孔

图12 剪出的龟苓膏瓶和瓶盖的密封圈垫

图13 制作完成的装置

【任务四】 用设计的简易实验装置进行实验操作及验证

(1) 观察植物呼吸作用过程中水的变化。

观察装有萌发的、死亡的、未萌发的种子实验装置和生长着的绿叶植物实验装置的上半部分塑料瓶壁是否有水珠，思考水珠是怎样来的。

说明：本演示实验可用死亡的和未萌发的种子装置作为对照实验，萌发种子的塑料瓶壁有水珠，未萌发种子的塑料瓶壁没有水珠，死亡种子的塑料瓶壁没有或有极少量的水珠。

图14 植物呼吸作用出现的水珠现象

图15 学生进行展示

(2) 观察种子萌发过程中能量的变化

将装有萌发的、死亡的、未萌发的种子实验装置倒置，揭开底座龟苓膏瓶盖，将温度计插入到装满种子的瓶中央，观察温度计的温度变化情况并记录下温度。

说明：本演示实验的准备必须有足够的时间（8~12小时），让萌发的种子释放出热能，使瓶内的温度升高。在没有保温的情况下，本装置温度能升高0.5~1.5℃，将本装置放在泡沫箱中保温，温度能提高2~5℃。

图16 观察温度计的温度变化　　图17 学生展示温度的变化

（3）观察植物呼吸作用过程中氧的消耗。

将装有萌发的、死亡的、未萌发的种子实验装置，生长着的绿叶植物实验装置的顶盖揭开，迅速将带有燃烧蜡烛的燃烧匙插入到瓶中，观察蜡烛的燃烧情况。

说明：本演示实验可增加一个空瓶作对照实验组，实验中萌发的种子要提前4小时准备，观察生长着的绿叶植物则要提前2~3天将装置放在有暗室作用的泡沫箱中。

图18 观察植物呼吸作用中氧的消耗　　图19 进行验证

（4）观察植物呼吸作用过程中二氧化碳的变化。

将装有萌发的、死亡的、未萌发的种子实验装置、生长着的绿叶植物实验装置顶部倾斜向下，将顶盖旋掉，迅速换成装有澄清石灰水的顶盖装置，轻轻地摇动，观察小试管中澄清石灰水的变化情况。

说明：本实验的准备与观察植物呼吸作用过程中氧的消耗一样。

图20 观察植物呼吸作用中二氧化碳的变化　　图21 验证二氧化碳

【任务五】汇报展示

(1) 制作展板进行讲解及宣传展示。

图22 展板　　　　　图23 学生进行讲解

(2) 学生利用自制的装置在课堂上展示并进行实验演示。

图24 进行实验演示　　　图25 观察实验现象

(3) 学生将制作的作品在课堂上进行汇报展示，具体操作参照【任务四】。

图26 学生进行汇报　　　图27 学生进行讨论

(二) 评价量规表

表6　评价量规表

评价内容	评价要素	合格	良好	优秀	自评	他评	师评
学科基础	学科综合	通过比较多个来源的信息或比较资料来源的类型，建立资料与资料之间的联系	将多个来源的信息进行比较和分组。理解他们之间的异同，形成或深化一个论点或解释	将多个来源的资料进行比较、分组，与自己的主张建立联结，或想法整合，并形成一个有理有据的论点或解释			

续表

评价内容	评价要素	合格	良好	优秀	自评	他评	师评
实验演示	实验操作	实验器材的取放、实验操作顺序有2个以上的错误	实验器材的取放、实验操作顺序有1~2个错误	实验器材的取放和实验操作顺序正确规范			
	实验效果	实验现象有2个以上不太明显、有实验说明	实验现象有1~2个不太明显、有数据记录、有说明。文字表述有条理	实验现象明显、有完整的数据记录，说明合理。文字表述条理性好，无错别字			
项目设计	合作交流	听从同学安排，能提出建议，倾听他人建议	听从同学安排，能提出合理建议，有自主思考	有计划、小组成员分工合理、有独立想法、能积极表达			
	装置制作	能够制作实体装置或视觉化的草图或模型表达观点，使他人能够理解	能够制作实体装置或视觉化的模型或草图表达观点，能够被他人评价以及进一步迭代	创作从特定角度出发进行问题解决的装置，并且能够让他人根据具体的观点去评价及更新、迭代			
	完成作品	能完成2~3个的实验操作演示，能看到实验效果	能完成一半以上的实验操作演示，效果明显	美观大方，能完成全部的实验操作演示，效果明显			
汇报展示	展示	汇报的展示材料，没有加强听众对主题的理解	汇报的展示与主题相关，听众有收获	汇报的展示材料与主题紧密相关，听众收获很大			
	陈述	发言人对作品的设计有部分理解，主要观点不太清晰，缺少说服力	发言人对作品的设计有很好的理解，主要观点有逻辑性，说服力一般	发言人对作品的设计有深入的理解，主要观点有逻辑性，有说服力			

六、项目活动评析与反思

1. 活动评析及成效

该项目激励学生围绕"探究植物呼吸作用简易实验的方法"主动解决问题，应用知识组织学习，给了学生动手实践、解决问题和应用所学知识的机会。在学生的学习和动手制作过程中，虽然有很多困难，但每个组的学生不管学力如何都完整地走完了这一过程,这是传统课堂无法带给学生的。通过参与设计和制作探究实验简易装置,培养学生的劳动素养,提升学生的动手能力和创新能力,发展科学思维,提高科学探究能力,养成实事求是的科学态度。本项目实验装置用的是生活中的废弃塑料瓶,解决了大多数农村学校缺乏经费、缺少实验器材的问题,易于推广,同时也倡导了一种废物利用的环保理念。学生在家里能动手制作本实验装置,自己能在家里进行实验观察,如绿叶植物的呼吸作用、在什么环境中、要多少时间才能进行实验等,将科学实验身边化,让学生感受科学无处不在。让学生在课堂上集中展示自己作品并通过实验验证,培养学生的推理、分析、合作交流能力及语言表达能力。

2. 项目反思

项目式学习不是简单的独立课程设计而是一种学习方式的变革,它能够转变教师的教学理念和学生的学习方式。本课程项目对教师来说是全新的挑战,为了更好地将课程落实,我们组建了课程研发小组,组员在构成上遵循多学科融合,涵盖生物学、物理、美术、工程与技术、劳动教育等多个学科,定期开展课程研讨会,对课程的定位、趣味性、有效性、可实施性进行全方位论证,形成课程实施方案。在具体实施过程中,老师和学生一样遇到很多困难。

七、拓展探究

在原有的实验作品基础上增加简易电子监测仪进行定量实验。

图28 改进后的实验装置

项目负责人 王才彬　汕头市新溪第一中学

一份野外营养午餐

一、项目活动概况

义务教育各个学科 2022 年版课程标准明确指出:"跨学科实践"学习主题约占总课时 10%,这一学习主题要求运用不同学科的概念、方法和思想,通过设计实践方案,将真实情境中的问题得以实施,以解决现实问题并发展学生的核心素养。《义务教育生物学课程标准(2022 年版)》包含七个课程内容,本活动属于"人体生理与健康"部分,要求学生运用食物中的营养成分、消化与吸收、均衡膳食等知识,设计一份合理的食谱;而《义务教育劳动课程标准(2022 年版)》指出劳动课程内容设置十个任务群,本活动属于日常生活劳动中的"烹饪与营养"任务群,要求初中阶段的学生能根据家庭成员身体健康状况、饮食特点等实际需求设计午餐的食谱,注意营养合理搭配,独立制作午餐中的三至四道菜。开展此项目旨在使学生充分了解科学膳食与身体健康的密切关系,形成健康生活的理念,增进对潮汕饮食文化的了解,培养学生正确的劳动价值观和良好的劳动品质。

二、项目活动目标

"学中做,做中学",提高学习生物知识的兴趣和巩固生物课堂所学的生物知识;增强劳动意识,培养动手实践能力;通过小组活动增进同学之间的沟通与交流;加强对本土饮食文化的了解,热爱自己的家乡。

1. 具体目标

(1) 科学目标:理解合理营养的概念,了解利于人体健康的食物种类,运用合理营养的知识尝试设计一份营养合理的午餐食谱。

(2) 生物目标:了解科学膳食与身体健康的密切关系,形成良好的饮食习惯,形成健康生活的理念和基本能力。

（3）技术目标：从日常的家庭和社会生活中了解和掌握本土食物种类；掌握选购食材的方法和一定的日常烹饪劳动技能；掌握摄影、制作PPT和视频能力。

2. 核心知识

（1）了解合理营养的概念和健康的食物种类、营养食谱的构成。

（2）选取食材和日常烹饪的相关知识。

（3）制作PPT和视频的知识。

3. 学生需要形成的关键能力

（1）通过课堂知识的学习，学会设计合理营养的食谱。

（2）通过动手实践，进一步形成健康生活的理念和基本能力。

（3）了解科学膳食与身体健康的密切关系，学习掌握日常烹饪技能。

（4）通过小组合作，制作PPT或视频展示自己学习成果的能力。

三、项目驱动问题

什么是合理营养？哪些食物种类有利于人体健康？

哪些本土食材符合家人的饮食习惯？如何运用这些食材去设计一份营养合理全面的午餐食谱？

如何按照自己所设计的食谱进行烹饪？

在学校研学旅行中，小组如何合作分工携带食材构成符合青少年营养结构的营养午餐？

如何制作PPT或视频展示自己的食谱设计、烹饪过程和小组合作过程？

四、项目活动过程

本项目为生物学科与劳动教育相结合的学习活动，围绕"如何设计并制作一份营养午餐"这一项目驱动问题，项目学习以下按四个任务阶段来开展。

（一）生物学科理论知识的学习

表1 生物学科理论知识学习子项目实施指南

学习时长	1天	涉及学科	生物学、信息技术
学习目标	了解合理营养的概念和健康的食物种类、营养食谱的构成			
核心问题	1. 什么是合理营养 2. 哪些食物种类有利于人体健康 3. 哪些本土食材符合家人的饮食习惯			

续表

学习时长	1天	涉及学科	生物学、信息技术
核心任务	给家人设计一份营养合理全面的午餐食谱		
支持性活动	1. 学生课前了解家人的饮食习惯和需要，查阅"合理营养与食品安全"一节相关的内容 2. 教师讲解理论知识，举例介绍合理和不合理的食谱，介绍本土食材 3. 学生课堂上小组合作设计出食谱，小组代表展示，教师点评和补充		
设计意图	1. 先学习理论知识，为后面的动手实践打下基础 2. 了解家人的饮食习惯和需要，设计午餐的食谱，了解科学膳食与身体健康的密切关系 3. 培养理性思维、小组合作和表达能力		

（二）利用设计好的食谱，制作营养午餐

表2 设计食谱及制作营养午餐的子项目实施指南

学习时长	1.5小时	涉及学科	生物学、劳动教育
学习目标	获得一定的日常烹饪技能		
核心问题	如何按照自己所设计的食谱进行烹饪		
核心任务	按照设计好的食谱进行食材的选取和烹饪		
支持性活动	1. 家长的支持和指导 2. 自己拍摄和家人帮忙摄影记录烹饪过程，为后面成果展示收集素材		
设计意图	1. 培养劳动意识和动手实践能力，掌握日常烹饪的技巧 2. 增进对家乡饮食文化的了解 3. 加强与家长的交流，增进与家人的感情		

（三）美好"食"光，营养相伴——小组合作，带上自己动手制作的食物去研学旅行

表3 在研学中做到健康饮食的子项目实施指南

学习时长	1小时	涉及学科	生物学、信息技术
学习目标	学会应用前面所学知识，进行小组合作，在研学旅行中做到健康饮食		
核心问题	如何分工合作解决整组研学旅行的营养午餐问题		

续表

学习时长	1 小时	涉及学科	生物学、信息技术
核心任务	1. 小组设计出研学旅行中的一份营养午餐食谱：只要求含有五类食物并且比例合适，不要求计算其中能量的多少以及各类营养物质的量；设计时应考虑本地常吃的食物种类、营养成分、价格，应考虑青少年的营养结构，以课本主要知识点为基础，加入创新意识 2. 组员分工或集体准备食材，提前制作食谱中的每道菜 3. 在研学旅行中拍摄营养午餐和组员合影等素材以备展示		
支持性活动	1. 小组合作讨论食谱的设计及食材选择 2. 动手制作食物，适当地融入自己的创意 3. 展示拍摄成果素材		
设计意图	1. 通过小组任务，加强小组合作能力和培养集体精神，增进同学间的交流 2. 应用前面所学生物学和劳动知识，培养自己的动手实践能力和创新精神 3. 积极使用信息技术展示学习成果		

（四）成果展示

表4 活动汇报展示的子项目实施指南

学习时长	1 小时	涉及学科	生物学、信息技术
学习目标	1. 学会利用信息技术恰当地展示交流所学的成果 2. 同学间互相学习，博采众长，反思自己		
核心问题	1. 怎样设计制作PPT或视频来展示我们的学习成果 2. 需要通过哪些方面展示小组员间的合作程度 3. 怎样组织展示的形式和语言让大家有更高的评价		
核心任务	回顾整个项目的内容，制作PPT或视频来展示学习成果，分享小组合作体会，进行互动评价		
评价策略	1. 能制作合适的PPT或视频，能流畅、条理清晰地进行成果展示 2. 能清晰全面地展示个人能力和小组合作情况		
支持性活动	1. 有序邀请小组进行汇报，利用PPT、视频及实物进行展示 2. 邀请学生谈谈其对系列活动的体会和感受 3. 拍摄的素材、PPT模版、视频制作的软件、亲手制作的食物		
设计意图	1. 通过PPT或视频制作，培养信息技术相关能力 2. 通过展示交流，培养总结、小组合作交流能力及语言表达能力 3. 形成健康饮食的理念，培养正确的劳动价值观和良好的劳动品质		

五、项目活动成果交流与评价

（一）活动阶段性成果和最终成果

【任务一】 设计一份营养午餐食谱

图1　理论学习

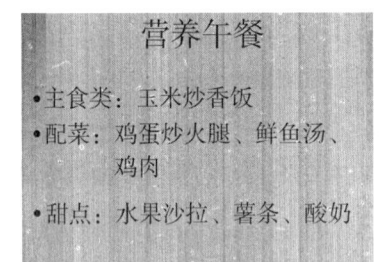

图2　营养午餐展示

图3　分析营养成分

【任务二】 实践，利用设计的午餐食谱制作午餐

图4　营养午餐展示1

图5　营养午餐展示2

主食：米饭

配菜：炒芥蓝菜、蒸鱼、红萝卜炒蛋、竹笋鸭肉汤

家长意见：汤有些油腻，鸭肉没去皮煮汤就不需要加油了，芥蓝很好吃，其他都很不错！

图6 营养午餐展示3

【任务三】美好"食"光，营养相伴实践活动，带上营养午餐去研学

图7 美好"食"光，营养相伴

图8 研学中的午餐1　　　　图9 研学中的午餐2

263

图 10　研学中的午餐 3

【任务四】小组展示活动成果

我们的小队

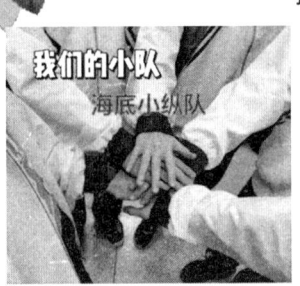

合作完美
图11　小组展示1

图 12　小组展示 2

（二）评价量规表

过程性评价和结果性评价相结合。

表 5　评价量规表

评价内容	评价要素	自评	互评	师评
学科基础	设计的食谱营养要素齐全且均衡（20 分）			
	选择本土食材且符合家人饮食习惯（20 分）			
实物展示	自己动手制作且美味（20 分）			
小组合作	组员分工明确，合作程度高（20 分）			
汇报展示	PPT 或视频制作良好，语言流畅有条理（20 分）			

六、项目活动评析与反思

项目式学习是一种动态的学习方法，学生们主动地探索学习和生活中的问题和挑战，在这个过程中领会到更深刻的知识和技能。本项目学习活动依据义务教育阶段生物学和劳动教育课程标准，把劳动教育融合进初中生物学科的学习，带着"如何设计并制作一份营养午餐"这一主要驱动问题，经过四个任务阶段的学习，有以下几点反思。

1. 落实了两个学科核心素养的学习

本项目活动关注了生物学的"生命观念""探究实践""责任态度"以及劳动教育的"劳动观念、劳动能力、劳动习惯和品质、劳动精神"核心素养，把这些核心素养贯彻在四个任务阶段学习的每个细节中，真正做到学科的融合，实现学生学科素养的发展。

2. 实现作业和评价形式的多样化

作业不再拘泥于一种形式，本项目活动布置了电子化食谱、制作的午餐照片、视频录制的制作过程、食物实物等作业，学生不仅能消化理论知识，还学到实实在在的劳动技能和信息技术。至于评价形式，本项目活动有教师对活动进行的过程性评价和成果展示的结果性评价相结合。

3. 有利于学校每次开展研学旅行的健康教育

学校每次进行研学旅行活动，学生总带一些零食如薯条薯片、方便面等"垃圾食品"当作午餐，导致在活动结束后常有肠胃问题出现。通过开展本项目活动的任务三"美好'食'光，营养相伴实践活动"，学生应用所学生物知识，运用自己的劳动技能制作营养午餐，分享给同学，不仅享受了劳动成果，还能形成健康的饮食习惯，增进同学情谊。

4. 获取宝贵的经验和教训

在活动开始前，应加强对学生的理论学习指导，特别是食谱的设计和食材的选择，应避免学生选择过于昂贵或者不应季的食材等，食谱设计的把关也要严格些，做到对学生设计的食谱的逐一指导，举些正反例供学生参考。

在活动进行中，应指导学生通过网络查询相关烹饪步骤和技巧，应加强宣传与家长进行合作，鼓励家长对不会烹饪的学生进行实操指导，使学生实实在在掌握日常烹饪的劳动技能。

在活动结束后，应鼓励学生坚持健康的饮食习惯，多运用本活动学习到的知识和劳动技巧帮助自己和身边的人更好地生活。

项目负责人　罗慧娴　汕头市世贸实验学校
　　　　　　　王才彬　汕头市新溪第一中学

南澳岛候鸟资源的调查和保护

一、项目活动概况

1. 活动背景与意义

为深入贯彻落实习近平总书记关于生态文明思想和生物多样性重要论述精神，增强青少年爱鸟护鸟、保护生态自然、保护野生动物的意识，以"小手拉大手"方式传播普及生物多样性知识，引起公众对保护生物多样性问题的关注，引导公众正确关注、参与生物多样性保护行动，积极投身生态和环境保护事业，倡导健康、平衡、绿色的生活方式，营造良好和谐的环境保护氛围。《义务教育生物学课程标准（2022年版）》中的大概念"生物多样性"提供了教学策略建议：充分利用本地的生物资源，组织学生识别生物的特征，尝试开展分类活动；组织学生收集生物资源安全方面的资料和生物多样性保护的典型实例，在课堂上进行展示、交流和讨论。

通过问卷调查我们发现学生对鸟类的知识有很浓的兴趣，本项目式学习实践通过开展有关南澳岛候鸟资源调查、识别与保护的校本选修课程，让学生充分理解大自然中鸟类的各种知识，积极参与到鸟类的观赏与保护队列中，营造关注生活、关注自然、保护环境、爱惜生命、尊重生命的良好氛围。本项目式学习实践符合最新的教育理念，不但丰富了中小学生的鸟类科普知识，还增强了他们保护生物多样性的意识，培养了他们理解、关怀和合作的积极态度，培养了他们面向未来的创新精神和解决问题的实践能力。

广东南澳候鸟省级自然保护区是广东省唯一的海候鸟保护区。保护区鸟类资源十分丰富，素有"海鸟王国"之称。据调查统计，一年四季在保护区停留过的各种候鸟、旅鸟、留鸟和繁殖鸟等有上百种，其中不乏许多珍稀鸟类。南澳岛得天独厚的地理环境吸引了许多鸟类前来栖息，本项目式学习充分地利用本地的生物资源，组织学生到广东省南澳县省级候鸟保护区管理处观看《候鸟天堂宣传片》，学习候鸟的相关知识，识别不同鸟类的特征，开展宣传保护鸟类和生态环境等活动，增强学生保护鸟类和生物多样性的社会责任意识。

2. 活动年级及学情分析

本活动以项目式学习方式展开，活动对象主要是八年级的学生。

八年级学生已经接触了一年的生物学学习探索，大多数学生对生物学抱有较高的兴趣和研究动力，愿意花时间和精力投入研究中；相对于初中低年级学生，八年级学生的自主学习能力已经比较强。他们能够通过阅读教材、参考资料和互联网来获取生物学知识，并能够独立进行基础实验和观察。八年级学生通过"鸟"一节的学习，已掌握了鸟类的主要特征及鸟类与人类生活的关系，虽然理论知识方面表现良好，但在实践操作能力方面仍有待提高，通过本次项目式学习增强学生实践能力，发展了他们收集资料和分析处理信息的能力，培养其团结协作的团队精神和科学思维能力。

二、项目活动目标

通过带领学生到广东南澳候鸟省级自然保护区管理处参观候鸟标本和图片，开展生态环境等宣传活动，学习保护区宣传手册等活动，激发学生对生物学的兴趣和好奇心，增加其主动参与和积极学习的动力，培养学生乐于探索生命奥秘的品质。

通过学习候鸟相关知识，参加"为所有生命构建共同的未来"签名仪式，关注我国珍稀鸟类资源，养成自觉爱鸟护鸟的行为习惯。增强青少年爱鸟护鸟、保护生态自然、保护野生动物的意识并以"小手拉大手"方式传播普及生物多样性知识，引起公众对保护生物多样性问题的关注，引导公众正确关注、参与生物多样性保护行动，重点突出鸟类栖息地的保护，让学生理解人与动物和谐发展的意义，积极投身生态和环境保护事业，增强环境保护意识。初步形成生态文明观，践行"绿水青山就是金山银山"的理念，积极参与环境保护实践，立志成为美丽中国的建设者。

通过开展候鸟学习活动，学生们亲身参与了丰富多彩的保护生态环境的活动，加强了学生的科学思维、科学情感和科学方法的教育，最终达到培养学生探究实践能力和创新精神，提高学生科学素养，获得理性和情感体验，主动构建知识体系，勇于探究，充分挖掘教材以外的资源，能够分析解决真实情境中的生物学问题。

通过小组收集广东南澳候鸟省级自然保护区管理处的相关资料，提升学生收集资料和整理资料能力。

活动成果交流与评价阶段，学生展示自己所参与的工作，并对整个活动进行总结和评价。通过与他人的合作和交流，逐步形成团队合作意识、坚持不懈的探究精神、实践创新意识、审美意识和创意实现能力。

三、项目驱动问题

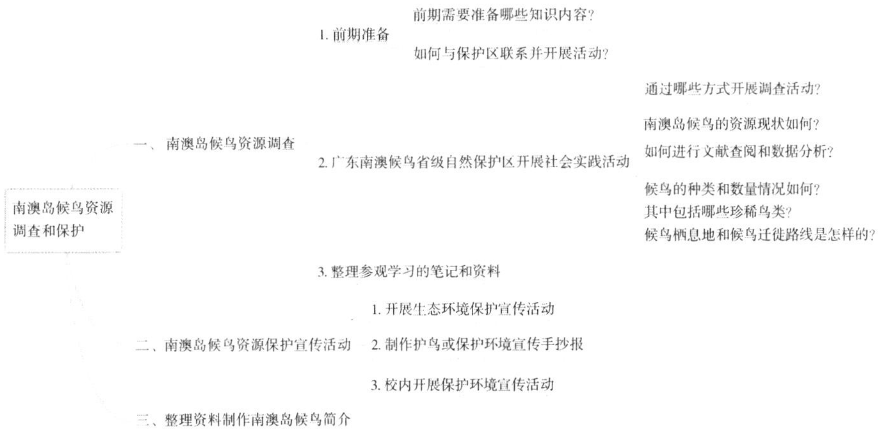

图 1 项目驱动问题框架图

四、项目活动过程

本项目是学科主题调查分析类活动项目，围绕"如何进行南澳岛候鸟资源调查和保护"这一项目驱动问题，本项目式学习按以下三个子驱动问题的核心任务、围绕核心问题分阶段实施，边实施边解决问题。

（一）如何开展南澳岛候鸟资源调查

表 1 调查南澳岛候鸟资源的子项目实施指南

学习时长	8 课时	涉及学科	生物学、地理、信息技术
学习目标	1. 通过带领学生到广东南澳候鸟省级自然保护区管理处参观候鸟标本和图片，开展生态环境保护、学习保护区宣传手册等活动，激发学生对生物学的兴趣和好奇心，增加其主动参与和积极学习的动力。 2. 开展候鸟学习活动，学生们亲身参与了丰富多彩的保护生态环境的教育活动，加强了学生的科学思维、科学情感、科学方法的教育 3. 参加"为所有生命构建共同的未来"签名仪式，关注我国的珍稀鸟类资源，养成自觉爱鸟护鸟的行为习惯。增强青少年爱鸟、护鸟、保护生态自然、保护野生动物的意识并以"小手拉大手"方式传播普及生物多样性知识，引起公众对保护生物多样性问题的关注		

续表

学习时长	8课时	涉及学科	生物学、地理、信息技术
核心问题	1. 南澳岛候鸟的资源现状如何 2. 保护区候鸟的种类和数量情况如何、其中包括哪些珍稀鸟类			
核心任务	1. 调查南澳岛候鸟的资源现状 2. 调查保护区候鸟的种类和数量，并统计其中的珍稀鸟类			
支持性活动	通过学校和上级主管部门与广东南澳候鸟省级自然保护区管理处取得联系；形成社会实践活动方案；选择国际多样性保护日到广东南澳候鸟省级自然保护区管理处学习参观；邀请专业人员开展"自然教育专题课堂"专题讲座			
设计意图	1. 通过积极使用信息化技术平台支持培养学生自主学习、解决问题的能力。 2. 通过保护区管理处提供的《广东南澳候鸟省级自然保护区宣传手册》和《广东重要湿地名录》等资料进行深入学习，了解候鸟资源现状和珍稀种类。			

（二）如何开展南澳岛候鸟保护宣传活动

表2　宣传保护南澳岛候鸟活动的子项目实施指南

活动时长	6课时	涉及学科	生物学、美术、劳动教育
学习目标	1. 开展保护生态环境、学习保护区宣传手册等活动，增强青少年爱鸟护鸟、保护生态自然、保护野生动物的意识。 2. 通过学习候鸟相关知识，参加"为所有生命构建共同的未来"签名仪式，制作护鸟或保护环境的宣传手抄报，关注我国的珍稀鸟类资源，养成自觉爱鸟护鸟的行为习惯。提升学生的美术绘画能力和鉴赏能力			
核心问题	1. 如何更好地开展护鸟和保护环境的宣传活动 2. 如何绘制出一张有影响力的宣传手抄报			
核心任务	1. 开展保护生态环境等宣传活动，共同学习保护区宣传手册 2. 制作护鸟或保护环境的宣传手抄报			
支持性活动	1. 联合候鸟保护区管理处在学校开展保护生态环境的宣传活动，分发宣传手册 2. 邀请美术老师讲解鸟类的绘图方法 3. 邀请专业人员开展专题讲座			
设计意图	1. 开展保护生态环境等宣传活动，增强青少年爱鸟护鸟、保护生态自然、保护野生动物的意识和社会责任感 2. 制作护鸟或保护环境的宣传手抄报，关注我国的珍稀鸟类资源，养成自觉爱鸟护鸟的行为习惯，提升学生的美术绘画能力和鉴赏能力			

（三）如何整理资料制作南澳岛候鸟简介

表3　制作南澳岛候鸟简介的子项目实施指南

活动时长	1天	涉及学科	生物学、信息技术
学习目标	通过小组收集南澳岛候鸟的相关资料，整理成南澳岛候鸟简介，提升学生收集资料和整理资料能力，更深层次地了解珍稀候鸟的种类			
核心问题	南澳岛有哪些珍稀鸟类			
核心任务	通过学习参观和资料查找，了解南澳岛的珍稀鸟类品种并制作简介			
支持性活动	1. 专业人员开展专题讲座 2. 保护区管理区的宣讲员带领参观并介绍 3. 保护区管理区分发宣传手册			
设计意图	通过小组收集南澳岛候鸟的相关资料，提升学生收集资料和整理资料能力 通过小组制作南澳岛候鸟简介，提高学生的合作能力和信息技术能力			

五、项目活动成果交流与评价

（一）活动阶段性成果和最终成果

【任务一】理论学习（涉及学科：生物学、地理、信息技术）

（1）学生从各种书籍、资料和网络搜索选取素材，搜索有关鸟类的基本生物学知识、鸟类的生活习性以及分类系统，将需要的材料打印出来学习。课程实施需要的课程资源如鸟类书籍、报刊、网络等要事先与学校图书馆阅览室、网络机房进行交流协调，保证课程顺利进行。

（2）在讲"鸟类"这节课时，可以适当穿插鸟类学基本知识与图片，以图文并茂的

图1　理论学习

形式传授鸟类的基本生物学知识。通过设置问题，引导学生讨论鸟类相关知识，然后师生共同总结。培养学生合作学习与自主学习相结合的能力，培养学生和教师之间相互交流合作的能力。

（3）学习南澳岛候鸟的生物学特征与保护现状。了解到一年四季在候鸟保护区停留过的各种候鸟、旅鸟、留鸟和繁殖鸟等有116种；候鸟保护区记录在

册的国家一级保护鸟类达6种，包括白腹海雕、白腹军舰鸟、黄嘴白鹭、斑嘴鹈鹕、白尾海雕、小青脚鹬；候鸟保护区记录在册的国家二级保护鸟类达16种。还了解了导致候鸟死亡的原因，通过讲座，学生深刻地认识到尊重大自然，保护生物多样性的重要性，莫等"珍稀"才珍惜。

【任务二】到广东南澳候鸟省级自然保护区管理处开展社会实践活动

（1）前期准备：通过学校和教育行政部门与广东南澳候鸟省级自然保护区管理处取得联系，形成社会实践活动方案，选择国际多样性保护日到南澳候鸟省级自然保护区管理处学习参观。

（2）观看候鸟宣传片：到广东南澳候鸟省级自然保护区管理处宣教厅观看《候鸟天堂宣传片》《美丽中国自然：南澳系列》的宣传片。

（3）观看专题讲座：观看广东南澳候鸟省级自然保护区管理处专家的专题讲座"自然教育专题课堂"。

图3 专家讲座　　　　图4 自然教育专题课堂

图5 认识候鸟生活区域　　图6 认识各种候鸟

（4）参观展厅标本：在引导员的指引下，到广东南澳候鸟省级自然保护区管理处展厅参观候鸟标本和图片，学习有关南澳岛候鸟的种类，形态特征，生活习性。

图7 广东南澳候鸟省级自然保护区管理处展厅

图8 专业人员与学生讲解

图9 观察候鸟标本

图10 观察并学习候鸟种类

（5）环保宣传活动：开展生态环境等宣传，学习相关的宣传资料，并参加"为所有生命构建共同的未来"签名仪式，坚定自己爱鸟护鸟、保护环境的社会责任心。

图11 分发宣传资料

图12 学习宣传资料

图13 宣传咨询

图14 活动签到处

【任务三】制作护鸟或保护环境宣传手抄报，在校内开展宣传活动；整理资料制作成南澳岛候鸟简介

图15 宣传海报展示图　　图16 宣传手抄报展示1

图17 宣传手抄报展示2　　图18 学习宣传海报知识

（二）评价量规表

表4　评价量规表

项目	评价要点	自评（0~10）	互评（0~10）	师评（0~10）
在活动中参与的态度	1. 积极参与前期准备过程，从各种书籍、资料和网络搜索选取素材，搜索有关鸟类的基本生物学知识，将多个来源的资料进行比较、分组，筛选出合适的资料并理解，为整个活动做好知识准备			
	2. 努力完成自己承担的任务，认真负责、安全规范、诚实守信、吃苦耐劳			
	3. 团结合作，主动协调共同完成小组任务，珍惜劳动成果			
在活动中获得的体验	1. 善于提问，乐于探究，勤于动手			
	2. 能对自己的学习行为进行积极"反思"			
	3. 实事求是，欣赏和尊重他人的劳动成果			

续表

项目	评价要点	自评 (0~10)	互评 (0~10)	师评 (0~10)
在活动中团结协作精神和创新实践能力的发展	1. 有强烈的求知欲和好奇心，探索欲强；活动中不断优化途径、创新思路，有解决问题的新方法，用心创造劳动成果			
	2. 养成自觉爱鸟护鸟的行为习惯，积极投入到护鸟和环保宣传活动中			
	3. 积极实践，认真绘制护鸟或环境保护手抄报			
	4. 善于整合资源，制作南澳岛候鸟简介			
活动体会和评价总分	自己的总体评价			

（三）学生活动成果

活动成果1——保护鸟类宣传手抄报

图19　保护鸟类宣传手抄报作品1　　图20　保护鸟类宣传手抄报作品2

图21　保护鸟类宣传手抄报作品3　　图22　保护鸟类宣传手抄报作品4

活动成果 2——环保宣传手抄报

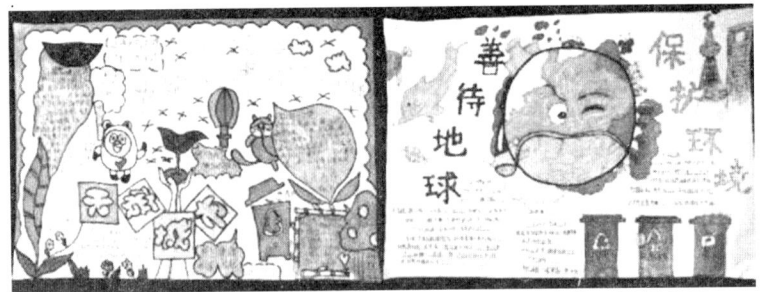

图23　环保宣传手抄报作品1　　图24　环保宣传手抄报作品2

图25　环保宣传手抄报作品3　　图26　环保宣传手抄报作品4

活动成果 3——南澳珍稀候鸟简介明信片

活动成果 4——南澳珍稀候鸟简介

（资料搜集：2022级学生　指导老师：黄晓蓉　张玉容）

广东南澳候鸟省级自然保护区记录在册的鸟类共120种，国家一级保护鸟类有7种，包括中华凤头燕鸥、白腹海雕、白腹军舰鸟、黄嘴白鹭、斑嘴鹈鹕、白尾海雕、小青脚鹬。记录在册的国家二级保护鸟类达17种，包括岩鹭、大凤头燕鸥、海鸬鹚、红脚鲣鸟、翻石鹬、白腰杓鹬、鹗、黑鸢、灰脸鵟鹰、普通鵟、赤腹鹰、褐翅鸦鹃、松雀鹰、红隼、燕隼、白胸翡翠、黑腹军舰鸟。以下介绍其中12种候鸟的基本信息，其形态特征和生活习性，可在网络上查阅。

	白胸翡翠
保护级别	国家II级
中文名	白胸翡翠
别名	白喉翡翠
拉丁学名	*Halcyon smyrnensis*
目科属	佛法僧目翠鸟科翡翠属

图28　白胸翡翠简介图

	红隼
保护级别	国家II级
中文名	红隼
别名	茶隼、红鹰、黄鹰、红鹞子
拉丁学名	*Falco tinnunculus*
目科属	隼形目隼科隼属

图29　红隼简介图

	黑鸢
保护级别	国家II级
中文名	黑鸢
别名	老鹰、黑耳鹰、老鸢、鸡屎鹰
拉丁学名	*MIl vus migrans*
目科属	鹰形目鹰科鸢属

图30　黑鸢简介图

岩鹭
保护级别　国家Ⅱ级
中文名　　岩鹭
别名　　　黑鹭
拉丁学名　*Egreta sacra*
目科属　　鹈形目鹭科白鹭属

图31　岩鹭简介图

大凤头燕鸥
保护级别　国家Ⅱ级
中文名　　大凤头燕鸥
拉丁学名　*Thalasseus bergii*
目科属　　鸻形目燕鸥科凤头燕鸥属

图32　大凤头燕鸥简介图

小青脚鹬
保护级别　国家Ⅰ级
中文名　　小青 脚鹬
别名　　　诺氏鹬
拉丁学名　*Tringa gutifer*
目科属　　鸻形目鹬科鹬属

图33　小青脚鹬简介图

白尾海雕
保护级别　国家Ⅰ级
中文名　　白尾海雕
别名　　　白尾雕、黄嘴雕、芝麻雕
拉丁学名　*Haliaeetusalbicilla*
目科属　　隼形目鹰科海雕

图34　白尾海雕简介图

　　　　　　　　黄嘴白鹭
　　　　保护级别　　国家I级
　　　　中文名　　　黄嘴白鹭
　　　　别名　　　　唐白鹭、白老
　　　　拉丁学名　　*Egreta eulophotes*
　　　　目科属　　　鹳形目鹭科白鹭属

图35　黄嘴白鹭简介图

　　　　　　　　斑嘴鹈鹕
　　　　保护级别　　国家I级
　　　　中文名　　　斑嘴弟鹕
　　　　别名　　　　花嘴弟鹈鹕、淘鹅、塘鹅、淘河
　　　　拉丁学名　　*Pelecanus philippensis*
　　　　目科属　　　鹈形目鹈鹕科鹈鹕属

图36　斑嘴鹈鹕简介图

　　　　　　　　白腹军舰鸟
　　　　保护级别　　国家I级
　　　　中文名　　　白腹军舰鸟
　　　　拉丁学名　　*Pregata andrewsi*
　　　　目科属　　　鹈形目军舰鸟科军舰鸟属

图37　白腹军舰鸟简介图

　　　　　　　　白腹海雕
　　　　保护级别　　国家I级
　　　　中文名　　　白腹海雕
　　　　别名　　　　白腹雕、白胸雕
　　　　拉丁学名　　*Haliaeetus leucogaster*
　　　　目科属　　　隼形目鹰科海雕属

图38　白腹海雕简介图

	中华凤头燕鸥
保护级别	国家I级
中文名	中华凤头燕鸥
别名	黑嘴端凤头燕鸥、神话之鸟
拉丁学名	*Thalasseus berrsteiri*
目科属	鸽形目鸥科凤头燕鸥属

图 39　中华凤头燕鸥简介图

六、项目活动评析与反思

1. 活动评价

我们通过制作总结性评价表来实施评价，以生物学的核心素养来作为评价指标。首先，保证学生参与度，评价学生的参与是否积极；其次，围绕学生参与项目的过程进行定性评价；再次，基于保证学生综合能力及学科素养，对学生进行定性和定量的综合评价；最后，确保评价能够激励学生、激发学生学习兴趣。对项目式学习过程产生浓厚兴趣，在积极和受肯定的学习氛围中体验学习过程带来的满足和收获。设置差异性任务，即小组分工合作，让每个学生都能在活动中展现、提升自己，收获学习成果。

2. 活动反思

反思你在团队中的行为表现，参照第 5 页表格"小组合作评价量规（1~5星）"完成评价量规表；回顾你们团队合作绘制手抄报的过程，完成反思报告。

项目作者

项目负责人：黄晓蓉　广东省南澳县南澳中学

　　　　　　张玉容　华南师范大学附属濠江实验学校

项目指导：陈映伸　广东南澳候鸟省级自然保护区管理处

与糖同行——糖科普展板设计

一、项目活动概况

1. 活动背景与意义

根据义务教育阶段的培养目标，综合考虑学生发展的需要、社会需求和生物学发展三方面，以学科知识内在逻辑为主线，从微观到宏观、个体到群体、多样性到统一性等视角，系统构建课程结构。本活动学习主题结合学校和学生的实际，以新课标课程内容第七个学习主题"生物学与社会·跨学科实践"为指引，创造性地开展跨学科教学活动，加强科学、技术、社会相互关系的教育，促进学生个性化学习。在义务教育阶段，实施跨学科融合教学不应过度在知识内容上追求跨学科融合，而应指向问题解决。

糖是天然甜味剂，是人们日常生活的必需品，同时也是饮料、糖果、糕点等含糖食品和制药工业中不可或缺的原料。糖是关系国计民生的重要产品，是人们的主要生活资料之一，糖与蛋白质、脂肪及无机盐等是保证人体健康的基本营养物质。因此，本活动学习主题以生物七年级下册"消化与吸收"知识点为主体，融合历史、地理、心理学科，以"糖科普展板的设计方案"为学习目标，设计了四个驱动任务，提高学生综合分析问题、解决问题的能力。

2. 活动年级及学情分析

本活动以项目式学习方式展开，活动对象主要是八年级的学生。

在开展项目式学习前，八年级学生已经学习了"营养物质在体内的消化和吸收"的相关知识，了解了唐朝对外交流的相关历史，学生正处于学习世界地理阶段，对中国的周边地理环境有所了解，活动前已经完成了教师设计的有关食糖的调查问卷。本次项目式学习课程的开展预期学生通过本活动的学习，能够认识生物学与社会的关系，能够理解生物、历史、地理、心理等学科的相互关系，并尝试运用多学科的知识和方法，通过设计和制作具体的版图，解决现实问题，培养其团结协作的团队精神和科学思维能力，发展核心素养，提高学习兴趣。

二、项目活动目标

表1 "糖科普展板设计"项目核心素养目标

核心素养		具体培养目标
生物	生命观念	概述糖的类别、糖的消化吸收等知识，概述糖尿病的形成过程
	科学思维	理解糖与人体健康息息相关
	科学探究	设计简单的实验，探究有关人体生理与健康的问题
	社会责任	认同人体结构与功能相适应的生物学观点
历史	唯物史观 时空观念 史料实证	将事件、人物等置于历史发展的特定时空中加以考察，初步学会从多种史料中获取玄奘西行、唐蕃和亲等历史信息，规划寻找制糖法的路线
	史料实证 历史解释 家国情怀	在理解和辨析相关史料的基础上，加以论证，理解蔗糖对古代中国社会经济及文化上的影响，认识唐朝开放的对外政策以及中华民族多元一体的历史发展趋势
地理	区域认知	通过情景引入并利用地图明确印度地区的具体区位位置
	综合思维 地理实践	利用地形图、气候类型分布图等资料分析印度甘蔗种植的有利条件，提高图表认识和分析地理问题的能力
心理	人格发展 健康生活	健全人格，具有积极的心理品质，坚韧乐观，能调节和管理自己的情绪，具有抗挫折能力

项目驱动问题

糖科普展板设计

一、探糖路
设计唐朝王玄策前往印度寻找制糖法的路线
- 糖在中国有怎样的历史？
- 王玄策是通过哪条路线到达天竺的呢？
- 说说你选择这一条路线的理由

二、寻糖诀
探索印度种植甘蔗的有利条件以类推中国种植甘蔗的环境
- 印度在地球上哪个具体位置？
- 印度适合种植甘蔗的地方有什么先天条件呢？
- 中国哪个地方适合种植甘蔗？

三、说糖效
探究喜欢吃糖的原因及调节情绪的方法
- 从调查数据中我们可以得出什么结论？
- 我们喜欢吃糖的深层原因是什么？
- 调节情绪有什么方法？

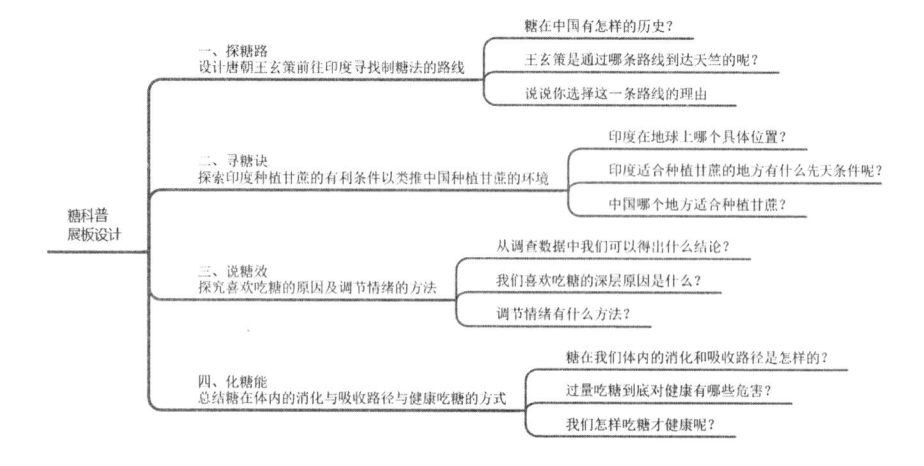

四、化糖能
总结糖在体内的消化与吸收路径与健康吃糖的方式
- 糖在我们体内的消化和吸收路径是怎样的？
- 过量吃糖到底对健康有哪些危害？
- 我们怎样吃糖才健康呢？

图1 项目驱动问题框架图

四、项目活动过程

本活动教育方案是生物学跨学科融合教学活动项目,围绕"糖科普展板设计"这一主线任务,设计"探糖路—寻糖诀—说糖效—化糖能"四项支线任务,综合运用希沃白板、问卷工具、互动教学系统等技术,关注学生学习轨迹,鼓励创意表达。本活动先以日常生活中的"糖"为核心,有机整合学科,采用"以点带面"设计问题链的方法,运用"提供思路—寻找方法—动手操作"的学习主线,灵动学生思维,激发学习兴趣。

本活动依据"教学评一体化"原则,通过设计饱含教学意图的教学材料、有序展开的学习活动,在深度互动中依据学生的语言表述、展板绘制等表现进行评价,旨在深度学习的同时提升学生的动手实践能力,审美设计创新能力、发展核心素养,提高学习兴趣。

(一)探糖路——设计唐朝王玄策前往印度寻找制糖法的路线

表2 "探糖路"子项目实施指南

学习时长	1课时	涉及学科	历史、信息技术、美术
学习目标	1. 能够将事件、人物等置于历史发展的特定时空中加以考察,初步学会从多种史料中获取玄奘西行、唐蕃和亲等历史信息,规划寻找制糖法的路线 2. 在理解和辨析相关史料的基础上,加以论证,理解蔗糖对古代中国社会经济及文化的影响,认识唐朝开放的对外政策以及中华民族多元一体的历史发展趋势		
核心问题	1. 糖在中国有怎样的历史 2. 王玄策是通过哪条路线到达天竺的呢 3. 说说你选择这一条路线的理由		
核心任务	1. 了解糖在中国的发展史 2. 请你为唐朝王玄策前往印度寻找糖法设计一条合适的路线 3. 在展板上的地图绘制路线图,完成"探糖路"展图设计		
支持性活动	教师提供《唐朝对外交流图》,为学生解决问题提供了可行的三条线路与相关的三则史料,学生结合所学知识,找出最优线路		
设计意图	通过让学生在理解和辨析相关史料的基础上,加以论证,理解蔗糖对古代中国社会经济及文化的影响,认识唐朝开放的对外政策以及中华民族多元一体的历史发展趋势,培养了学生唯物史观、时空观念、史料实证、历史解释、家国情怀等核心素养		

（二）寻糖诀——探索印度种植甘蔗的有利条件以类推中国种植甘蔗的环境

表3 "寻糖诀"子项目实施指南

活动时长	1课时	涉及学科	地理、美术、信息技术
学习目标	1. 通过情景引入并利用地图明确印度地区的具体区位位置 2. 利用地形图、气候类型分布图等资料分析印度甘蔗种植的有利条件，提高图表认识和分析地理问题的能力		
核心问题	1. 印度在地球上哪个具体位置 2. 印度适合种植甘蔗的地方有什么先天条件呢 3. 中国哪个地方适合种植甘蔗		
核心任务	1. 通过谷歌地球明确定位印度的地理位置 2. 通过给出的气候分布图、地形图等资料让学生分析印度甘蔗种植有哪些有利的条件 3. 类推中国地理环境找出适合种植甘蔗的地区，完成"寻糖诀"版图设计		
支持性活动	1. 教师提供南亚气候类型图、南亚降水分布图、南亚地形图 2. 教师提供甘蔗喜光、喜热、喜水、喜肥的特点及其有利的种植条件与相关资料 3. 教师提供中国气候类型图与中国地形分布图		
设计意图	利用地形图、气候类型分布图等资料分析印度甘蔗种植的有利条件，提高了学生图表认识和分析地理问题的能力		

（三）说糖效——探究喜欢吃糖的原因及调节情绪的方法

表4 "说糖效"子项目实施指南

活动时长	2课时	涉及学科	心理健康、信息技术、美术
学习目标	健全人格，具有积极的心理品质，坚韧乐观，能调节和管理自己的情绪，具有抗挫折能力		
核心问题	1. 从调查数据中我们可以得出什么结论 2. 我们喜欢吃糖的深层原因是什么 3. 调节情绪有什么方法		
核心任务	1. 完成调查问卷，并根据结果、数据图表得出结论 2. 分析喜欢吃糖的深层原因 3. 小组合作探究调节情绪的方法，完成"说糖效"版图设计		
支持性活动	1. 教师提供调查问卷 2. 教师收集调查问卷并指导学生进行数据分析 3. 教师指导学生绘制思维导图		

续表

活动时长	2课时	涉及学科	心理健康、信息技术、美术
设计意图	通过问卷调查、分析数据图表等科学方法，来发展学生健全人格，培养学生积极的心理品质，坚韧乐观，能调节和管理自己的情绪，具有抗挫折能力		

（四）化糖能——总结糖在体内的消化与吸收路径与健康吃糖的方式

表5 "化糖能"子项目实施指南

活动时长	4课时	涉及学科	生物学、信息技术、美术
学习目标	1. 概述糖的类别，糖的消化吸收等知识 2. 概述糖尿病的形成过程 3. 能理解糖与人体健康息息相关 4. 能设计简单的实验，探究有关人体生理与健康的问题 5. 能认同人体结构与功能相适应的生物学观点		
核心问题	1. 糖在我们体内的消化和吸收路径是怎样的 2. 过量吃糖到底对健康有哪些危害 3. 我们怎样吃糖才健康呢		
核心任务	1. 以淀粉的消化为例并小结：糖类的消化路径及产物 2. 观看情景剧了解血糖和糖尿病的关系 3. 总结正确吃糖的方式，完成"化糖能"版图设计		
支持性活动	1. 教师提供情景剧《糖尿病的由来》剧本、完成选角、指导排练 2. 教师指导学生制作情景剧相关道具 3. 教师提供《人体消化系统图》		
设计意图	学生通过观看情景剧《糖尿病的由来》，了解糖在体内的异常代谢及其带来的危害，小组讨论总结出健康吃糖的方式，最终形成"化糖能"板块布展。在此任务环节中，学生通过概述糖的类别、糖的消化吸收、糖尿病的形成过程等知识，形成相关生命观念的核心素养。通过本主题的学习能认同人体结构与功能相适应的生物学观点，发展科学思维、社会责任等核心素养		

五、项目活动成果交流与评价

（一）活动阶段性成果和最终成果

【任务一】探糖路：设计唐朝王玄策前往印度寻找制糖法的路线（涉及学科：历史、信息技术、美术）

（1）学生先通过视频了解，蔗糖在我国是占据主导地位的糖类，我国使用蔗糖的历史悠久，在唐朝时期我国的制蔗糖工艺领先世界。印度是甘蔗的最早产地之一。

图 2　蔗糖历史理论学习

材料一： （鉴真弟子谈及东渡时说到） 彼国太远，性命难存， 沧海淼漫，百无一至。 ——《续日本纪》卷二四	材料二： （青藏高原）就连玄奘和尚到天竺取经，都不惜绕路万里，到了20世纪被生物学家称为"生命禁区"。 ——顾月忠《苍茫大西北》
材料三： （玄奘的路线）看似又远又艰险，但在当时，这条通道已经比较成熟，作为丝绸之路，虽然处于半干旱地区，也是沿着水源遍布城镇，而且丝绸之路不乏各地商旅，安全比较有保障。 ——《国家人文历史》	哪一条路线是最合适的？ 路线一：长安—西域—天竺 路线二：长安—吐蕃—天竺 路线三：长安—海上丝绸之路—天竺

图 3　蔗糖历史资料

（2）通过史料研读，学生了解到了唐太宗派王玄策出使天竺寻找制糖法，为我国蔗糖工艺的进步提供借鉴。

（3）教师为学生提供《唐朝对外交流图》，为学生解决问题提供了可行的三条线路与相关的三则史料。

图 4　展板上的地图绘制路线图

（4）学生通过小组合作，研读史料中的人物与地名，纵横联系三条路线经过的地名，分别从安全系数、物资补给、开发成熟度等角度进行比较，依据史实选取最优路线。最终学生代表在展板上的地图绘制路线图。

【任务二】寻糖诀：探索印度种植甘蔗的有利条件以类推中国种植甘蔗的环境（涉及学科：地理、信息技术、美术）

图 5　探索种植甘蔗的环境

（1）学生先通过谷歌地球定位印度位置，观看视频了解甘蔗的生长习性。

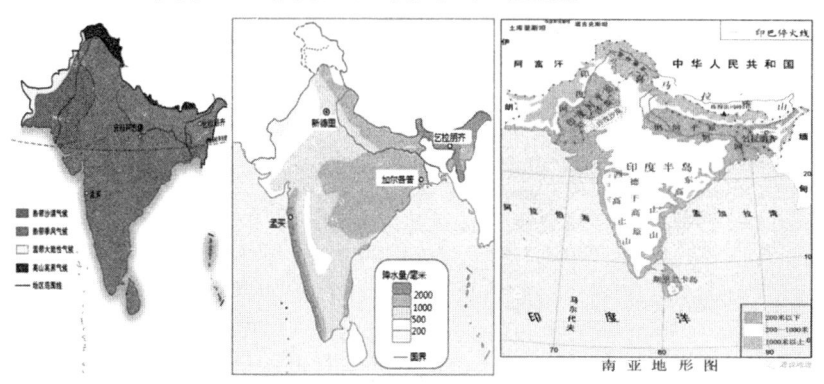

图 6　甘蔗种植自然条件分析图

（2）教师结合学生知识储备，为学生提供一个可行的解决方法——从已学过的南亚板块知识探索印度种植甘蔗种植区，分析其有利的自然条件，以此类推中国适合种植甘蔗的环境。

图7 甘蔗种植的地理区域图

（3）学生根据教师所提供的中国气候类型图与中国地形分布图，小组合作讨论，在地图中做出相应记录，分析中国地理特征，圈画出中国适合种植甘蔗的地区。

图8 学生进行讨论　　图9 展示适合种植地区

（4）学生类推中国地理环境找出适合种植甘蔗的地区，完成"寻糖诀"版图设计。

【任务三】说糖效：探究喜欢吃糖的原因及调节情绪的方法（涉及学科：心理健康、信息技术、美术）

（1）学生根据课前做的调查问卷结果、数据图表得出结论：大部分同学都喜欢吃糖，觉得吃糖能够让他们开心。

图10 分析吃糖的原因及调节情绪的方法

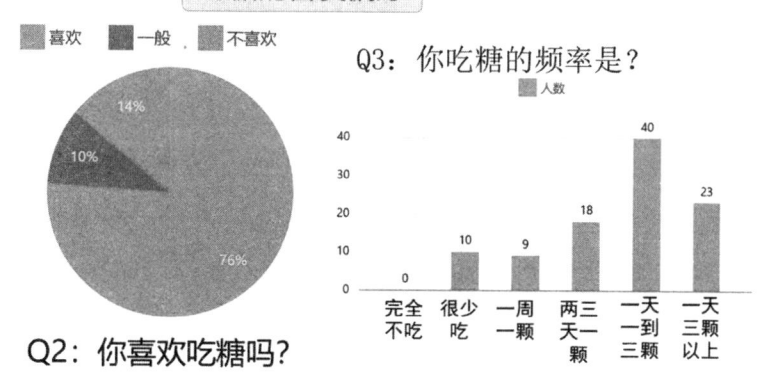

图11 调查问卷结果展示图

（2）分析喜欢吃糖的深层原因。教师指出糖分通过刺激多巴胺的分泌从而让人感到开心，对情绪具有调适作用，引导学生思考大脑调节情绪背后的科学原理。

（3）小组合作探究调节情绪的方法，同时运用画笔进行记录，完成"说糖效"版图设计。

【任务四】化糖能：总结糖在体内的消化与吸收路径与健康吃糖的方式（涉及学科：生物学、信息技术、美术）

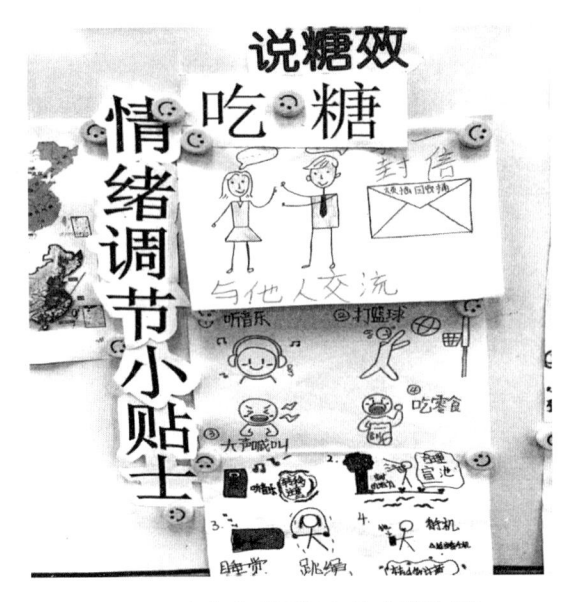

图12 合作完成展板上的"说糖效"

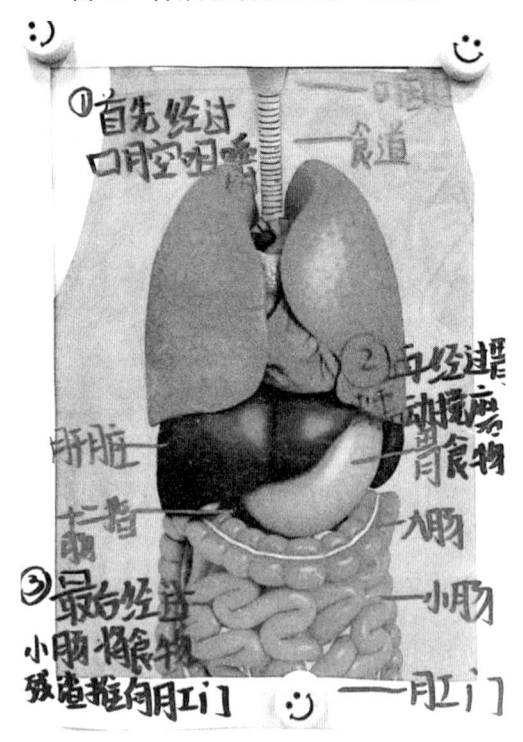

图13 消化道展示图

（1）学生以淀粉为例的消化并小结：糖类的消化路径及产物。

图 14　学生表演情景剧

（2）学生观看情景剧了解血糖和糖尿病的关系。

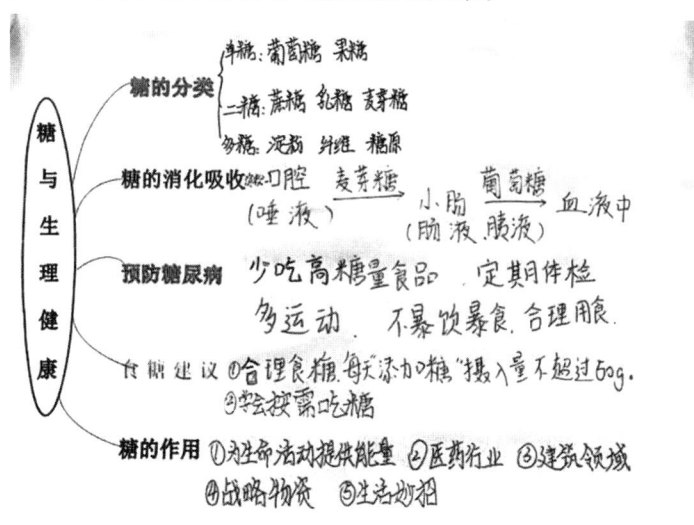

图 15　小组完成"化糖能"版图设计

（3）学生通过小组合作探究总结正确吃糖的方式，完成"化糖能"版图设计。

（4）最终完成糖科普展板版图设计。

图 16　小组完成糖科普展板版图设计

(二) 评价量规表

表 6　评价量规表

项目	评价要点	自评 (0~10)	互评 (0~10)	师评 (0~10)
在活动中参与的态度	1. 积极参与前期准备过程，从各种书籍、资料和网络搜索选取素材，搜索有关糖的历史、生物学知识，将多个来源的资料进行比较、分组，筛选出合适的资料并理解，为整个活动做好知识准备			
	2. 努力完成自己承担的任务。认真负责、安全规范、诚实守信、吃苦耐劳			
	3. 团结合作，主动协调共同完成小组任务，珍惜劳动成果			
在活动中获得的体验	1. 善于提问，乐于探究，勤于动手			
	2. 能对自己的学习行为进行积极"反思"			
	3. 实事求是，欣赏和尊重他人的劳动成果			
在活动中团结协作精神和创新实践能力的发展	1. 有强烈的求知欲和好奇心，探索欲强；活动中不断优化途径，创新思路，有解决问题的新方法，用心创造劳动成果			
	2. 培养学生主动学习与生物学有关知识的习惯，并积极参与生物和环境保护宣传活动			
	3. 积极实践，认真绘制糖科普展板宣传内容			
	4. 善于整合资源，制作糖科普展板			
活动体会和评价总分	自己的总体评价			

（三）学生活动成果

图17 与糖同行糖科普展板完成图

六、项目活动评析与反思

1. 活动评价

我们通过制作总结性评价表来实施评价，以生物学的核心素养来作为评价指标。首先，保证学生参与度，评价学生的参与是否积极；其次，围绕学生参与项目的过程进行定性评价；再次，基于保证学生综合能力及学科素养，对学生进行定性和定量的综合评价；最后，确保评价能够激励学生、激发学生学习兴趣。对项目式学习过程产生浓厚兴趣，在积极和受肯定的学习氛围中体验学习过程带来的满足和收获。设置差异性任务，小组分工合作，让每个孩子都能在活动中展现、提升自己，收获学习成果。

2. 活动反思

反思你在团队中的行为表现，参照第5页表格"小组合作评价量规（1~5星）"完成评价量规表；回顾你们团队合作完成版图的过程，完成反思报告。

项目负责人 陈礼椿　汕头市龙湖区香阳学校

校园国兰文化项目式学习方案

第一部分　项目概况

为贯彻落实习近平总书记关于教学改革的指导思想，根据《义务教育新课程标准（2022年版）》的要求，在教学中突出实践育人，强化课程与生产劳动、社会实践的结合，强调知行合一，倡导做中学、用中学、创中学，注重引导学生参与学科探究活动，开展跨学科实践，经历发现问题、解决问题、建构知识、运用知识的过程，让认识基于实践、通过实践得到提升，促进学生德智体美劳全面发展，落实立德树人的根本任务。

此外，为了让校园更美丽、更有文化气息，让老师和同学在充满兰香和书香的校园中畅游知识的海洋，为同学们黄金的中学时光留下美好的印记，汕头市初中生物工作室主持人张老师与学校有关领导商议并达成共识，决定由生物组联合艺术组、语文组、实践劳动组、信息技术组开展"校园国兰文化跨学科项目式学习"，带领一批学生通过学习国兰文化，包括国兰品种、各种兰花的生活习性、日常栽培养护要点、利用与兰花有关的盆栽、字画等来美化校园环境。

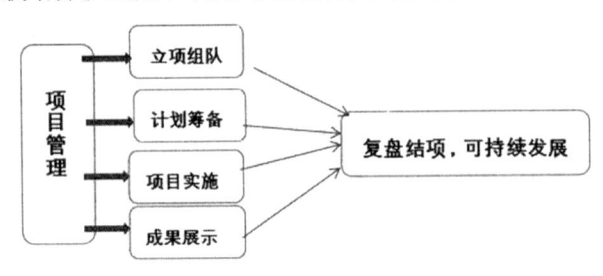

图1　项目驱动问题框架图

第二部分 项目框架

一、立项组队

确定好项目总负责人、参与项目管理的领导、项目组指导老师、项目学生小组长、参与的学生对象。预估项目资金费用，明确项目资金来源和保障。预计项目完成周期。

二、内容和子项

1. 所跨学科

"跨学科实践活动"各子课题老师带领学生进行校园环境实地考察，计划美化的地点如本校初中楼通往食堂通道、初中楼下的空白墙壁。在水泥柱上、空白墙壁上挂不同品种兰花的字画，贴上照片和名称并摆放盆栽兰花，附上优美诗词或成语、典故。涉及子项目如下。

（1）生物学：对国兰的认识和养护教学。

（2）美术书法：以国兰为题材的国画教与学；以国兰为题材的掐丝画教与学；以国兰为题材的书法课程。

（3）劳动实践和自动化编程技术：国兰栽培设施与自动喷雾系统设计及兰棚搭建。

（4）综合实践：国兰知识研学设计和指导。

（5）语文：收集与兰花有关的诗词典句。

2. 安排和师资

（1）学习时间

利用劳动实践课和校本课程时间及学生课余时间。

（2）学习任务

①查找不同品种国兰的照片、命名、生长特性和养护要点。（生物组）

②查找并绘制关于国兰八大品种的画作，配上字、照片、图片等。（美术组）

③查找收集与兰花有关的成语、诗词、典故等资料及其花语。（语文组）

④国兰研学教学设计与实践指导。（综合劳动实践组）

⑤对资料图片汇总进行筛选优化，对学生提交的资料进行评比评选，优秀作品可以制作做成画作，参加展览。（各子项目负责人）

⑥学生先完成自评和他评的评价任务，最后老师评价，由各子项目老师最终完成评价并确定参展作品。（子项目成员）

（3）师资保障

每个子项的指导老师也是相关校本课程的指导老师，项目所需资金部分从工作室支出，部分由学校支持。

三、启动仪式

确保各个子项目高效有序运行。如本项目"国兰文化进校园项目式学习"在 2022 年 6 月中旬正式启动。

项目组全体成员会议，各位指导老师可以先筛选有特长学生，交代利用课余及假期时间完成某些前期任务，每位导师可以带 4~8 名特长生参加子项目。

四、供货渠道

寻找国兰的优质供货渠道。如本地区澄海莲花山远东国兰基地是粤东最大的国兰栽培基地，与供货商确定价格、预估经费并订货，其实在网络上寻找供货渠道也很方便。学生初步拟定种植养护方案后有需要可让供货商提供栽培实践技术指导。

五、实践活动

利用校本课程时间、劳动课或课余时间带领学生开展国兰文化相关学习实践活动。

实地开展国兰相关种植和栽培实践活动，实地考察策划美化校园方案、具体内容设计及规划、兰苗和花盆数量统计、盆景摆放等具体综合实践工作。

六、日常养护

七、八年级负责初中楼的国兰文化长廊兰花的浇水养护。（每天 2~3 名学生，责任到位）

七、成果展览

进行实地测量并提供图片尺寸和版面颜色、制作数量、经费预估，收集的资料送广告公司进行设计并制作。

第三部分 项目实施
(2022—2023 学年度第二学期)

本项目是学科主题探究实践类的活动项目，围绕"校园国兰文化"这一项目驱动问题，按以下子驱动问题的核心任务并围绕核心问题分阶段进行。

一、我国兰花的栽培史是怎样的

表1 我国兰花栽培史子项目实施指南

学习时长	2课时	涉及学科	生物学、信息技术
学习目标	1. 通过了解我国兰花栽培的历史，学生可以更加认同花卉栽培和园艺学的进步 2. 通过资料收集和整理，学生可以讲述各个历史时期有哪些不同品种、不同花色的兰花 3. 通过了解有关兰花的诗词，学生可以深入了解兰花，产生爱兰颂兰的意愿和热情，感受兰文化		
核心问题	1. 我国各个历史时期有哪些不同品种、不同花色的兰花 2. 有哪些与兰花有关的诗词		
核心任务	1. 根据收集和整理的资料，讲述出不同的各种兰花 2. 阅读、书写与兰花有关的诗词		
支持性活动	利用抖音、央视网、小红书、B站等网络途径，学校图书馆等线下途径，搜索了解我国兰花栽培技术的发展、突变增加的品种和花色、兰花在不同地域种植效果、兰花诗词文化等		
设计意图	1. 通过资料的收集和整理，提高学生收集信息的能力和获取有用信息的能力 2. 通过网络技术的利用，帮助学生认识到信息技术的发展对学习方式改革的作用 3. 培养学生通过兰花诗词赞颂兰花，进而热爱绿植、热爱大自然，认同人与自然和谐发展的理念		

二、兰花种植区的规划设计与兰花的日常养护

表 2　兰花种植区规划设计与日常养护子项目实施指南

学习时长	12 个月左右	涉及学科	生物学、劳动教育
学习目标	1. 通过兰花校园栽培的实践活动，学生可以掌握兰花的栽培和养护技术 2. 通过小组分工合作进行兰花的移栽和养护，学生在充分参与活动中提高责任感和分工合作的意识 3. 通过合理科学规划布置兰花种植区域，充分利用学校现有资源，学生可以学会在既定环境内充分利用现有资源，进行兰花创意绿化		
核心问题	1. 学校的哪些区域适合种植兰花 2. 怎样开展兰花栽培区的规划 3. 怎样开展兰花的日常养护活动		
核心任务	1. 根据兰花的生活习性和特点确定校园中适合栽培兰花的地方 2. 根据兰花的生活习性和特点进行兰花栽培区的规划和建设 3. 安排学生分组进行兰花日常养护，并进行观察和记录		
支持性活动	1. 请学校领导支持兰花栽培区的建设，搭建大棚和遮阳网、配备自动喷雾系统等 2. 利用抖音、央视网、小红书、B 站等网络途径，学校图书馆等线下途径，搜索了解温度、水分和光照等环境因素对兰花生长的影响		
设计意图	1. 通过兰花的栽培，让学生实地实践操作，提高动手能力和科学思维能力，增强对我国兰文化的认识和热爱 2. 通过兰花种植区的规划和兰花的日常养护，促使学生热爱劳动、尊重劳动，形成勤勤恳恳的劳动习惯，培养自觉奋斗的劳动精神，树立长大后为祖国创造劳动价值的志向		

三、项目实施具体过程

2022 年 6 月 6 日，在这具有历史意义的高考前夕，学生潘妍浠和叶梓耿作为"远东国兰基地"乡村的学生，在她们的联系和安排下，我们走访了粤东规模最大的"国兰种养示范基地"和国兰展览馆。通过参观并与种植基地的专家负责人交流沟通，达成合作意向。同年 6 月中旬，国兰种植示范基地负责人前往我校现场查看学校种植栽培场地。

1. 场地建设

学生设计搭建了兰棚并设计自动喷雾浇灌系统，预估种植场地搭建经费并请专业人员评估。确定完成场地建设如下图（兰园采用钢管和可伸缩配件及双层黑网来搭建），栽培大棚搭建完成，兰花苗进场。

图 2　完成栽培大棚搭建

图 3　兰花苗进场

2. 实地考察

利用假期工作室成员、项目组全体成员带领国兰文化项目组学生前往基地开展学习，掌握种植栽培技术和日常养护技术。

图 4　兰花基地考察

3. 活动推进

利用假期由项目组各位老师灵活安排，带领学生开展研究，推进项目相关活动。

（2023—2024学年度第一学期）

校本课程方案由本项目组各位子项目负责老师根据自己的活动思路，拟定校本课程并报项目组和学校教研室。项目组各位老师争取在本学期放假前完成，包括上课的计划、课时数、内容、作品成果呈现。

项目组老师开展校本课程活动，将研究活动在学生中进行推广学习，让更多学生认识国兰文化、喜欢国兰、加入劳动实践，让更多学生受益。

图5　指导学生种植兰花

图6　专业人员讲解国兰品种　　图7　专业人员讲解国兰养护管理

新学期国兰养护任务，项目组学生自发商量拟定养护任务分配，由值日小组学生落实任务，做好国兰日常养护管理。

图 8　落实值日小组任务

2023年11月，学生到"远东国兰种植基地"进行研学开展劳动实践，实地参观学习国兰栽培养护要点及国兰文化，从而促进学校国兰的栽培和养护。

图 9　赴"远东国兰种植基地"参观学习

学生整理收集国兰相关作品，查找存在问题，明确进一步研究方向。

第一，国兰养护篇：图片命名及养护要点作品，与国兰有关的诗词、作品收集。

第二，书法篇：书法作品收集展示。

第三，掐丝画篇：掐丝画作品展示。

第四，国画篇：国兰国画作品收集展示。

第五，研学实践篇：研学设计及指导。

第六，成果展览篇：完成校园国兰文化长廊布置展览。

第四部分 项目成果呈现

2023年12月，准备开展国兰项目成果收集并做好展示安排。完成校园长廊和墙壁上以兰花为主题的相关知识以及字画的布置和展览，以国兰文化展览迎接2024元旦新年的到来。

一、国兰栽培及文学

1. 项目安排

学习时间：2023年4月—7月

学习内容：八种国兰种类的图片、特点、栽培养护要点和有关诗词名句

学习方式：网上搜索、图书查阅、实地参观研究等

小组成员：谢宝娴　邹艾珂　蒋恩欣　黄乔装　林米琦　李思翰　江嘉淇

指导老师：江　超　张玉容　张佳丽

2. 项目背景

国兰花是珍贵的观赏植物。在植物分类学上，国兰属单子叶多年生兰科植物，有上千种园艺品种。中国属于原产地，也有返销自中国台湾、日本。国兰清香幽远，纯正淡雅，稀贵难得。对中国人来说，兰花还有民族上的深沉意义。兰花象征了一个知识分子的气质，以及一个民族的内敛风华。在中国传统文化中，养兰、赏兰、绘兰、写兰，一直是人们陶冶情操、修身养性的重要途径，被誉为"国香""王者香"的中国兰花成了高雅文化的代表。

因此学生通过资料查阅、图书查阅实地种植养护等方法，一方面了解国兰各大品种的相关特点与养护要点，体现出理论与生产劳动、社会实践相结合的特点，帮助学生增长知识，陶冶性情。另一方面锻炼学生的资料搜集能力与整理分析能力。

3. 品种介绍

（1）春兰

中文名　春兰

别　名　朵兰、草兰、扑地兰

拉丁学名　*Cymbidiumgoeringii*（Rchb. f.）

生活型　地生植物

繁殖方式　分株技术、播种技术、组织培养

图10　春兰盆栽1

成语学习

春兰秋菊　桂馥兰香　空谷幽兰
义结金兰　芝兰之室　兰心慧性

诗句品鉴

春兰兮秋菊，常务绝兮终古。——屈原《离骚》

楚竹燕歌动画梁，春兰重换舞衣裳。——王韫秀《喻夫阻客》

所恨芳林寥落甚，春兰秋菊不同时。——鲁迅《偶成》

生长习性

多生长于山坡、林缘、林中透光处，海拔300～2200米，性喜温暖湿润的半阴环境；耐寒，忌高温、干燥、强光直射。适宜生长温度在15～25℃，冬季6℃左右低温能正常生长。

夏季：遮阴。

冬季：阳光充足。

图11　春兰盆栽2

栽培要点

选择疏松肥沃、排水透气良好的酸性土壤。

春秋季节保持土壤微湿状态；夏季蒸发快，每天浇水一次，增加环境湿度；冬季进入休眠期，减少浇水频率。

春季时温度保持在10℃以上；最适合环境温度范围为15～25℃。

图12　建兰盆栽1

（2）建兰

中文名　建兰

别　　名　雄兰、骏河兰、剑蕙

拉丁学名　*Cymbidium ensifolium*（L.）*Sw.*

生活型　地生植物

繁殖方式　分株技术

诗句品鉴

此理年来看烂熟，建兰盆上稗花开。——查慎行《建兰已萎盆中稗草丛生》

小阁建兰开也，同试碧螺春。——樊增祥《喝火令·其四》

生长习性

一般生长在深山幽谷的山腰谷壁，透水和保水性良好的斜山坡或石隙，稀疏的山草旁，次生杂木林阴下。

性喜阴，忌阳光，喜温润，忌干燥；15～30℃最宜生

图13　建兰盆栽2

303

长。肉质根，土壤需富含腐殖质。

栽培要点

春秋两季可进行分株，一般每隔三年分一次。

分株前要减少灌水，使盆土较干。

（3）**寒兰**

中文名 寒兰

拉丁学名 *Cymbidium kanran Makino*

生活型 兰科兰属地生植物

保护级别 中国国家重点二级保护野生植物

繁殖方式 分株、播种

图14 寒兰盆栽1

诗句品鉴

晓寒兰烬灭。要卷珠帘清赏，且莫扫、阶前雪。——林逋《霜天晓角》

寒香紫茁兰，晚节铜柯柏。——高文虎《种菊》

生长习性

多生长在陡坡茂密的阔叶林下，光照少，根基浅，根部覆盖一层薄薄的腐殖土，透水性较好。

性喜阴，忌阳光直射，喜湿润，忌干燥；5℃以下的严寒常处于休眠状态。气温太高易出现叶子灼伤或枯焦，如气温太低易出现冻伤的现象。

图15 寒兰盆栽2

栽培要点

遮光度和温度。光照强的高温季节注意遮阴保湿。每天应喷洒叶面水，遮光度达80%左右。

防风、防冻。秋冬时期，避免大风劲吹，霜冻日子应遮盖保暖。

一般可少施肥，甚至不施肥；展花时期应当多晒太阳。

（4）**墨兰**

中文名 墨兰

别 名 报岁兰

生活型 兰科兰属地生植物

拉丁学名 *Cymbidiumsinense*（JacksonexAndr.）Willd.）

图16 墨兰盆栽1

特 征 假鳞茎卵球形，包藏于叶基之内。叶带形，近薄革质，暗绿色。花色常为暗紫色或紫褐色，也有黄绿色、桃红色或白色，有较浓的香气；

蒴果狭椭圆形。花期每年10月至次年3月。

诗句品鉴

此中恐是兰花处,未许行人着意闻。——方回《兰花》

兰生幽谷无人识,客种东轩遗我香。——苏辙《种兰》

如今精爽知何在,采得兰花泣看归。——陈著《游蔡峰道中三首·回途望黄沙坑怀朝儿》

生长习性

墨兰分布于中国、印度、缅甸、越南、日本、泰国、琉球群岛等。

生于海拔300~2000米的林下、灌木林中或溪谷旁湿润但排水良好的荫蔽处。喜阴,而忌强光;喜温暖,而忌严寒;喜湿,而忌燥。多生长于向阳、雨水充沛的密林间,其光合作用的光补偿点约为春季晨光之半,光的饱和点约为夏季中午光强的10%~15%。

图17 墨兰盆栽2

栽培要点

喜阴,忌强光;喜温,忌严寒;喜湿,忌燥;喜肥,忌浊;喜微潮的土壤环境。

墨兰对肥料需求不多。

遮阴,接受适当直射日光,宜每天上午10点前接受日光照射。

(5) 蕙兰

中文名 蕙兰

别　名 九节兰、九子兰、夏兰

拉丁学名 *Cymbidiumfaberi Rolfe*

生活型 兰科兰属的地生草本植物。

特　征 假鳞茎不明显。叶5~8枚,带形,直立性强,叶脉透亮,边缘常有粗锯齿。花葶从叶丛基部最外面的叶腋抽出,总状花序具5~11朵或更多的花;蒴果近狭椭圆形;花期3~5月。

图18 蕙兰盆栽1

诗句鉴赏

寄君青兰花,惠好庶不绝。——李白《自金陵溯流过白壁山玩月达天门寄句容王主簿》

光风吹香洗游尘,兰花隐芳羞笑人。——王冕《幽兰咏》

兰芷溪头子曾子,日饭兰花饭溪水。——杨万里《题曾元疑巢》

生长习性

每株叶数为 5~9 枚，常为 6~7 枚，叶长 25~80 厘米，宽约 1 厘米，直立性强。

蕙兰生于海拔 700~3000 米的湿润但排水良好的透光处。每年 5 月上旬至 6 月上旬新叶芽出土，秋芽在 7 月下旬至 8 月中旬出土。新叶芽出土后有 20 天左右缓长期，展叶期在 6 月中旬至 7 月下旬，7 月至 10 月为叶的伸长期，11 月至来年 2 月为休眠期。养蕙兰要 3 苗以上连体栽培，3 苗以下不易成活，这一点非常重要，蕙兰每苗从出土到生长完成需 3 年左右。

图 19　蕙兰盆栽 2

栽培要点

土壤：疏松、肥沃的土壤，可加适量的泥沙石。

光照：蕙兰喜欢光照充足的环境。

浇水：蕙兰不耐涝，浇水时遵循不干不浇，浇则浇透原则。

养分：每年三月初和十月初都需要施加稀释的有机肥。

（6）春剑

中文名　春剑

拉丁学名　*Cymbidium goeringii var. longibracteatum* (Y. S. Wu & S. C. Chen)

保护级别　国家一级重点保护野生植物

生活型　兰科兰属的地生草本植物

诗句品鉴

山中兰叶径，城外李桃园。——王勃《春庄》

槛菊愁烟兰泣露。罗幕轻寒，燕子双飞去。——晏殊《蝶恋花·槛菊愁烟兰泣露》

兰溪春尽碧泱泱，映水兰花雨发香。——杜牧《兰溪》

图 20　春剑盆栽 1

生长习性

分布于中国四川、贵州和云南。生长于海拔 1000~2500 米的杂木丛生山坡上的多石之地。喜半阴环境，忌空气干燥。春剑对空气相对湿度的要求为 55%~70%，冬季休眠期空气相对湿度一般不要低于 50%，生长期空气相对湿度最好保持在 70% 左右。适合春剑生长的光照条件是半阴，但冬季可让其接受光照。

栽培要点

土壤适宜：要使用透气性好的土壤，可自行配制。

温度管理：最佳生长温度是 18～28℃，不要高于 38℃。

勤加通风：在室内养要常通风透气，避免细菌滋生。

合理修剪：发现病叶、老叶、枯叶后要第一时间修剪。

适当施肥：上盆要施充足基肥，生长期每月追肥 2~3 次。

图 21　春剑盆栽 2

（7）莲瓣兰

中文名　莲瓣兰

拉丁学名　*Cymbidium tortisepalum Fukuyama*

保护级别　国家二级保护野生植物

生活型　兰科兰属的地生草本植物

繁殖方式　播种、组织培养和分繁殖

图 22　莲瓣兰盆栽 1

诗句品鉴

孤兰生幽园，众草共芜没。——李白《古风·孤兰生幽园》

兰生幽谷无人识，客种东轩遗我香。——苏轼《种兰》

生长习性

较多生长于海拔 800～2500 米的草坡或透光的林中或林缘处，生长过程需光少，土壤腐质层松软，通风透气，空气湿润。每年 4 月生长，5~6 月春芽出土，7~9 月新芽生长，9 月前后花芽出土，部分植株可萌发秋芽，于元旦前后花葶伸长、排铃、开花。

栽培要点

土壤：用疏松、排水性好的土壤最佳。

图 23　莲瓣兰盆栽 2

浇水：浇水要浇透，浇水后通风。夏季或冬季控制浇水量。

光照：需阳光充足但避免盛夏的强光照射。

施肥：薄肥勤施。上盆要施充足基肥，生长期每月追肥 2~3 次。

（8）豆瓣兰

中文名　豆瓣兰

拉丁学名　*Cymbidium serratum Schltr.*

保护级别　列入《中国生物多样性红色名录·高等植物卷》（2013 年 9 月 2 日）——近危（NT），列入中国《国家重点保护野生植物名录》。

图 24　豆瓣兰盆栽 1

生活型 兰科兰属地生植物

繁殖方式 换盆、分株繁殖

诗句品鉴

兰有秀兮菊有芳，怀佳人兮不能忘。——刘彻《秋风辞》

兰叶春葳蕤，桂华秋皎洁。——张九龄《感遇十二首·其一》

生长习性

豆瓣兰分布于中国贵州、湖北旬笑、四川、台湾、云南。生于海拔 1000～3000 米多石的开阔森林或排水良好的草坡之上。豆瓣兰习性与春兰基本相似。在野外多生于石山杂木林地，灌木丛草坡上，海拔 300～2500 米。豆瓣兰喜阳光微多于春兰，根系粗壮，含水量充足。

图 25　豆瓣兰盆栽 2

栽培要点

繁殖：可用分株繁殖的方式。在繁殖之前，需先控水一段时间。

换盆：豆瓣兰对土壤的质量要求较高，因而最好定期更换土壤，最好一年一换。

二、国兰题材书法作品成果

（2020—2023 级学生　指导老师：胡涛）

1. 教学目标

指导学生利用书法校本课加深对于国兰文化的学习和传承，如通过扇面、竖轴等形式，完成书体、风格各异的国兰题材书法作品。

2. 教学过程

根据不同学生的书法特点，选择相应的书体进行指导练习。并选择国兰题材相关的诗词、成语，采用扇面、竖轴等书法形式进行创作。

3. 成果展示

部分学生优秀作品展示。

图 26　国兰题材书法作品图 1

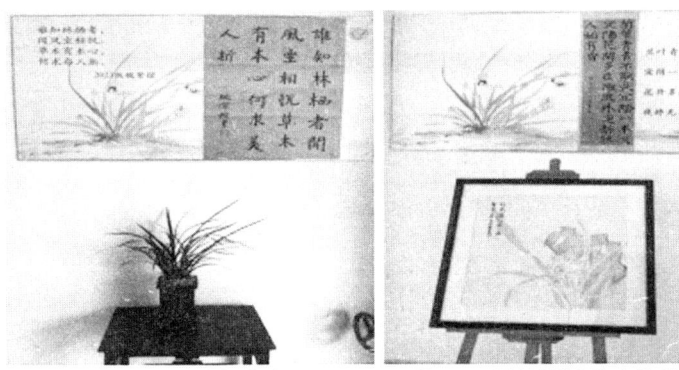

图27　国兰题材书法作品图2　　图28　国兰题材书法作品图3

三、国兰题材掐丝珐琅工艺画作品成果

（七年级、八年级学生　指导老师：赖小可）

1. 教学目标

指导掐丝珐琅工艺画校本课的学生掌握掐丝珐琅工艺画的技法，完成一幅精美的国兰题材掐丝珐琅工艺画作品。

2. 教学过程

根据不同学生的绘画与手工基础特点，选择相应与国兰题材相关的图片，采用横构图、竖构图形式进行创作。

3. 所需材料及其工具

掐丝珐琅板、铜丝、粘丝胶、彩砂、固沙胶、滴胶（硬胶）、捋丝板、尖头剪刀、镊子、调砂杯、尖头刮刀。

4. 具体操作流程

（1）在掐丝珐琅板上用铅笔画好线稿。

（2）将铜丝用捋丝板捋直，沿着线稿涂上粘丝胶，静待十几秒，待胶水半干时即可粘上铜丝。

（3）将固沙胶、彩砂、水按照1∶2∶3的比例（具体操作时可根据实际情况酌情调整比例）装进调砂杯中，混合均匀，即可用尖头刮刀填充到板上，注意上色要均匀。

（4）待彩砂完全干透后，将滴胶中的A胶和B胶按照3∶1的比例调制好，搅拌到无白色絮状物后，即可倒入掐丝珐琅板上进行封层处理。

5. 成果分享展示

图 29　国兰题材掐丝珐琅工艺画作品

四、八大国兰——水墨画创作

(指导老师：傅嘉盈　张玉容)

(一) 所跨学科

生物（兰花的形态特征）、国画（写意水墨）、书法（题诗落款）

(二) 课例背景

对于没有系统学习过植物学知识的学生来说，由于对于植物的形态、结构和细节不够了解，可能无法准确地捕捉到兰花的特点和细节，而绘画又需要对被描绘的对象有一定的了解和熟悉程度。学生通过对兰花的形态特征、构造和细节的观察，结合之前在校本课当中学习的笔法墨法，将之运用到兰花的水墨画创作中，然后结合书法的题诗完成书画作品。兰花作为中国文人画中的四君子题材，学习书画结合的艺术形式有助于中学生更好地理解中国人寓物于情的情感表现方式，品味和理解传统艺术之美，对中学生的审美修养、意境表达能够起到良好的塑造作用。

（三）课例任务

完成八大国兰的写意画作品，并题诗落款。

（四）材料用具

国画颜料、毛笔、墨、宣纸、毛毡。

（五）方法步骤

1. 查阅资料了解不同品种兰花的形态、构造特点（涉及主要学科——生物）

查找介绍国兰主要品种的科普视频，了解兰花的外形、花瓣、叶子、花茎等特征，熟悉兰花的常见颜色及色彩搭配，以便在绘画中准确还原颜色。此外，还可以了解兰花的生长习性、喜好的温度、湿度以及土壤条件等，有助于表现兰花的生命力和自然美。掌握兰花在中国传统文化中的象征意义，以便在作品中传递相应的情感和寓意。

2. 了解写意兰花的笔法

查找历代名家的兰花作品，欣赏、研究历代名家的兰花作品，学习他们的构图、笔法墨法。了解水墨画的基本技法如勾、皴、擦、点、染等，以及准备好水墨笔、宣纸、砚等必备用具。

3. 拆分与合并练习（涉及主要学科——美术）

用较淡墨汁勾勒出兰花的轮廓和主要线条，注意用笔的轻重变化表现出兰花的形状特点以及花的朝向。用浓墨线条"写出"错落有致的兰叶，注重笔法的灵动与变化。利用毛笔墨汁的深浅变化，采用淋漓、点染等技法，给兰花营造出润泽质感。最后点出花蕊等细节，对兰花的花心进行着墨强调，突出重点，营造氛围。调整与修饰，根据需要对整体画面做适当调整和添笔修饰。完善细节，对于兰花的细节部分，用细笔添补，增加细腻度，可在叶瓣上表现轻柔的肌理。可将花卉、叶片进行拆分练习，再组合练习，重点感受写意花鸟画中的"取势"。

4. 根据作品内容与构图设计题款（涉及主要学科书法）

（1）定题：根据所画的内容，确定一个适合的题目，可以抓取作品的主题或表达的意境。

（2）写诗：用诗歌来点评或烘托作品主题，可以用七言、五言等形式。诗的内容可以与作品的主题相呼应或渲染作品的意境。

（3）落款：落款应该在整个作品创作完成之后进行，避免对作品构图产生影响。此外，可根据绘画的布局选择横题、满题、直题、穿插题等形式，书画题诗落款要求简洁明了，字体要工整流畅，整体排布要协调美观。

5. 作品自评与互评

利用书画磁吸背景墙，将完成作品张贴至背景墙，自评要以客观的眼光仔细观察自己的作品，注意细节、形式和技巧的运用；组建互评小组，让每一组学生集中作品，进行评价和讨论。思考意图、评估技巧、突出亮点、发现不足，思考自己在创作时的意图和想法，是否成功地表达出来了。评估自己在作品中使用的技巧是否运用得当，达到了预期效果。找出作品中的亮点和优势之处，强调和肯定自己的创作成果。同时也要诚实地发现作品中的不足之处，包括构图、色彩、细节等方面，为进一步改进提供思路。

互评环节相互提供建设性意见，评委针对作品提供具体的反馈和建设性的意见，帮助作者发现不足并改进。评委和作者之间可以进行互动交流，探讨作品的意义、创作过程和技巧运用等。

6. 课后反思

按照方案中所制定的步骤创作，充分的前期准备为课程的实施奠定了扎实的基础，在开展写意兰花校本课程之前，对学生进行必要的准备工作，如兰花的基本知识、绘画技巧的讲解，使学生在创作过程中更好地理解和运用基本的笔法墨法。

日后需要在个性化的指导方面多下功夫，不同的学生具有不同的绘画风格和技巧，而校本课程通常是按照统一的教学大纲来进行指导，难以满足个体学生的需求。这导致了学生在绘画过程中可能无法充分寻找到自己的个性化绘画语言。此外，为学生创造更多的实践机会和交流平台也十分重要，写意画是一门需要不断实践和探索的绘画艺术，但在校本课程中，学生往往只有有限的时间和机会进行实践，但相信通过此次对写意画兰花的学习能够体会笔墨韵律，在绘画中学会照顾整体布局，成为他们日后在书画中寻找乐趣，甚至逐步找到个人特色的契机，也是一次难得的实践机会。

7. 分享成果

兰花作为中国传统文化中的重要元素之一，代表着高雅和纯洁，是中国文人墨客钟爱的题材。这次课程，同学们不仅仅展示了他们的绘画才华，更重要的是展现了他们对中国传统文化的理解和热爱。在老师们的指导下，"中国写意绘画"的同学们以兰花为主题，融入自己的情感和创造力，将兰花的形态、色彩和气质以独特的笔法展现出来。他们用笔墨诠释了兰花的风姿，传递了自己对自然美的感悟，以下选取几幅优秀作品。

图30　中国写意绘画作品图1

图31　中国写意绘画作品图2

图32　中国写意绘画作品图3

五、澄海远东国兰基地、雍景山庄研学

（指导老师：张佳丽　陈永利）

1. 研学活动设计

活动日期：2023年11月27日

外出研学负责接送单位：汕头青旅

表3　研学活动表

时间	地点	活动内容
08：20—08：30	集合出发	按号上车

313

续表

时间	地点	活动内容
08：30—09：30	车上	乘车出发前往澄海区莲华镇
09：30—11：30	远东国兰基地	参观拥有300多亩的生产和研发基地的"远东国兰"，学习兰花知识，进行兰花种植实操： 1. 兰花八大品种的讲解和鉴赏 2. 兰花养殖温室，种植设备的参观 3. 兰花的种植实践活动 4. 兰花文化长廊参观 5. 参观远东艺术馆
11：30—11：40	车上	乘车前往新楼村
11：40—15：20	雍景山庄	抵达雍景山庄，入园后享用自带的午餐，下午先学习搭建露营帐篷，课程内容： 1. 场地勘查 2. 人员分组以及对场地搭建帐篷的规划 3. 搭建帐篷步骤 4. 收纳帐篷 5. 搭建天幕 之后游览景区：山庄环境幽静、空气清新、风光旖旎。景区包括生态旅游区和有200多年历史"盛安楼"围屋两部分，山庄内生态农耕展示区内有田园风格养生、农耕文化展现与体验、四时应季瓜果蔬菜，被誉为"山林里的客厅""心灵的驿站"
15：20—16：30	返程	集中，乘车返回学校，活动圆满结束

2. 研学实践活动过程

（1）兰花栽培技术员给学生讲解八大国兰相关知识。

图33　学习八大国兰知识

（2）学生学习盆栽种植方法技术。

图34　学习盆栽种植技术

（3）学生亲身体验种植过程。

图35　体验种植过程

（4）学生兰花研学后的感悟及优秀笔记作品展示。

图36　研学后感悟作品图

六、校园国兰文化长廊展览布置

1. 校园栽培的兰花及兰花作品展览

图37 作品展览布置图　　　　38　观赏作品

图39　国兰掐丝珐琅工艺画作品

2. 相关作品集结成画册，制作新年贺卡、明信片

图40　国兰新年贺卡明信片展示图

第五部分　复盘结项

一、活动评价

在"国兰的校园栽培"这个跨学科项目式实践活动中，本项目设置了多元的评价主体，充分收集学生表现的证据，注重对学生实践过程、实验结果和作品质量的评价，同时也关注学生的个体差异和发展需求，以生物学和劳动教育的核心素养为评价指标，通过总结性评价量表来实施评价。在该量表中，多元化的证据能够互相验证，提高评价结果的客观性。在该评价中，学生查找的资料、兰花日常养护的记录、展示和交流的作品、小组集体讨论时的发言和表现等细节都是能被观察到的，是可以测量的，在细节中发现和肯定学生的长处和闪光点，激励学生更好地成长。项目式学习之校园兰花的栽培活动，坚持"做中学""做中悟""做中创"的理念和策略，教师仅仅作为引导者，学生在团队分工合作的学习模式下，高度协作、运用知识、构建理解，得到全方位的锻炼和培养。学生了解我国兰花栽培的发展史，认同古代劳动人民栽培兰花的智慧和以兰花为代表的国兰文化是中华优秀传统文化的重要组成部分，兰花向来都是文人墨客笔下赞颂的对象。通过校园国兰项目学习接受兰文化的熏陶，对古人颂兰咏兰产生情感共鸣，对校园兰花栽培活动产生浓烈的兴趣和强大的内驱力。从校园兰花种植区域的选择、规划设计、兰花的日常养护、分株栽培，学生全程体验了兰花的生长、发育、开花的全过程，提高了对植物学知识的理解和迁移运用能力，动手实践和创作的能力显著进步，生物学与社会跨学科实践教育核心素养的培养有效落实。该项目也是中华传统兰文化传承的体现，从项目结果来看，取得了很好的成效。

二、活动反思

该项目是跨学科实践活动，包括生物学、美术书法、劳动教育、综合实践、信息技术等学科的融合，参与对象多元化、课程资源多元化、评价方式多元化。项目能够顺利且富有成效地开展，离不开学校领导的支持、相关科组老师的配合和校本课程生物学生活化班级学生的全程参与。项目成果丰硕，收获既是项目的终点，又是新的起点，学生接下来可以进一步探究兰花栽培过程中如何分株移栽、让兰花更容易成活并探究多开花的条件，这既可扩大种植规模，又能节约购买兰花苗的成本，让兰花走进千家万户，实现可持续栽培种植的良性循环。

三、活动展望

项目完成后，后续可准备申报送上级参加比赛。

做好项目反思、进一步改进，做好可持续发展工作安排。

本项目式学习结项将"校园国兰文化项目式学习"内容编入《初中生物学跨学科实践校本课例精选》，书籍由光明日报出版社出版发行。

项目作者

华南师范大学附属濠江实验学校

项目负责人：张玉容　庄思明

项目指导：张奕辉　张佳丽　林锦光　陈永利　江　超
　　　　　陈舜霞　傅嘉盈　赖小可　胡　涛　蓝建森